莊子集成 劉固盛 主編

南華通

[清]孫嘉淦 撰 伍成泉 點校

莊子末定稿

[清]何如瀣 撰 伍成泉 點校

海峡出版發行集團
THE STRAITS PUBLISHING & DISTRIBUTING GROUP
福建人民出版社

二〇一一—二〇二〇年國家古籍整理出版規劃項目
全國高等院校古籍整理研究工作委員會直接資助項目
華中師範大學中國語言文學一流學科建設項目

莊子集成出版前言

《莊子》是先秦道家重要經典，戰國中期莊周及其後學所撰。《莊子》原爲五十二篇，經西晉郭象删削編定，尚存三十三篇流傳至今。《莊子》在兩漢未受特别重視，至魏晉之際，因與玄學思潮投合，注釋漸多，影響較廣的有崔譔、向秀、司馬彪諸家，但多已亡佚。惟郭象參考諸家之注，加以發揮，形成後世通行的注本。唐代成玄英又依郭注作《南華真經注疏》，補釋郭注未及的字義名物，在思想上也有獨到闡發。陸德明《經典釋文》中有《莊子音義》三卷，因保存較多唐以前異文舊注，爲治《莊》必備之書。

目前流傳下來的《莊子》注本，多成書於宋以後。宋學長於義理思辨，以儒、釋、道解《莊》的傾向較爲明顯，到明代更形成了會通三教的風氣。宋代興起文章評點之風，林希逸、劉辰翁評析《莊子》，引發對《莊子》語言及行文的探索。明代又出現方式更多樣、結構更嚴密的《莊子》評點類著作，《莊子》文章批評成爲專門領域。

清乾嘉以來，考據輯佚之學盛行，注《莊》者更重視校釋文義、考正韻讀、輯補佚文，如盧文弨、王念孫、茆泮林、俞樾、孫詒讓諸家，均取得較高成就。清末郭慶藩、王先謙先後撰《莊子集釋》、《莊子集解》，雖繁簡各殊，而均以集納衆長、具總結性質，成爲百年來最通行的《莊子》注本。近代以降，隨着新舊學術轉型，《莊子》研究多從哲學史、文化史角度展開，或進行學術史的總結，已突破傳統格局。

歷代莊學著述今存三百餘種，近人嚴靈峰編《無求備齋莊子集成初編》、《續編》及《老列莊三子集成補編》，始予系統影印；方勇主編《子藏·道家部·莊子卷》，又續有增益。然均未經點校，不便閱讀。爲總結歷代莊學成就，推動莊學研究進程，福建人民出版社與華中師範大學道家道教研究中心合作編纂《莊子集成》，系統整理魏晉至民國間中國學者有關《莊子》的注疏文獻，分輯出版，以備廣大讀者、研究者使用。

二〇二二年十一月

目次

南華通

莊子未定稿

南华通

點校前言

《南華通》七卷，清孫嘉淦撰。嘉淦（一六八三—一七五三）字錫公，山西興縣人。康熙五十二年（一七一三）進士，官至直隸總督、吏部尚書、協辦大學士。謚文定。《清史稿》卷三百三有傳。孫氏以敢言直諫知名，學問亦頗精粹，撰有《春秋義》、《詩義折中》、《周易述義》、《司成課程》、《南華通》、《南遊記》、《成均講義》、《近思録輯要》、《詩删》等，除後三種外，其餘皆收入今人張清林、張貴榮整理的《孫嘉淦文集》。孫氏著述曾經毁棄，《清史稿》本傳載：「嘗著書述《春秋》義，自以爲不足，燬之。」[一] 盧文弨所撰《孫文定公家傳》亦云：「在翰林日讀《春秋》，患四傳互異，於是專精思經文，著《春秋義》一書，已版行。及蒙世宗憲皇帝訓飭，翻然悔曰：『吾學無真得，奈何妄測聖經？』遂並所著《詩删》、《南華通》，一切毁之，後遂不復著書。」[二] 可

[一] 赵尔巽等撰：《清史稿》卷三百三《孫嘉淦傳》，中華書局一九七七年版，第一〇四九〇頁。

[二] [清] 盧文弨：《孫文定公家傳》，見 [清] 錢儀吉《碑傳集》卷二六，周駿富輯《清代傳記叢刊》，第一〇七册，臺北明文書局一九八五年版，第七六九頁。

知《南華通》曾毀版，故傳本罕覯，甚至被張冠李戴署以他人之名。

《南華通》之版本系統有二：其一爲署名「孫嘉淦撰」者，有中國國家圖書館藏清乾隆間刻本，半葉九行二十四字，注文小字雙行同，白口，左右雙邊，單魚尾，字跡頗漫漶。此本卷首有一序言，署「臨泉孫嘉淦著」，蓋因興縣隋時稱臨泉縣也。此書未收入《四庫全書》，僅列入「存目」。《四庫全書存目叢書》即據國圖所藏乾隆本影印。今人所點校整理的《孫嘉淦文集》收録《南華通》，[一]未明言所據底本，謂乾隆本僅存後四卷，未知何據。其二爲署名「屈復撰」者。屈復（一六六八—一七四五），字見心，號悔翁，晚稱金粟老人，今陝西蒲城人。屈氏乃清初關中著名詩人，乾隆初舉鴻詞科不赴。著有《楚辭新注》八卷、《弱水集》二十二卷、《玉谿生詩意》八卷、《唐詩成法》十二卷、《江東瑞草集》等，然不見提及曾撰《南華通》一書。[二]署名「屈復撰」之《南華通》，收録於《青照堂叢書》次編，該叢書由陝西朝邑人李元春輯刊於道光十五年（一八三五）。所收《南華通》半葉九行二十字，注文小字雙行同，白口，左右雙邊，單魚尾，天頭偶有李元春批語，書前有署名「時齋」

[一] 張清林、張貴榮點校：《孫嘉淦文集》（上），山西古籍出版社一九九九年版，第四九七—五八五頁。

[二] 參見王鍾翰點校：《清史列傳》卷七一《屈復》，中華書局一九八七年版，第一八册，第五八七四頁；陝西省地方志編纂委員會編：《陝西省志》第七九卷上《人物志》，三秦出版社一九九八年版，第五七一頁。

之《屈注莊子引》小序（時齋乃李元春號）云：

屈徵君《莊子註》，以孔、孟、程、朱之理通之，向、郭外特識也，可以傳矣。原本得之莊浪門人崔生家修，家修得之三原王君衮。聞王君好古籍，見遺編輒購之，此則其手鈔云。時齋。

賈三强主編《陝西古代文獻集成》第六輯收入此書，即據《青照堂叢書》本整理（馬志林點校）。據新編《陝西省志・著述志》，屈本《南華通》卷首有吳懷清序，稱：「自南中得老人《南華通》抄本，急假觀之，係注釋内七篇，多或千數百言，少只一二字，揭櫫主旨，剖分段落，批郤導窾，脈絡井然，直使部如一篇，篇如一句。」〔一〕馬志林點校本無此序。屈本《南華通》與孫本《南華通》僅文字互有錯訛，内容並無二致，屈本之真正作者即孫嘉淦。此點方勇於《莊子學史》中發其覆，〔二〕李波復於《〈南華通〉爲孫嘉淦所著考》一文中詳論之〔三〕，不贅述。屈復鍔鍔之士，自不屑爲此剽竊之事，此蓋

〔一〕陝西省地方志編纂委員會編：《陝西省志》第七一卷上《著述志・古代部分》，三秦出版社二〇〇〇年版，第五二頁。該書此段文字多有錯訛，今據民國十一年（一九二二）京華印書局鉛印本校改。

〔二〕方勇：《莊子學史》第三册，人民出版社二〇〇八年版，第一三一頁。

〔三〕李波：《〈南華通〉爲孫嘉淦所著考》，《諸子學刊》第八輯，上海古籍出版社二〇一三年版，第二一五—二二二頁。

孫氏毁版後，其書罕覯，李元春獲得鈔本，誤以爲屈氏所撰。

孫氏此書，在衆多注《莊》作品中頗爲别致：（一）謂《莊》書中，唯内七篇初未嘗貶孔子，此乃莊子所手訂者；其肆無忌憚詆訾孔子者，皆外、雜篇所載，乃後人之贋作，故僅取内七篇注解之；（二）此書着力梳理文章義法，於其間起承轉合等關捩處揭櫫甚明；（三）明清學人多援仙道、佛理以解《莊》，而孫氏作爲理學名家，於《莊》書中詮釋出性理學之奥義微旨；（四）秉承理學家「辟二氏」之傳統，將莊子拽入聖學藩籬，謂莊子嘗親炙孔子之門人，得聖道之一端，而偏至焉，遂能冠百家而祖二氏；謂莊生雖高於仙佛，然知性不真，止見其氣之合，而不能細察乎理一分殊之大全，是以爲二氏之鼻祖，而非聖門之嫡派。

此書之現代標點本，已有前述二種，然俱有不同程度之錯訛，尤以《孫嘉淦文集》本爲甚。此次整理，以國家圖書館所藏乾隆本爲底本，校以道光十五年（一八三五）《青照堂叢書》本。整理時對底本文字中的古字、異字一般予以保留，避諱字、明顯訛誤則予以經改。限於學力，或有疏漏，尚祈方家指正。

南華通

臨泉　孫嘉淦著

人之言曰：「《南華》之文，天下之至奇也。來不知所自來，去不知所自去，忽而如此，倏而如彼，使人迷而不得其指歸。」我則竊謂不然。夫文，猶言也。言，心聲也。言以明志，文以達言。今試有人於此忽焉而語東，忽焉而語西，起不知其所謂，止不得其所歸，若非夢囈，不且喪心乎哉？且夫古之人，原無意於作文也。無意作文，而不免作文，此蓋其胸中若干日月以來有不能自秘之一二語焉，而借筆墨以傳之也。顧以爲舉此一二語而直然書之，如鳥之戛然一聲而遂已，則懼其約而不詳也、徑而少味也、不文而行之不遠也。於是用其靜細之心，發其幽渺之想；驅其淵博之學，佐其馳騁之才；或推之於一二語之先，或繞之於一二語之後；如輪斯轉，如鈞斯旋，而其文來矣。人第見其來也，而不知其注念於去者蓋已久也。逆注其去而有來，斯迴應其來而有去。不注其去而來，則爲直、爲突、爲謾、爲誕；不應其來而去，則爲弱、爲脱、爲癠、爲散。故文而不妙則已，文而果妙也者，其來無定而皆可定也，其去無定而皆可定也。其來也，於其去處來；其去也，於其來處去。此自然之定理，不易之定法也。來去既定，大勢已得。把柄在手，縱橫自如。由是於其中間起之、伏之、頓之、挫之、分之、合之、斷之、續之。離奇出沒，而其脉不亂；旁搜遠引，而其意不雜。來去既定，於其中間復不亂雜。夫而後，其所作之書一部如一篇也，一篇如一章也。不寧惟是，夫且一篇如一句也。一部如一篇者，凡其所作，皆確有原委，又確有次第，增之損之而不能，顛之倒之而不可。指馬之百體非馬，而馬立乎前者，骨雖各具，而筋實相連，一氣貫注，無歉無餘也。一篇如一章者，來確有其自來，去確有其自去，前瞻後顧，起呼末應，有如循環，首尾無端也。一篇如一句者，彼雖洋洋纚纚，有此數百千言以至萬言，實止爲其胸中鬱結不能自秘之一語，如龍戲珠，一時江翻海湧，霧集雲興，而阿堵中物乃止徑寸也。吾嘗執此法以遍觀古今之妙文，莫不皆然，何獨於《南華》而疑之？孔子曰：「辭達而已矣。」達之爲言通也，一意貫注之謂通，一氣呼吸之謂通。若使來去無端而亂雜無倫，則《南華》之書，豈惟不妙，乃直不通。天下而有不通之妙文也者，斯可任其以盲語盲，而吾無所辨？若天下之妙文而必無不通，則夫《南華》之書，其亦必部如篇，篇如章，且如句焉，可意斷也。是故北冥有魚、南郭喪我，忽然而來者，皆確有其自來者也；樗櫟全生、混沌鑿死，忽然而去者，皆確有其自去者也。至於中間不可枚舉，要其所以如此而如彼，必真有其不亂而不雜。若是者何也？凡以云通也。文章之體，變化萬千，一言以蔽，曰「通」而已。此書之作，雖無當於大道之傳，要使天下後世不敢執詭奇之説，以自文其不通，則於文章之道不無小補云爾。

逍遥遊

逍遥遊者，莊子之志也。其求道也高，其閲世也熟。閲世熟，則思遠害；求道高，則入虛無。以爲「天地並生，萬物爲一」，而徒以有我之故，遂有功名，是生利害。故必無己，然後心大，而能自得矣。《齊物論》之「喪我」，《養生主》之「緣督」，《人間世》之「無用」，《德充符》之「忘形」，《大宗師》之「入于天一」，《應帝王》之「遊於無有」，皆本諸此，實全書之綱領，故首發之，所謂「部如一篇，顛之倒之而不可」者也。

北溟有魚，其名爲鯤。鯤之大，不知其幾千里也。

人皆奇其忽然而來，我則以爲何奇之有，不過題既命爲「逍遥」，文卽從此入想，以爲凡人之心，小則困苦，大乃逍遥，必心胸開廓，海闊天空，如鯤鵬之九萬高飛，無所夭閼，然後雖無可用，亦無困苦。則「鯤之大」句，卽從「安所困苦哉」一句而來，所謂「來」，卽注其去處者也。

化而爲鳥，其名爲鵬。極言其大也。鵬之背，不知其幾千里也。怒而飛，其翼若垂天之雲。

是鳥也，海運海風動也。則將徙於南溟。一句總挈，下文乃層層承解。

南溟者，天池也。解「南溟」。

齊諧周人。者，志怪者也。諧之言曰：「鵬之徙於南溟也，水擊張翼拍水也。三千里，搏扶搖風名。而上者九萬里。解「徙」。

去以六月息者也。」息，風也。下「以息相吹」，即解此也。以，用也。以六月息者，兩間之風隨陽氣以升降，周之六月，夏之四月，正純陽之時，天風充足之候也。舊解多作半年而止，非是。

解「海運」。

野馬遊絲。**也，塵埃也，生物之以息相吹也。**呼吸之氣謂之鼻息，風亦天地呼吸之氣也。

解「六月息」。

天之蒼蒼，其正色耶？其遠而無所至極耶？其視下也，亦若是則已矣。

解「九萬里」。

舊注於此總不融浹。此層層承解之辭。言六月息者何？風也；九萬里者何？風之積之厚也。故下文卽以「風積不厚」翻起。

且夫水之積也不厚，則其負大舟也無力。覆杯水於坳堂堂凹處也。**之上，則芥爲之舟。置杯焉則膠，水淺而舟大也。**

此本承上文，以爲乘此野馬、塵埃之息，上而至於天之蒼蒼之高者，蓋以其翼旣大，必須風厚乃無夭閼。而忽舍風翼，先説水舟，此不止其筆端跳脱，乃寔是其見解高超。我讀「鳶飛魚躍」之什及孔子「川上之嘆」，而知之也。今夫太極初兆，混沌未分，一氣之鼓盪，蒼蒼然而已也。俄而日月星辰，俄而山河土木，俄而人物鳥獸虫魚，此皆蒼蒼之中偶然凝聚，其實空之與色，原是一片，無罅隙也。故人之在天地之間也，猶魚之在水也。人則以爲上者是天，下者是地，於其中間虛空無礙，而不知周身之外，乃通是氣。魚亦以爲浮者是天，沉者是地，於其中間虛空無礙，而不知周身之外，乃通是水也。魚以水爲虛空，墳羊以土爲虛空，蠹以木爲虛空，穿山之甲乃至以石爲虛空，何則？彼皆生長於中，而覺其遊行自如，呼吸無礙也。吾烏乎知此虛空者，不且如水之深、如土之實、如木石之堅？人特生長於中而不自知耶？人墮水而死，以爲其中至實，呼吸不通也。吾烏乎知魚在陸而死，不亦以爲其中至實呼吸不通者耶？子在川上曰：「逝者如斯夫，不舍晝夜。」斯非以此喻彼之辭也。天逝於上，水逝於下，川流之與造化，本是一物，合體並運，故直指以示之也。然則天之蒼蒼與水之洋洋無辨也。日月星辰，水上之舟楫萍藻也；山林國都，水底之塵石泥沙也；人物鳥獸，水中之魚鱉蝦蠏也。「鳶飛戾天」，不啻以天爲水而躍之；「魚躍於淵」，不啻以淵爲天而飛之也。故曰：「言其上下察也」。由是觀之，風之負翼、水之負舟，道通爲一，其信然矣。古人妙文，既有奇情，必有至理，豈徒牛鬼蛇神以眩後人哉？

風之積也不厚，則其負大翼也無力。故九萬里則風斯在下矣，而後乃今培風。培，當作「掊」，以翼擊風而飛也。**背負青天而莫之夭閼者，**夭閼，阻隔也。此句着眼乃逍遥之意，與後「物無害者」呼應。**而後乃今將圖南。**

自起至此，真如奇峰亂峙、怒濤飛舞，而合來只得一句，再合來只得一字。一句者，「鵬徙南溟」也；一字者，「大」也。

蜩小蟬。**與學鳩**小鳩。**笑之曰：「我決起而飛，搶榆枋，時則不至，而控**投也。**於地而已矣，奚以之九萬里而南爲？」**

決起，言竭盡心力，不復留餘也。時則，言屢屢如此，不止一遍也。而已矣，言一跌不振，更無別法也。見小者不能逍遥之意。

適莽蒼近郊草木之色。**者，三飡而返，腹猶果然；**飽貌。**適百里者，宿舂糧；適千里者，三月聚糧。之二虫又何知。**二虫，指蜩、鳩也。

言翼需風而飛，如人需糧而行。適遠則聚糧必多，翼大則積風必厚。而二虫以小故，初不知也。

小知不及大知，小年不及大年。奚以知其然也？朝菌糞芝。不知晦朔，蟪蛄寒蟬。不知春秋，此小年也。楚之南有冥靈木名。者，以五百歲爲春，五百歲爲秋；上古有大椿木名。者，以八千歲爲春，八千歲爲秋。而彭祖乃今以久特聞，衆人匹之，欲與齊壽。不亦悲乎？

此喻中設喻之法。言天地之間，風息吹噓，其境無窮，而大者知之，小者不知。等級相懸，有如朝菌、蟪蛄之與冥靈、大椿，真非倍蓰十百千萬之可計也。世人止知彭祖，猶拘墟耳。

湯之問棘也是已：窮髮不毛。之北，有溟海者，天池也。有魚焉，其廣數千里，未有知其脩者，其名爲鯤。有鳥焉，其名爲鵬，背若泰山，翼若垂天之雲，摶扶搖羊角風名。而上者九萬里，絶雲氣，負青天，然後圖南，且適南溟也。

看其與前段參差詳略處，離奇錯落，極似無心，又如有意。若朝暮之雲，氣味原同，而態致各別也。

斥鴳笑之曰：「彼且奚適也？我騰躍而上，不過數仞而下，翱翔蓬蒿之間，此亦飛之至也，而彼且奚適也？」

前後兩笑，一則曰「我決起而飛」，再則曰「我騰躍而上」，無邊障礙，皆以「我」字爲根，此至人所以無己也。

此小大之辨也。

總束一句。迴視前文，如「群山萬壑赴荆門」矣。

晉人好談《老》、《莊》，而其實不解。如此文明説大者無所夭閼、小者不亦可悲，明説小知不及大知，明説小大之辨。而晉人紛紛必謂小大原無異致，鵬蜩總歸自然。向、郭、支、許，同聲附和，我不知其是何故也。

故夫知効一官，行比一鄉，德合一君，而徵著闻也。一國者，其自視也，亦若此矣。

「此」字指斥鴳、蜩、鳩也。

此有名者也。

而宋榮子猶然笑貌。笑之。且舉世而譽之而不加勸，舉世而非之而不加沮，定乎内

外之分，辨乎榮辱之境，斯已矣。不徇毀譽，是忘乎名也。定之辨之，是猶有功也。**彼其於世，未數數**猶言瑣瑣。**然也。雖然，猶有未樹也。**樹，立也。言其立德猶有未至也。

此有功者也。

夫列子御風而行，泠然輕妙。**善**順利。**也，旬有五日而後返。彼於致福**猶圖功也。**者，未數數然也。此雖免乎行，猶有所待者也。**待者，對待之意。言尚以我御風，以風載我，有己與物相對待，而未通於大同也。

此有己者也。

若夫乘天地之正，而御六氣之辨，六氣，陰陽風雨晦明。**以遊無窮者，彼且烏乎待哉？**

此則無己，而大之至矣。「乘天地之正，御六氣之辨」，應前「以六月之息」、「掊九萬之風」也；「以遊無窮」，應前「無所夭閼」也。法脉謹嚴，精神融洽。其見解亦甚高。《孟子》云：「其爲氣也，塞乎天地之間。」《西銘》云：「天地之塞，吾其體。」蓋身與太空，原是一體。去此一膜之隔，則天地萬物，乃無非我。既無非我，則無我矣。「乘天地之正」，有似天地合德之體；「御六氣之辨」，有似時乘六龍之用；無己無待，有似大公無我之心。特其知性不真，止見其氣之合，而不能細察乎理一分殊之大全，是以爲二氏之鼻祖，而非聖門之嫡派也。

故曰：至人無己，神人無功，聖人無名。

至此始點正意，惟無，乃能大也。

堯讓天下於許由，曰：「日月出矣，而爝炬也。火不息，其於光也，不亦難乎？時雨降矣，而猶浸灌，其於澤也，不亦勞乎？夫子立而天下治，而我猶尸之，虛主其位。吾自視缺然。請致天下。」許由曰：「子治天下，天下既已治也，而我猶代子，吾將爲名乎？名者，實之賓也，吾將爲賓乎。鷦鷯巢於深林，不過一枝；偃鼠飲河，不過滿腹。歸休乎君，予無所用天下爲！庖人雖不治庖，尸祝不越樽俎而代之矣。」

此講聖人無名也。句。

肩吾問於連叔曰：「吾聞言於接輿，大而無當，往而不返。吾驚怖其言，猶河漢而無極也，大有徑庭，懸隔之意。不近人情焉。」連叔曰：「其言謂何哉？」「曰：『藐姑射之山，有神人居焉。肌膚若冰雪，淖約德性柔好。若處子；不食五穀，吸風飲露；乘雲氣，御飛龍，而遊乎四海之外；其神凝，凝然不動也，乃無功之實義。使物不疵癘而年穀熟。』

吾以是狂同誑。而不信也。」連叔曰：「然。瞽者無以與乎文章之觀，聾者無以與乎鐘鼓之聲。豈惟形骸有聾盲哉？夫知亦有之。是其言也，猶時女也。猶是汝也。之人也，之德也，將磅礴萬物以爲一，世蘄求也。乎亂，治也。孰弊弊焉以天下爲事。世自求治耳，非我去治之也。之人也，物莫之傷，大浸稽至也。天而不溺，大旱金石流、土山焦而不熱。極言其神之凝。是其塵垢粃糠，將猶陶鑄堯舜者也，出其緒餘，卽可治世，無庸數數然圖功也。孰肯以物爲事？」

此講神人無功也。

宋人資章甫而適諸越，越人斷髮文身，無所用之。堯治天下之民，平海内之政，往見四子藐姑射之山，汾水之陽，窅然深遠之意。喪其天下焉。言爽然自失其治天下之功也。

此段文，古今人被作者瞞過，遂令一篇文字再不得清。蓋人止着眼「喪天下」句，遂謂是言堯之無己；又疑喪天下當不得無己，遂謂此段不講無己。夫其通篇無數筆墨，止爲欲講無己，何故正當講時，忽然脱漏？且既惜墨如金，并其正意尚不欲講，則又何苦作此一段閒文？晉人謂《逍遥遊》難處，信不誣也。既而深思得之，乃知文自明白寫出，人自粗心放過。蓋此是言四子之無己，與堯無涉也。堯之治天下也，猶宋人之資章甫也；堯之往姑射也，猶宋人之適諸越也；堯之喪天下也，猶章甫之無所用也。止餘「斷髮文身」四字，爲墮體黜聰之對影，使人於堯之喪天下上想見四子之喪我物化，令人對之冰炭俱消。斯爲鏤空刻影、水月鏡花之奇文，斯爲烘雲託月、寫蜂畫香之妙法也。

惠子謂莊子曰：「魏王貽我大瓠之種，我樹之成而實五石，以盛水漿，其堅不能自舉也。剖之以爲瓢，則瓠落大貌。無所容。非不呺然大也，吾爲其無用而掊擊破。之。」莊子曰：「夫子固拙於用大矣。宋人有善爲不龜音均，手凍坼文。手之藥者，世世以洴澼絖絖，棉絮。洴澼，打洗之也。爲事。客聞之，請買其方百金。聚族而謀之曰：『我世世爲洴澼絖，不過數金。今一朝而鬻技百金，請與之。』客得之，以說吳王。越有難，吳王使之將。冬，與越人水戰，大敗越人，裂地而封之。能不龜手一也，或以封，或不免於洴澼絖，則所用之異也。今子有五石之瓠，何不慮以爲大樽船也。而浮乎江湖，而憂其瓠落無所容？則夫子猶有蓬之心也夫。」蓬草心亂生，故以喻人心之茅塞也。

忽將大字振筆一翻，說他無用，深得抑揚頓挫之妙。理既斡補完全，文亦波瀾不盡。

惠子謂莊子曰：「吾有大樹，人謂之樗。其大本臃腫而不中繩墨，其小枝拳曲而不中規矩。立之途，匠者不顧。今子之言，大而無用，衆所同去棄也。也。」莊子曰：「子獨

不見狸狌乎？卑身而伏，以候敖者；東西跳梁，不避高下；中於機辟，死於網罟。此言爲人所用者之不逍遙也。**今夫犛牛，其大若垂天之雲。此能爲大矣，而不能執鼠。**此言大者不能爲人小用也。**今子有大樹，患其無用，何不樹之於無何有之鄉，廣莫之野，彷徨乎無爲其側，逍遥乎寢卧其下？不夭斤斧，物無害者，**此二句乃正講「逍遥」實義，與前「莫之夭閼」句相照應。**無所可用，安所困苦哉？」**結得警醒。

此與前段有淺深。前是疑其無用，故言自有大用；此是疑無人去用，故言正以不爲人用，乃得逍遥。雖似兩山並峙，却已峯迴路轉，既不單弱，又不合掌也。

此《逍遥遊》之忽然而去也。天下不乏好學深思之士，幸將此文反覆熟讀，當自知「鯤之大」句，即從「安所困苦」而來；「安所困苦」句，實應「鯤之大」而去。前既行乎不得不行，今亦止乎不得不止，首尾融洽，只如一句。一句者何？只言「大者不困苦」爾。莊生復起，不易斯言矣。

夫人既已見其來去，又無奈其中間思之，似若可通，言之終覺不順，我則不惜饒舌，重與衍説。此不過言人生世間，大都因己生功，因功生名，眼界既小，心胸自隘，種種糾纏，困苦不息，故欲逍遥，必須心大。試觀鯤鵬，以背翼既大之故，遂至九萬高翔，無所夭閼，何等曠蕩。蜩鳩以形軀既小之故，遂至飛搶榆枋，猶時控地，何等跼蹐。其小大相懸之數，如朝菌、蟪蛄之與靈椿，不啻倍蓰什百千萬也。此非予之私言也，湯之問棘，已先我而言之也。其言鯤鵬，與吾所言鯤鵬無異致也；其言斥鷃，與吾所言蜩鳩相彷彿也。然則援古証今，因物察理，小者困苦，大者逍遥，小大之辨，昭昭然矣。物既有之，人亦如是。一切砥節礪行，得君行道，名一時而傳後世者，皆是以己圖功，以功得名，局於小而不見其大，如斥鷃之翔於蓬蒿，遂自詡爲飛躍之至也。宋榮忘名而猶有功，列子忘功而猶有己，是必形骸盡化，與天同體，御六氣而遊無窮，如鵬之飛九萬而無夭閼，乃爲大之至而逍遥之至焉。此至人所以無己，神人所以無功，聖人所以無名也。許由之辭名，是無名之一証也；姑射之神凝，是無功之一証也；四子之化堯，是無己之一証也。無之至斯，大之至矣。而或者疑之，謂大則無用，不知有善用其大者，則自有大用，不困苦也。而或又疑之，謂大則人不去用，不知正以不爲人用，乃得全身遠害，愈見其不困苦也。通篇反覆只以明「大而後能逍遥」之意，所謂一篇如一句也。《南華》之通，不信然哉？

齊物論

物者，彼我。論者，是非。喪我物化，道通爲一，則皆齊矣。

此暢發前篇「至人無己」之義，故次《逍遥遊》也。通篇以「喪我」爲主，以「天」字爲骨。喪我，則物論齊；天，則所以喪我之故也。

南郭子綦隱几而坐，仰天而噓，嗒焉體解之貌。**似喪其耦**耦，對也。喪耦者，不見物與我之相對，所謂「彼是莫得其偶」也。

開口卽擒「天」字，卽出「喪耦」，與「鯤之大」句是一副機杼也。家住山中，暮春種穀。細思穀粒，其小莫破，根幹枝葉，藏於何處？因而諦視，凡一粒之周徑圓積，皆屬糟魄，生意所聚，獨其粒臍之中細若毫末、微若纖塵者而已。此毫末纖塵之中，而遂有其夭夭之枝、蓁蓁之葉、垂垂之穗，爲天下之至奇也。夫穀，猶其小者也。合抱之木，蔽日陵雲，本可爲舟，枝可爲楖，原其初生，不過一粒，非直一粒，亦其粒臍之中毫末纖塵者而已。我不知毫末纖塵之時，爲已有是陵雲蔽日者乎，爲尚不有是陵雲蔽日者乎？夫使毫末纖塵之時，而並未有其陵雲蔽日，則異時之陵雲蔽日，何因而生也？苟異時之陵雲蔽日而皆因此生，然則毫末纖塵之時爲已有是陵雲蔽日，爲不誣也，我直不得與造物者爲人也。設與造物者爲人，而親覩雕刻衆形之巧，必能於此毫末塵纖之時，已如覩其陵雲蔽日之勢。夫以陵雲蔽日之勢而悉聚於毫末纖塵之中，則其鬱葱盤曲之致，必更妙於陵雲蔽日之時，而我悉懵然不見，爲大恨也。既而得讀《齊物論》，則遂不復念此。夫以《齊物論》之烟波風濤，恢恑憰怪，則何止合抱之木陵雲蔽日之奇而已。然而我嘗觀其始末，見此無數筆墨，皆從「仰天而嘘」、「嗒焉喪耦」之二語而生。不寧惟是，凡此二語十字，猶是縠粒之周徑圓積，盡屬糟魄。妙意所生，則在二語中間無字之處。言他仰天，何故忽有喪耦之事？「嗒焉」、「喪耦」，何故必於仰天之時？因其仰天而得喪耦，則喪耦之故定由仰天。凡通篇之「聞天籟而喪我」、「休天均而不知」、「和天倪而是忘言」，無數雲蒸霞蔚之觀，皆在此二語中間無字之處莫不現形。然則一刻之景，真可如年；一塵之空，真可立國。彼粒臍中之陵雲蔽日，則不更足奇也。

顔成子游立侍乎前，曰：「何居乎？形固可使如槁木，而心固可使如死灰乎？今之隱几者，非昔之隱几者也。」

言此一刻之子綦，忽不同於前一刻之子綦，可知其仰天喪耦，是一眴眼時桶底忽脱也。

子綦曰：「偃，子游之名。**不亦善乎，而問之也。今者吾喪我，**卽無己也。**汝知之乎？**「喪我」、「喪耦」，互相發明。《易》云「艮其背，不獲其身」，是「喪我」也；「行其庭，不見其人」，是「喪耦」也。理雖不同，語可互証。**汝聞人籟而未聞地籟，女聞地籟而不聞天籟夫？」**孔中有聲曰籟。此直與後「物化」句相呼應。言汝不知喪我，只是未聞天籟。汝若得聞天籟，能知天君，自然休乎天鈞，止於天府，和以天倪，與物偕化而我喪矣。通篇數千言，一氣呵成。

子遊曰：「敢問其方。類也。**」子綦曰：「夫大塊噫氣，其名爲風。**首篇以風爲息，卽此義也。**是惟無作，**不特文勢頓挫，正見其自無而之有也，卽後「未始有物，未始有始」之意。**作則萬竅怒號。而獨不聞之翏翏乎？**長風之聲。**山林之畏佳，**卽崔嵬也。**大木百圍之竅穴，似**

鼻，兩孔對也。**似口**，一孔開也。**似耳**，孔斜入也。**似枅**，方也。**似圈**，圓而淺也。**似臼**，圓而深也。**似窪者**，長而曲也。**似汙者**；廣而侈〔二〕也。以上竅之形也。**激者**，驟而沸也。**謞者**，去而疾也。**叱者**，怒而猛也。**吸者**，入而細也。**叫者**，高而揚也。**譹者**，滯而濁也。**宎者**，深而留也。**咬者**，吹而續也。以上竅之聲也。**前者唱于**聲輕。**而隨者唱喁**，聲重。**泠風**小風。**則小和**，**飄風**大風。**則大和**，**厲**猛也。**風濟**此如濟河之濟，言風過也。**則衆竅爲虚**。虚，無聲也。言其自有而之無也。卽後「無謂有謂」、「有謂無謂」之意。**而獨不見之調調之刁刁乎？**」樹木動摇貌。以「調調」、「刁刁」寫其無聲，與《詩經》「悠悠旆旌」句相似。

人之評此文者僉曰：「風不可畫，此乃畫風；聲不可繪，此乃繪聲。」我則又有進焉。夫丹青之畫風與聲也，意在風與聲也。意在於此而畫之，畫之而果如覩其東披西拂，果如聞其唱于唱喁，則人皆稱妙，而吾亦妙之。何則？意在於此，而此已畢畫，斯稱絶妙，不必更有其餘妙也。若行文之人之心，則奚畫風繪聲之與有？意不在此，而畫之繪之，此有至理鬱於其胸，因有妙文發於其手，不可以不察也。今夫大千世界，原其初生，虚空一氣已也。俄而一氣所化，萬物流形；俄而一氣所吹，萬竅發聲。山呼谷應，水響林鳴，鳥噪獸嘷，人語鬼哭，禺于唱和，一時並起。人則自謂，

〔二〕 侈，原作「哆」，據《青照堂叢書》本改。

言非吹也。我烏乎知吹非言耶？既已言猶吹而吹猶言，則烏乎知山聲之颼飀，不是樂至而歌，水聲之潺湲不是哀至而泣，鶯啼燕語不是各寫其胸中之懷抱，驢鳴犬吠不是互怪其語言之不通耶？夫以山川鳥獸之各寫懷抱，互相譏彈，而自人聽之，不過以爲唱于唱喁而已，則烏乎知此炎炎而詹詹者自山川鳥獸聽之，不亦以爲是泠風小和、飄風大和者耶？載籍所記，有通鳥語而識獸音者矣。是凡有聲者，莫不有言。胡越之人，對而辨爭，眉紅面赤，而各不知其所謂，然則言之無異於鷇音，雖善辨者不能自解免也。此誠無以易夫籟之一言也。籟者，孔在而以氣吹之有聲者也。一任大千世界于喁之音各寫懷抱，互相譏彈，而皆造物者一氣所吹，如奏笙竽以及簫管，非不五音迭用，六律遞殊，而皆奏樂者一氣所吹，不得於此一氣之中復爲差別也。然則耳目口鼻，是亦一竅也；語言歌哭，是亦一號也。俄而竅在而能號，是氣聚而生，風作則竅怒也。俄而竅雖在而已不能號，是氣散而死，風濟則竅虛也。然則彼我又何別也？然則是非又何辨也？人不幸當局自迷，猶望其旁觀起悟。於是欲齊物，且先齊竅；欲齊論，且先齊號；欲齊竅與號，且先極狀其竅之異形、號之殊聲。一時萬有不齊，而却以風作則怒，風濟則虛。首尾指點，令人爽然自失，恍然有悟。則是通篇精理，皆於此處傳神。不然，而謂風定是風，聲定是聲，縱極繪畫之工，只如泥塑神像，不過印板衣褶，曾不得復有其别樣丰韻也。

子遊曰：「地籟則衆竅是已，人籟則比竹簫笙之屬。**是已。敢問天籟？」**

補「人籟」句，是其周到處，實是其跳脱處。馬疎班密，莊子兼之。

子綦曰：「夫吹萬不同，而使其自已也。咸其自取怒者句，**其誰耶？」**

言吹萬不同，自已自怒，而使之者誰耶？下云：「非彼無我」，是自已也；「非我無所取」，是自取怒也。而不知其所爲使，是使者其誰也？前後互証，文義自通。自已者，自以爲已，彼我之府也，所謂物也；自怒者，自取怒號，是非之叢也，所謂論也。吹萬不同，自已自怒，而使之者天風；情萬不同，自我自取，而使之者天君，其致一也。數語承前起後，理融法密。

大知閑閑，暇豫之意。所謂「智者行其所無事」也。**小知間間。**辨别之意，乃察察之明也。**大言炎炎，**光明之意。所謂「李杜文章在，光燄萬丈長」。**小言詹詹。**辨給之意。所謂「嗇夫利口喋喋」。**其寐也魂交，**魂與魄交成夢。**其覺也形開。**目開而視、口開而言之類。**與接爲搆，**與

物接而爭也。日以心鬭。

知、言、形、心，一齊總出，有提綱挈領之勢。形者，彼我之質也；言者，是非之聲也；心者，形之主；知者，言之原。知忘則是非泯，形喪則彼我一。一而不知，是謂葆光；知而不言，是謂天府。齧缺一段，不知之証；長梧一段，不言之証；罔兩一段，形如槁木之原由；蝴蝶一段，心如死灰之極致也。通篇以知字、言字、形字、心字、天字、因字縱横繡錯，變化之中條理井然。

縵者、柔緩無斷，懦人也。**窖者、**機深不測，險人也。**密者。**分銖較兩，細人也。**小恐惴惴，**心神不寧。**大恐慢慢。**氣餒自失。**其發若機栝，其司是非之謂也；**把持短長，發不可制，刁人也。**其留如詛盟，其守勝之謂也；**自以爲是，固守不移，拗人也。**其殺如秋冬，以言其日消也；**嗜欲日深，天機日淺，故神耗而有秋冬之氣也。**其溺之**句。**所爲之，不可使復之也；**没溺於中，不可以復改也。**其厭也如緘，以言其老洫也；**消沮閉藏，老愈深也。**近死之心，莫使復陽也。**擾攘至死，不復生也。**喜怒哀樂，慮嘆變**反覆不常。**慹，**遲疑不動。**姚**徜徉。**佚**放縱。**啟**發端。**態；**作態。**樂出虛，蒸成菌。日夜相代乎前，而莫知其所萌。**

「出虛」、「成菌〔一〕」二語，精湛之極。樂出於孔，虛乃有聲；菌成於蒸，倏忽變滅。以喻大空無始之初，本無有物，俄而氣蒸成形，方生方死；俄而氣吹出聲，唱于唱喁。偶自無而之有，亦方有而忽無。必欲於此石火電光之中妄生分別，真天下之至愚也。自「大知閑閑」以至「姚佚啓態」，皆極狀人情之萬有不齊，與「激者」、「謞者」一段相配，而必以此二語爲晨鐘發聲、令人深省者，應前「風作則怒，風濟則虛」之意也。

已乎，已乎。即前「自已也」之「已」字。**旦暮得此，其所由以生乎。**「此」字通指「大知閑閑」以下無數情態。**非彼無我，**言非彼種種情識，則不成个我，是自已也。**非我無所取。**言非有我，亦無處取此種種情態，是自取怒也。**是亦近矣，而不知其所爲使。**即前「使者其誰耶」之意。

此與前「吹萬不同」數句相呼應。

若有真宰，主也。**而特不得其眹。**兆也。**可行已信，**言真宰之令，信可奉行也。**而不見**

〔一〕菌，原作「蒸」，據《青照堂叢書》本改。

其形，有情而無形。自此以下，乃言其皆原於天也。「情」、「信」，皆實有之意，分明實有，只不見形。朱子云：「無極而太極，只是無形而有理。」語意相似。

百骸、九竅、六藏，賅全也。**而存焉，吾誰與爲親？汝皆説之乎？其有私焉？**焉，亦詰問之辭。**如是其皆有爲臣妾乎？其臣妾不足以相治乎？其遞相爲君臣乎？**此卽人身親切指點。言一身所具，我無尺寸之膚不愛，亦無尺寸之膚偏愛，是皆不能自主，而受使令爲臣妾者爾。臣妾不能相治，而又非遞相爲君，然則必有真君存矣。

其有真君存焉？一句點出，與「小大之辨」句，俱有一筆千鈞之奇。**如求得其情與不得，無益損乎其真。**情，卽前「有情而無形」之情。言天君所存，聖不加益，愚不加損，本無不齊也。

自起至此爲一節，言物論之本齊也。聲萬不同，皆天風所吹；情萬不同，皆天君所宰。任你聖賢仙佛百般保全，愚頑不肖日夜牿亡，而殺生者不死，生生者不生。一氣吹噓，振於無竟；大千世界，總無分別。卽後「一」與「不一」兩行、「然」

與「不然」無辨之意，將通篇大勢盡數籠起，而下乃反覆發揮之也。

一受其成形，不亡以待盡。亡，喪也。不亡，形不喪我也。盡，死也。言守其軀殼皮囊以待死也。**與物相刃**相逆。**相靡，**相順。**其行盡如馳，**五字真可悲痛，抵多少嘆老悲秋之詩。**而莫之能止，不亦悲乎？終身役役而不見其成功，苶然**疲敝之貌。**罷役而不知其所歸，可不哀耶？人謂之不死，奚益？其形化，其心與之然，**言心與形俱化也。外篇云：「哀莫大於心死，而人死次之。」此之謂也。《養生主》之義，已逗漏於此矣。**可不謂大哀乎？**

此段言人之域於形也。

人之生也，固若是芒昧也。**乎？其獨我芒，而人亦有不芒者乎？夫隨其成心**所以成吾心者，卽所謂天君也。**而師之，誰獨且無師乎？奚必知代而心自取者有之？愚者與有焉。**「知」、「代」二字，總括「大知閑閑」至「日夜相代」一段，言何必種種知識？日夜相代，而皆心自取之。人始有天君之明，卽愚而無知者亦有焉。卽前「得情與不得，無損益乎其真」之意也。**未成乎心**此句疑有脱誤，大約是謂不師其成心也。**而有是非，**到此方露「是非」二字。物論不齊，皆由於此。**是今日適越而昔至也。**只是言其以無有爲有也。**是以無有爲有。**此是覆解上句。

無有爲有，雖有神禹且不能知，吾獨且奈何哉？

此段言人之失其心也。

夫言非吹也，言者有言。其所言者特未定也。言亦號也，而顧謂「非吹」者，由于出言之人自以爲確有幾句話説，不止唱于唱喁。而究其所言，是非無定，則與鷇音果無辨也。**果有言耶？其未嘗有言耶？其以爲異於鷇**鳥雛也。**音，亦有辨乎？其無辨乎？**

此段言人之執其言也。

道惡乎隱蔽也。**而有真僞？言惡乎隱而有是非？道惡乎往而不存？言惡乎存而不可？道隱於小成，言隱於榮華。**道無不存，言無不可，何所隱蔽？遂生真僞是非。皆由於人以小知執爲成見，又欲互相誇耀，是以蔽於一偏，妄生分別。即後「非所明而明之，故以堅白之昧終」意也。

此段言人之矜其知也。起處知言形心，一氣總提；此處形心言知，四段分應。

故有儒墨之是非，以是其所非而非其所是。

此句總頂上文。言知言形心，種種不齊，於是儒墨並起，是非混淆。此之所是，彼之所非，而必自以爲是，故曰「是其所非」。此之所非，彼之所是，而必以彼爲非，故曰「非其所是」。如此則分門别户，對逐互競，而物論不齊極矣。

自「一受其成形」至此爲一節，言物論所以不齊之故也。

欲是其所非而非其所是，則莫若以明。

此乃一篇轉身處也。我之所非，人之所是，今欲因人而亦是之，是是其所非也。我之所是，人之所非，今欲舍己而亦非之，是非其所是也。果欲如此，則必以明。明者，隱之反也。向以隱於小成之故，遂自是而相非。今欲不蹈覆轍，莫若去除隱蔽，明通互觀，則物我元同而是非一矣。通篇文勢於此翻轉，却輕輕重疊上文八字，有壁壘不易而旌旗變色之奇。

物無非彼，我以物爲彼，物亦以我爲彼，則是物無非彼也。**物無非是。**我自以爲是，物各自以爲是，則是物無非是也，是猶我也。彼是猶言彼此，與是非之是不同。**自彼則不見，自知則知之。**我自是而彼物，物亦自是而彼我。出自物者，我悉不見；出自我者，我則知之。此彼是之見所由生也。**故曰：彼出於是，是亦因彼。**因，由也。言以物爲彼者，由於自以爲是；自以爲是者，由於以物爲彼也。

此言彼我之所從出也。

彼是方生之說也。此與「今日適越」、「謂之朝三」等句同法，皆劈空提起而下徐解之。言存彼是之見者，皆是據得自家一邊見識，忘却那人一邊意見，如物之方生者，止知生而不知死也。不知天下道理，既有這面，便有那面，方生卽死之機，方死卽生之漸。我方說可，人便說不可；我方說不可，人便說可。是是非非，皆由乎此也。**雖然，方生方死，方死方生；方可方不可，方不可方可；因是因非，因非因是。**此四「因」字，亦作「由」字解，與下「因是」之「因」不同。

此言是非之所由生也。

是以聖人不由，而照之於天，亦因是也。因，依也，隨也，任也。

「天」字、「因」字，一篇實際，此其總點出題處也。言聖人知是非彼我皆是妄念，故不由其途，而以天君之明兼照並觀，則知一切物論皆可因其自然而我無與矣。蓋天者，齊之理也；因者，齊之道。照於天者，知之明；因者，行之力也。

是亦彼也，我亦爲物所彼。**彼亦是也。**物亦自以爲我。**彼亦一是非，此亦一是非，**各自是而非彼。**果且有彼是乎哉，果且無彼是乎哉？**凡「是」字與「彼」字對者，皆作「我」字解。**彼是莫得其偶，**偶，對也。彼我分，則相對；合爲一，則莫得其偶矣。**謂之道樞。**户樞也。道樞，言居中守要，圓轉不窮。**樞始得其環中，以應無窮。是亦一無窮，非亦一無窮也。故曰莫若以明。**

此段乃其下手入道之要。可知《齊物論》亦是隨處體驗，真積力久，而後一以貫之，不止如禪家機鋒只作一場話説也。是亦彼，彼亦是，互觀而皆相同也。各一是，各一非，相反而特未定也。此其隨處體驗之實也。體驗之久，而後知彼是不可相偶。何謂不偶？物以我爲彼，我復不自以爲我，則物無非彼，更無有是，而彼莫得其偶矣。物自以爲是，我復不以物爲彼，則物無非是，更無有彼，而是不得其偶矣。不自以爲是，乃所謂「喪我」；不以物爲彼，乃所謂「喪耦」。物我大同，推而皆準，故曰道樞。樞者，居中以制外，守静以馭動，執簡以御繁，故可以應無窮。何謂無窮？物各自是，我復因是，則是無窮；物各相非，我復因非，則非亦無窮矣。可見隱於小成，則生無邊障碍；照之於天，則斬多少葛藤，故曰「莫若以明」也。

「喪我」近乎仁，「以明」近乎恕。仁者以天地萬物爲一體，「立」、「達」

之念，不煩推準，一時並到。其次不能無人我，故必取譬推度於人己之間，而得其同然之矩。於是乎可終身行，可平天下，所謂「忠恕，一以貫之」也。「喪我」者，內不見己，外不見人，渾然無間，仁之體也。「以明」者，互觀於人己之間，而知是亦彼、彼亦是，各一是非，取譬之方也。通於大同而不偶，得其環中以肆應，則所謂「一以貫之」也。其言最爲近道，特其因無彼我而并無是非，則未免於一偏。蓋無彼我者，仁之體；有是非者，智之用。聖人規其大全而立於無弊，諸子百家皆卽所明而偏焉，其流弊遂有不可勝言者矣。學術可不愼哉？

以指喻喻，猶曉諭也。**指之非指，不若以非指喻指之非指也；以馬喻馬之非馬，不若以非馬喻馬之非馬也。天地一指也，萬物一馬也。**雜舉指與馬者，當時公孫龍之徒有「白馬」、「指物」之論。「白馬論」者，言白馬非馬也。白馬非馬者，謂概求馬，則凡馬皆可以應；專求白馬，則黃、黑馬不可以應。黃、黑馬，馬也，而可以應有馬，不可以應有白馬，則是白馬非馬也。「指物論」之意，不可盡曉。按，《列子》書中有樂正子輿疑公孫龍「有意不心」、「有指不至」之語，公子牟解之曰：「無意則心同，不指則皆至。」則似所云「指」者，卽以手指物之謂。手不專指一物，則天地萬物何莫非吾所指？若有所專指，則此物之外皆非所指，而不至矣。故曰：「物莫非指，而指非指也。」今莊子乃卽其言而反之，謂言物皆指，而指非指，此以指喻指之非指也。不若更以所謂

「非指者」轉而觀之，指皆非指也。物莫非指，亦非指也。言馬是馬，而白馬非馬，是以馬喻馬之非馬也；不若卽以所謂非馬者轉而言之，馬皆非馬也，黄馬、黑馬亦非馬也。天地雖大，萬物雖多，輾轉相非，莫不如是。

此暢發「非」亦無窮之義也。

可乎可，不可乎不可。道行之而成，物謂之而然。惡乎然？然於然。惡乎不然？不然於不然。物固有所然，物固有所可。無物不然，無物不可。

此暢發「是亦一無窮」之義也。

故爲是舉莛屋樑。**與楹，**屋柱。**厲**醜者。**與西施，**美者。**恢恑憰怪，道通爲一。**莛横而楹直，厲惡而西施美。然非横則直不形，非惡則美不見，相反相成，本是一物。推而廣之，莫不如是。昔明道之徒語明道曰：「弟子昨有怪事，室中有光。」明道曰：「某每日有怪事，每飯必飽。」是常之與怪，原無分别也。

此横言之，謂上下四方旁通爲一體也。

其分也，成也；分，破也。破者，復成之基也。**其成也，毁也。**成者，卽復毁之漸也。**凡物**

無成與毀，復通爲一。

此豎言之，謂往古來今通爲一息也。

惟達者知通爲一，爲是不用不執一己之意見也。**而寓諸庸。**託乎衆人所同然也。**庸也者，用也；**惟庸，乃可用以行於世也。**用也者，通也；**《易》曰：「推而行之之謂通。」**通也者，得也。**通則得之。**適得而幾矣。**適，至也。至於得，則庶幾矣。**因是已。**結到「因」字，萬水歸源。

自「欲是其所非」至此爲一節，言彼我是非皆通爲一也。彼我，物也；是非，論也；一者，齊也，爲一篇之正面。

已而不知其然之謂道。「已」字總頂上文，言已通爲一，而又并「一」之意見不留於中，若不知其然者，斯爲兩忘而入於道。**勞神明爲一，而不知其同也，謂之朝三。**言若勞神明爲一，則是知其然矣。一而知其然，未免生門户、立意見，亦與不一者同失，而尚不自知。真衆狙「朝三」之見也。**何謂朝三？曰狙公**養狙之人。**賦芧**賦，與也。芧，橡也。**曰：「朝三而暮四。」衆狙皆怒。曰：「然則朝四而暮三。」衆狙皆悦。名實未虧而喜怒爲用，**言衆狙止惑於朝暮之顛倒，而不知芧之本數原未嘗加，是名實未虧而喜怒爲用也。勞神明爲一而不知其同，正與此相類。亦因是已。言必欲與之較正是非，仍是以水濟水，故當因之。一者任其一，不一者任其不一而已。是以聖人和之以是非而休乎天鈞，與均同。是之爲謂兩行。

一而不知，乃謂之道。勞神爲一，等於「朝三」。必以一爲是，以不一爲非，則又生是非矣。蓋求得其情與不得，無益損乎其真。是知與不知，其天本鈞。是以聖人和是非，而止於其天之鈞。一與不一，任其兩行而已。《大宗師》云：「其一也一，其不一也一。」此之謂也。「天」字、「因」字，頻頻提點，法脉謹嚴。

古之人，其知有所至矣。「知」字着眼。不知其然，非不知也。知之至，而知其無所用知也。惡乎至？有以爲未始有物者，至矣，盡矣，不可以有加矣。其次以爲有物矣，而未始有封也。封，界也，彼我之界也。其次以爲有封焉，而未始有是非也。是非之彰也，道之所以虧也。道之所以虧，愛之所以成，愛，所好也。成，自成一家也。所謂「道隱於小成」也。果且有成與虧乎哉？果且無成與虧乎哉？有成與虧，故故，已然之迹也。《孟子》曰：「則故而已矣。」即此「故」字。昭氏之鼓琴也；無成與虧，故句。昭氏之不鼓琴也。昭文之鼓琴也，師曠之枝策也，策，擊樂之器。枝，執持之也。惠子之據梧也，梧，几也。據梧，憑几而談也。

三子之知，幾乎「知」字着眼。**皆其盛者也，故載之末年。**事之終身。**惟其好之也，以異於彼；**句。**其好之也，欲以明之彼，**句。**非所明而明之，故以堅白之昧終。而其子又以文之綸緒，**書之緒言。**終身無成。**

此段文頗紆曲。言道虧則愛成，而究之道亦無虧，愛亦無成。人謂有成虧之迹者，昭文鼓琴之類是也；無成虧之迹者，昭文不鼓琴之類是也。而其實昭文鼓琴，亦無成虧，何則？昭文、師曠、惠子之徒，皆知之極盛而事之終身，以異於人，而并欲使人知之。究之非所當知而强知，故當身昧於堅白，而其子惑於綸緒。然則惡乎知？知者之非不知，而不知者之非知耶？故曰：古之人知有所至也。

若是而可謂成乎？雖我亦成也。我，子綦自謂也。**若是而不可謂成乎？物與我無成也。**

此方歸到正意。言昭文、惠施之徒而可謂之成，則我之闡不知之道者亦成也。若不可謂成，則知與不知總歸無成也。奚必不知之是，而知者之遂爲非乎？

是故滑疑之耀，滑，捉不定也。疑，見不殺也。滑疑之中，而天光獨照，則不自用其明者，乃所以爲明之至也。**聖人之所圖也。爲是不用而寓諸庸，此之謂以明。**結得周到。

自「已而不知其然」至此爲一節，總言其不當知也。

今且有言於此，「言」字着眼。此段又進一步，言不惟不當知，亦且不當言也。**不知其與是類乎？其與是不類乎？類與不類，相與爲類，**只此八字，已足齊物。**則與彼無以異矣。雖然，請嘗言之。**

此皆空中作勢，謂我今欲有所言，不知與自以爲是者類乎，不類乎？類與不類，卽是一類，則與彼斷相類矣。蓋本欲闡不言之教，而又嫌此不言之言是亦一言。自用無數語言文字，而乃謂闡不言之教，則與走馬應不求聞達科何異？不幾自相矛盾乎？故先憑空作此周旋。孔子曰：「予欲無言。」夫此一言獨非言乎？而必且言此者，凡以爲世也，聖人之不得已也。

有始也者，有未始有始也者，有未始有夫未始有始也者。

有始，太極也。未始有始，無極也。未始有夫未始有始，則無極亦無也矣。

有有也者，有無也者，有未始有無也者，有未始有夫未始有無也者。

有無無也，未始有無無無也，未始有夫未始有無，則無無亦無矣。凡佛老之精義微言，俱不出此，此所以不經而爲百家之冠也。

俄而有無矣，而未知有無之果孰有孰無也。

此句精妙。言當初無有，亦并無無。俄而説無，便是空中落影，已不是無。再説箇有，是乃幻上生幻，果真有哉？則無未始非有，而有未始非無也。故曰：未知孰有孰無也。色空空色，此之謂也。

今我則已有謂矣，而未知吾所謂之其果有謂乎，其果無謂乎？

此卽當下親切指點。言我今説此，是爲有言。然旣已有無不分，則未知言之果有、果無也。

天下莫大於秋毫之末，而泰山爲小；莫壽乎殤子，而彭祖爲夭。天地與我並生，萬物與我爲一。

舊註皆云：大小壽夭一致，天地萬物一體，與前「道通爲一」、「復通爲一」等語，遂至重複。不知文章各有部位，前正言彼我是非之皆一，此承上文，極言有無之不分，以起下大道不言也。無有無無，道體難言；孰有孰無，幻體難定。有從無生，無因有見。有之與無，本一非二。秋毫之末，其有者小，其無轉大；至於泰山，其有者大，其無反小。殤子有促，故其無長；彭祖有長，其無反促。生天地之時，卽無我之時，不與我之有並生，實與我之無並生。凡無我之處，卽有物之處。既與我之無爲一，斯與我之有亦爲一。說至此，真着不得語言文字。然既已説至此矣，尚得謂之無語言文字乎？故不若因而不言之爲愈也。

既已爲一矣，且得有言乎？既已謂之一矣，且得無言乎？一與言爲二，二與一爲三。其理微妙，伏羲畫卦，卽用此法。**自此以往，巧歷**精筭之人。**不能得，而況其凡乎？故自無適有以至於三，而況自有適有乎？無適焉，因是已。**

言「謂之一」者，本是自無說起，已適於有，已至於三，況自有適有者，其數尚可計乎？今欲斬盡葛藤，絕無流弊，則惟有因之而已。頻點「因」字，廻龍顧祖。

夫道未始有對，道本至一，故未有對。言未始有常，言本無定，故未有常。爲是而有畛界限。也，請言其畛：有左有右，相背曰左，相助曰右。有倫有義，序物曰倫，處事曰義。有分有辨，粗別曰分，細剖曰辨。有競有爭。並逐曰競，互角曰爭。此之謂八德。六合之外，聖人存而不論；存其理而不言也。六合之内，聖人論而不議。言及之而不必甚詳也。春秋經世先王之志，聖人議而不辨。詳言之而不辨別爭論也。

世傳莊子爲子夏之徒，觀此等語，似亦有所授受。孟子曰：「禹抑洪水而天下平，周公兼夷狄、驅猛獸而百姓寧，孔子成《春秋》而亂臣賊子懼。」所謂「春秋經世先王之志」也。朱子曰：「《春秋》不過直書其事，而義自見。」又曰：「當時大亂，聖人據實書之，其是非得失，付諸後世公論，有言外之意。」所謂「聖人議而不辨」也。尊經仰聖，其言粹然。凡其肆無忌憚，詆訾孔子者，皆外、雜篇所載，乃後人之贋作，内篇初無是也。

故分也者，有不分也；辨也者，有不辨也。分、辨，即是於道有未明也。曰：何也？聖人懷之，衆人辨之以相示也。故曰辨也者，有不見也。夫大道不稱，猶無名也。大辨不言，談言微中。大仁不仁，不姑息也。大廉不嗛，嗛字未詳。大勇不忮。忮，猶怒也。道昭而

不道，言辨而不及，仁常而不成，常，不變通也。一味仁愛姑息，則事有難行而不可成矣。**廉清而不信，勇忮而不成。**太清則不近情，盛怒則易債事。**五者圓而幾向方矣。**道、辨、仁、勇、廉，本是好字，偏執不化，則露圭角而不可行矣。**故知止其所不知，至矣。**止，不言也。「止所不知」，言并其不知亦不言也。「不言」，是此段正面，而又勾入「不知」一句，將前段一齊總收，以便於下文腰峽雙鎖，其法甚精。

自「今且有言於此」至此爲一節，總言其不當言也。

孰知不言之辯，不道之道？若有能知，此之謂天府。不言則天聚於內，故曰天府。**注焉而不滿，酌焉而不竭，**此二句就言上説，謂受人之言而不滿，向人言之而不竭。**而不知其所由來，**離言而實出無心，忘其所由來也。**此之謂葆光。**不用其知，明藏於中，故曰葆光。

通篇文勢皆散，至此以整語腰間一束，如江下三峽，河出禹門，兩岸之山壁立對峙，江河之水一線中流，烟波蛟龍隱伏於中而不動。行文至此，能事畢矣。

雖並束不言不知，而却於「不言之辯」下着「若有能知」，「不知由來」上着「酌焉不竭」，彼此鈎連，融成一片，可謂才大心細。

前總提「照之於天」，此雙結「天府」、「葆光」，脉絡分明。

故昔者堯問於舜曰：「我欲伐宗、膾、胥敖，國名。南面而不釋然。其故何也？」舜曰：「夫三子者，猶存乎蓬艾之間。若不釋然，何哉？昔者十日並出，萬物皆照，而況德之進乎日者乎？」

此「照之於天」之証也，以下數段皆引証之辭。水落瞿塘，爭關奪隘，奇險皆在前半，後則自在中流矣。

齧缺問乎王倪曰：「子知物之所同是乎？」曰：「吾惡乎知之？」「子知子之所不知耶？」曰：「吾惡乎知之？」「然則物無知耶？」曰：「吾惡乎知之？雖然，嘗試言之。庸詎知吾所謂知之非不知耶？庸詎知吾所謂不知之非知耶？且吾嘗試問乎女：民溼寢則腰疾偏死，鰌泥鰍。然乎哉？木處則惴慄恂懼，猿猴然乎哉？三者孰知正處？民食芻豢，麋鹿食薦，草也。蝍且[一]蜈蚣。甘帶，蛇也。鴟鴉嗜鼠，四者孰知正味？猿猵狙似猿而小。以爲雌，麋與鹿交，鰌與魚游。毛嬙麗姬，人之所美也，魚見之深入，鳥見之高飛，麋鹿見之決驟。四者孰知天下之正色哉？自我觀之，仁義之端，是非之途，樊然猶紛

[一] 且，《青照堂叢書》本作「蛆」。

然也。殽亂，吾惡能知其辨？」齧缺曰：「子不知利害，則至人固不知利害乎？」利害，猶言好歹。王倪曰：「至人神矣。大澤焚而不能熱，河漢冱凍也。而不能寒，疾雷破山、风振海而不能驚。極言其不知也。若然者，乘雲氣，騎日月，而遊乎四海之外。死生無變於己，自生自死，己初不知，故無變也。而況利害之端乎？」

此段不知之証也。

瞿鵲子問於長梧子曰：「吾聞諸夫子：『聖人不從事於務，不就利，不違害，不喜求，好而求之也。不緣道，行道也。無謂有謂，有謂無謂，從無言而有言，雖有言而不異無言也。外篇云：「言無言，終身言，未嘗言；終身不言，未嘗不言。」此之謂也。而遊乎塵垢之外。』夫子以爲孟浪之言，而我以爲妙道之行也。吾子以爲奚若？」長梧子曰：「是黄帝之所聽熒惑也。也，而丘夫子名也。也何足以知之？且女亦太早計，見卵而求時夜，見彈而求鴞炙。二語太早計之喻也。吾嘗爲女妄言之，女以妄聽之。奚旁同傍日月，挾宇宙？奚，何也。「傍日月」，智之明也。「挾宇宙」，力之勇也。言何必爲此昭著卓絶之行乎？外篇云：「女昭昭乎若揭日月而行。」此之謂也。爲其脗合，所謂道通爲一也。置其滑涽，紛亂也，置之，所謂「不由而照於天」也。以隸等級。相尊。衆人役役，聖人愚芚，言以等級分尊卑，衆人自爲此役役，聖人則渾忘若愚芚者也。參萬歲而一成純。所謂復通爲一也。純者，一之至也。萬物盡然，而以是相蘊。所謂無物不然也。以是相蘊，謂以此包括萬物，無遁情也。予惡乎知說生之非惑耶？予惡乎知惡死之非弱喪自幼出亡之人。而不知歸者耶？麗之姬，艾封人之子也，晉國之始得之也，涕泣沾襟；及其至於王所，與王同筐牀，食芻豢，而後悔其泣也。予惡乎知夫死者不悔其始之蘄求也。生乎？夢飲酒者，旦而哭泣；夢哭泣者，旦而田獵。方其夢也，不知其夢也。夢之中又占其夢焉，覺而後知其夢也。且有大覺而後知此其大夢也，而愚者自以爲覺，竊竊然知之。君乎，牧臣也。乎，固哉。固執不通也。丘也與女，皆夢也；予謂女夢，亦夢也。是其言也，其名爲弔音的。詭。猶至怪也。萬世之後而一遇大聖知其解者，是旦暮遇之也。」萬世一遇，而猶如旦暮，甚言知其解者之難也。「既使我與若辨矣，陡接此句，可知前文皆爲此而發。言死生無別，夢覺不分，而欲於此中辨人言之是非，茫茫天壤，當誰正之也？若勝我，我不若勝，若果是也，我果非也耶？我勝若，若不吾勝，我果是也，而爾也。果非也耶？其或是也，其或非也耶？其俱是也，其俱非也耶？我與若不能相知也，則人固受其黮黑也。闇，吾誰使正之？使同乎若者正之，既與若同矣，惡能正之？使同乎我者正之，既同乎我矣，惡能正之？使異乎我與若者正之，既異乎我與若矣，惡能正之？使同乎我與若者正之，既同乎我與若矣，惡能正之？然則我與若與人俱不能相知也，而待彼也

耶？待，對也。言既俱不相知，則是非無辨矣。尚可自執意見，截然與彼相待耶？**化聲**言也。言猶吹也，故曰化聲。**之相待，若其不相待，和之以天倪，**倪，端也。化聲亦天之所見端也。**因之以曼衍，**曼衍，汗漫無窮也。再點「因」字，法脉謹嚴。**所以窮年也。**猶終身也。**何謂和之以天倪？曰：「是不是，**是，我也；不是者，彼也。**然不然，**然，是也；不然者，非也。**是**句。**若果是也，則是之**所謂因也。**異乎不是也亦無辨；**所謂和也。**然**句。**若果然也，則然之異乎不然也亦無辨。忘年**忘生死也。**忘義，**忘是非也。**振於無竟，故寓諸無竟。」**振，動也。竟，盡也。是非之生無窮，吾亦與爲無窮而已，奚必相待而互辨哉？

此段不言之証也。

罔兩卽魍魎也。**問景**影也。**曰：「曩子行，今子止；曩子坐，今子起；何其無特操**猶常守也。**與？」景曰：「吾有待而然者耶？吾所待又有待而然者耶？**影待形，形待天君也。**吾待蛇蚹、蜩翼耶？**蛇蚹，蛇蛻。蜩翼，蟬蛻也。影之所待，如蛇蚹、蜩翼，皆在外之空殼。彼軀殼之所以行止坐起者，尚別有物主宰鼓動於其中。形且不知，而影惡乎知之？**惡識所以然？惡識所以不然？」**

此真宰、真君之証也。

昔者莊周夢爲蝴蝶，栩栩然自得之貌。**蝴蝶也。自喻適志與，不知周也。俄然覺，則蘧蘧然**舒徐之貌。**周也。不知周之夢爲蝴蝶與，蝴蝶之夢爲周與？**每誦此語，輒數日自疑，目前之我，尚不知是何物所夢也。**周與蝴蝶，則必有分矣。**此掉轉上文語，言周與蝴蝶必有辨矣，而乃至互夢，是我與物化也。**此之謂「物化」。**與「喪我」句一氣呼吸。

此喪耦、喪我之証也。

須看其通篇大勢，前半順提，中間總鎖，後半倒應，千變萬化，一線穿來。如常山之蛇，擊首尾應，擊尾首應，擊中則首尾皆應也。

凡讀長篇，必分其段落。此篇乃是七節文字：自起至「無益損乎其真」爲一節，言萬籟皆天而天本一也。自「一受其成形」至「儒墨之是非」爲一節，言物不師其天而遂不一也。自「欲是其所非」至「適得因是」爲一節，言聖人照於天而皆通爲一也。自「已而不知其然」至「此之謂以明」爲一節，言并此「一」之一字亦不當知也。自「今且有言於此」至「止其所不知」爲一節，言并此「一」之一字亦不當言也。「天府葆光」爲一節，總鎖不言不知，照之於天也。自此以下爲一節，皆引以証上文也。

凡讀長篇，必得其主腦。此篇乃是一句文字，只言照於天而喪我也。

文章既長，讀之不熟，則難融貫，故將大意重爲衍説：天地之間，萬竅殊聲，萬物異情，皆出於天。真君之存，聖不加益，愚不加損。物之與我，其天本一。故必喪我，乃能齊物。無如世人，一受成形，便執爲我。成心者天，不解師之。小言紛起，無異鷇音。小知相誇，大道隱蔽，是生物我，乃起是非。如此種種，皆是妄念。彼我之見，由於自私；是非之説，起於一偏。是以聖人一概不由，照之於天，明通互觀；彼我不偶，是非無窮。天地指馬，萬物然可。恢恑憰怪，道通爲一；分合成毁，復通爲一。既無不一，斯無不齊。又必并此一之意見，渾忘不知。是何以故？太始之初，本無有物；其次有物，已是幻形；又於其中，妄生知識。是乃名爲幻上生幻，自謂知幾，到底淪惑。是以聖人藏其光耀，寓諸滑疑，不用其知，乃爲至明。又必并此一之一語，相忘不言。是何以故？太始之初，本無有物。豈惟無有，亦且無無，并此無無，亦歸於無。但一言一，便適於有，便有流弊。是以聖人止於不知，概置不言。孰能如此？道通爲一，而又不知，而又不言，是爲真能照之於天。故曰天府，故曰葆光。德進乎日，天照之証；王倪之語，不知之証；長梧之論，不言之証。所以然者，人生在世，形骸假借，天乃真宰。蛇蚹、蜩翼，中有天君。夫此天君，本一無二。又何以知物不爲我？又何以知我不爲物？莊周、蝴蝶，物我雖分，實可混一。斯與物化，而我自喪。我且喪矣，又安有物，又安有論？焉知其齊，焉知不齊？抑又何必言其齊哉？分明一篇只如一句，然而此言亦名弔詭。茫茫天壤，誰使正之？

養生主生不徒生，有所以主此生者。能養其生，則長生矣。

此發前篇真宰、真君之義。生者假借，其中有天君主宰。善養者不養生，而養其生之主，則薪雖盡而火傳，所謂死生無變於己也。

吾生也有涯，涯，猶盡也。

生雖有涯，火傳無盡。首尾呼應甚緊，七篇起結皆奇絶，仔細看來，却是一色手法。

而知也無涯。

知者，吾心之思慮也。思慮之起，千頭萬緒，無有休息，故曰無涯。古詩云：「生年不滿百，常懷千歲憂。」此之謂也。

以有涯隨無涯，殆矣。已而爲知者，殆而已矣。

以有涯之生，而役役於無涯之知，則生殆矣。已殆而尚不覺悟，益從事於知焉，則殆而不可救矣。

知者，意也。人識意而不識心，故謂心有死生。此卽佛氏所謂「認賊作子」者也。夫意誠而後心正，是心與意有別也。但意之所發，誠之而心自正，絶而去之，則偏枯矣。此莊生所以爲二氏之鼻祖，而非吾儒之嫡派也。

爲善無近名，爲惡無近刑。

此二語，亦從無人會得。不詳讀其通篇，而止就本句作解，遂云：「爲善而第無求名，爲惡而第無犯刑。」夫《南華》不經，而實爲百家之冠，斷無公然教人爲惡之理。若謂不妨爲惡而第無近刑，然則盜不受捕、淫不犯奸、殺人而不抵償者，皆漆園之高徒也哉？夫此篇文勢，原以「善無近名」、「惡無近刑」、「緣督爲經」三句平提，而下分應之。「庖丁」一段，講「緣督爲經」也；「右師」一段，講「惡無近刑」也；「澤雉」一段，講「善無近名」也。但熟玩「右師」、「澤雉」之文，則知善、惡二字，當就境遇上説。人生之境，順逆不一，窮通異致。順而且通者，所謂善境也；窮而且逆者，所謂惡境也。吾之境而爲善與？此時易於有名，而吾無求名之心；不惟不求而已，卽德輝所著，自然有名，而吾亦淡然忘之，不以動於中，如澤雉之神王而不自知其善也。吾之境而爲惡與？此時難於免刑，而吾無致刑之道；不惟無以致之而已，卽數奇命厄，卒不免刑，而吾亦恬然安之，不以傷吾神，如右師之刖足而以爲天所生也。死生、存亡、窮達、貧富、毀譽、饑渴、寒暑，不以滑和，不以入於靈府。而惟緣督以爲經，則外累不攖，内守不蕩，乃所以爲衛生之經也。作者不惜自爲解説，而注者必欲横生意見，何哉？

緣督以爲經，緣，循也。督者，人之脊脉骨節空虚處也。緣督者，神遊於虚也。經，常也。

天下之物，莫不有理。理者，何也？間而已矣。肌肉之間，謂之腠理；字句之間，謂之文理；事之間，爲事理；物之間，爲物理。形而下者，必有間；形而上者，卽寓於其間之中，所謂「彼節有間而刀刃無厚」也。木石至堅，順文可破；大道渾淪，條理可尋。得其間而入之，神不勞而事解，所謂「恢恢乎遊刃有餘」也。督者，背脊之脉，由尾閭而至泥丸，骨節之間而精神之所遊也。推而廣之，物莫不有。養生者知之，内則緣吾身之督，使神遊於虚，而不滯於形氣之粗；外則緣事物之督，使神亦遊於虚，而不攖於盤錯之累。以此爲經，蓋庶幾乎聖人艮背時行之要道，而不止仙家尸解羽化之秘訣也。

可以保身，可以全生，可以養親，可以盡年。

保身、全生、養親，皆是可以生；盡年，則是可以死。不可以死，不足以爲養生之極功。可以死者，雖死而有不死者存也。後「秦失」一段，即是此意。

庖丁爲文惠君解牛，手之所觸，肩之所倚，足之所履，膝之所踦，砉然嚮然，奏刀騞然，奏刀之聲。**莫不中音：合於《桑林》**舞名。**之舞，乃中《經首》**《咸池》樂章。**之會。**節也。**文惠君曰：「譆，善哉。技蓋至此乎？」庖丁釋刀**着此二字，精細。**對曰：「臣之所好者道也，進乎技矣。始臣之解牛之時，所見無非牛者。**用功之至，參前倚衡，几天下之物皆作牛觀，思所以解之也。**三年之後，未嘗見全牛也。**用功既熟，遇牛即見其理間可解之處也。凡學道者，莫不如此。顔子「高」、「堅」、「前」、「後」，即見無非牛時也；「如有立卓」，即目無全牛時也。邵子學《易》，凡坐卧處皆貼《先天圖》，此見無非牛時也。晚而有得，凡見天下之物，即作四段看，此目無全牛時也。惟實用功人，乃有此苦；亦惟實用功人，乃有此樂。**方今之時，臣以神遇而不以目視，官**五官。**知止**知所當止之處也。**而神欲行。依乎天理，批**擊也。**大郤，**隙也。

導大窾，窾也。因其固然，有物各付物，行所無事之意。技經肯綮骨肉聯絡之處。之未嘗，而況大軱骨也。乎？良庖歲更刀，割也；用以割肉，故歲一易。族庖衆庖。月更刀，折也。用以折骨，故月一易。今臣之刀十九年矣，所解數千牛矣，而刀刃若新發磨也。於硎。礪也。彼節者有間，而刀刃者無厚，以無厚入有間，恢恢乎其於遊刃必有餘地矣。此數句，「緣督」之精義也。是以十九年而刀刃若新發於硎。雖然，每至於族，骨節盤聚之處。吾見其難爲，怵然爲戒，視爲止，行爲遲，動刀甚微，謋然開貌。已解，如土委地。言無用刀之痕。提刀而立，爲之四顧，爲之躊躇滿志，善刀而藏之。」文惠君曰：「善哉。吾聞庖丁之言，得養生焉。」一語點睛，前文無數筆墨，俱化爲烟雲矣。

此講「緣督以爲經」也。因間遊刃，可以養刀；緣督遊神，可以養生。其致一也。

公文軒見右師而驚曰：「是何人也？惡乎介一足特立。也？天與，其人與？」曰：「天也，非人也。天之生是使獨也，人之貌有與也。一足爲獨，兩足爲「有與」。言人皆兩足相與，而我獨一足，是天生之使異於衆也。以是知其天也，非人也。」

此講「惡無近刑」也。夫人不幸罹罪而刖以足，境亦可謂惡矣。乃恬然自安，謂是天生而非人致之，則所謂「不可奈何而安之若命」，乃「惡無近刑」之真詮也。

澤雉十步一啄，百步一飲，不蘄求也。**畜乎樊**籠也。**中。神雖王，**旺也。**不善也。**不自知其善也。

此講「善無近名」也。飲食自足，不攖樊籠，而精神健旺，境亦可謂善矣。乃渾然忘之，初不知其善，則不惟逃名，而并不見吾之有可名，斯「善無近名」之極致也。

老聃死，只此三字，千古談黄老仙佛人，便當一齊痛自改悔，道經、佛經皆與燒却。幾千年來，言不死者，必以老聃爲稱首；言老子者，必以莊子爲護法。然而莊子明云「老聃死」，是老聃果死無疑也。老聃且死，而後之人欲得老聃之道以不死，愚哉。**秦失弔之，三號而出。弟子曰：「非夫子之友耶？」曰：「然。」「然則弔焉若此，可乎？」曰：「然。始也吾以爲其人也，而今非也。向吾入而弔焉，有老者哭之，如哭其子；少者哭之，如哭其母。彼其所以會之，**猶言要結感動之也。**必有不蘄**求也。**言而言，不蘄哭而哭者。是遁天倍**背也。**情，忘其所受，古**

者謂是遁天之刑。言死生天道。天之情也，本無哀樂，今老聃至使人哭之極哀，必其生平不能超然於生死，有所以要結感動人者，故不期哭而人自哭之，是離天道而忘其所受之本然也。本無苦惱，而自生苦惱，故曰刑也。**適來，夫子時也；適去，夫子順也。安時而處順，哀樂不能入也，**適然而來，生也；適然而去，死也。事之偶然，故曰時也；理之必然，故曰順也。雖生而生主不益，故當安於時；雖死而生主不損，故當處其順。安之，處之，死生無變於己也，而又何哀樂之有？**古者謂是帝之懸解。**生者假借，附贅懸疣於太空之內，如帝之懸之。今而適死，是疣決癰潰，而帝之懸方解也。」**指**物也。當時有「物莫非指」之論，故「指」可訓「物」，謂凡形氣之粗可指名者也。**窮於爲薪，火傳也，不知其盡也。**生者，形質，譬猶薪也；生主者，神理，譬猶火也。形有盡，故指有窮於爲薪之時。然形雖弊而理不息，如薪雖盡而火常傳也。

吾讀此，而知莊生之高於仙佛也，可謂知死生之說矣。死生者，晝夜之道也。生之必死，猶晝之必夜也。幼爲生之始，壯爲生之盛，老爲生之衰，死爲生之終，物必成始而成終。故善吾生，所以善吾死；惟善吾死，乃所以善吾生也。《洪範》「五福」曰壽、曰考終命，此之謂也。題言養生而文兼言死，所謂知始終之義，達性命之理，而非如二氏之説，必謂可以不死也。曰：然則其言薪盡火傳，何也？曰：此自然之理也。生形有斃，生理不息。未生之初，此理已具；既死之後，此理常存。

如薪與火，薪燃火發，薪盡火熄。然而此火之理，自在宇宙，後復有薪，復能燃火。前薪不同於後薪，形百變而不齊；後火無殊於前火，理亘古而不易。然必謂前薪盡時，將此火光截然封藏於太虛之中，以待後薪而附而燃之，雖三尺童子，知其不然也。然則薪盡火傳，乃生死之正理，卽此可以証輪迴、羽化之謬也。故曰：莊生高於仙佛也。

此段講可以盡年，而與「吾生有涯」句相呼應也。通篇文勢，前總提，中分講，後總結，脉絡分明，首尾融洽，如紀律之師，不敢亂走一步。而解者猶至支離破碎而不可成篇，則真末如之何也。

人間世

言人間處世之道也。

此承前篇「無近名」、「無近刑」之意，而欲以無名、免刑也。故以「殆往而刑」作起，「僅免刑焉」作結。前半極言刑之難免，後半則其免刑之方也。《養生主》者，自修之實；《人間世》者，處世之道。《養生主》所以祛〔一〕其内憂，《人間世》所以遠其外患也。

顔回見仲尼，請行。曰：「奚之？」曰：「將之衛。」曰：「奚爲焉？」曰：「回聞衛君，其年壯，其行獨。謂獨執己見，不聽人言也。萬病可醫，獨此不治，所謂「下愚不移」。輕用其國，而不見其過；輕用民死，死者以國量乎澤，若蕉，量，比也。言國之死者其多，比於澤中之蕉也。民其無如矣，回嘗聞諸夫子曰：『治國去之，亂國就之，即「天下有道，丘不與易」之意。醫門多疾。』願以所聞，思其則，法也。謂法所聞而行之也。庶幾其國有瘳乎？」仲

〔一〕祛，原作「怯」，據《青照堂叢書》本改。

尼曰：「譆。嘆聲。若汝也。殆往而刑耳。一喝山谷皆震，直至篇末「僅免刑焉」一句，其勢方住，首尾呼應甚緊。故曰：七篇起結，皆是一色手法。

夫道不欲雜，雜則多，多則擾，擾則憂，憂而不救。雜，非但私欲纏擾之謂，卽治己治人之念紛然並起，亦謂之「雜」。雜則不虛，多則不一。不虛不一，中心擾亂，則內憂外患齊至矣。古之至人，先存諸己而後存諸人。所謂「有諸己而後求諸人」。所存於己者未定，謂有雜多擾憂之患。何暇至於暴人謂衛君。之所行？所，處也。行，卽前文「請行」之「行」也。欲治人，必先自治。今吾之心，不度時勢，冒昧請行，則是不免雜多擾憂之患。方自救不暇，而何暇救人乎？爲第一層。

且若亦知夫德之所蕩流蕩。而知名爲人知。之所爲出生出。乎哉？德蕩乎名，知出乎爭。二句語氣不同。德之所以流蕩者，因乎名；知之所生出者，則是爭也。名也者，相軋也；知也者，爭之器也。二句串講。名必相侵軋而後成，故求人知者，乃爭之器也。觀後「名聞不爭」可見。二者凶器，內蕩德而外出爭也。非所以盡行也。言未盡處世之道也。

此承上文更進一步，言卽存於己者定矣，然欲行於世，則名聞而知起，必相軋而相爭，所存於己之德蕩矣。德蕩於内，爭出於外，恐不可行也。爲第二層。

且德厚信矼，信，實也；矼，堅也。言積德之厚，堅實而不蕩也。**未達人氣；**達，通也。「氣」字微妙，人之相感，皆以氣通。**名聞**知也。**不爭，未達人心。而强以仁義繩墨之言術**同述。**暴人之前者，是以人惡有其美也，名之曰菑人。**言害人也。**菑人者，人必反菑之，若殆爲人菑夫。**

此承上文又進一步，言德信矼而不蕩矣，名人知而不爭矣，然亦必相人之氣質，而曉人之心事，相信而後諫。未能如此，而强以美言述於惡人之前，則是彰人之惡，以形己之美，乃害人也，未有不反爲人害者也。爲第三層。

且苟爲悦賢而惡不肖，惡平聲。**用而**汝也。**求有以異？**言衛君果能好賢，則彼自有人，何用汝去表異？今煩汝請行，則其不知賢、不肖之辨，可知也。**若**汝也。**唯**諾也。**無詔，**教也。言唯唯諾諾，無以教之也。**王公必將乘人**猶陵人也。**而鬭其捷。**誇其敏捷，所謂禦人以口給也。**而**汝也。**目將熒之，**眩惑。**而色將平之，**躊躇。**口將營之，**囁嚅。**容將形之，**屈服。**心且成之。**隨順。**是以火救火，以水救水，名之曰益多。順始無窮，**始，初心也。順吾之初心，與之辨論，而不爲所窮也。**若殆以不信厚言，**猶云交淺言深也。**必死於暴人之前矣。**

此承上文又進一步，言我卽善伺心氣，言不妄發，然彼固不知賢愚之辨。若唯唯諾諾，不敢力諫，則是適成其惡；若順吾初心，交淺言深，則必逢彼之怒矣。爲第四層。

且昔者桀殺關龍逢，紂殺王子比干，是皆修其身以下傴拊傴，愛也。拊，撫也。**人之民，以下拂其上者也，故其君因其修以擠之。是好名者也。**上不仁而下仁，是拂上而予上以不美之名也。故君之好名者擠之，龍逢、比干之所以死也。昔明皇貶宋璟，而謂其賣直沽名；煬帝殺薛道衡，而妬其「空梁燕泥」之句，是皆好名而擠其臣下者也，獨桀紂也與哉？**昔者堯攻叢枝、胥敖，禹攻有扈，國爲虛厲，身爲[一]刑戮，其用兵不止，其求實無已。**叢、胥、有扈，不愛其民，而民歸堯、禹，則彼喪其實矣。乃欲求之，至於用兵相攻，身辱國亡，而求實之心未已也。求實不就堯、禹身上説。**是皆求名實者也。而獨不聞之乎？名實者，聖人之所不能勝也。**以龍逢、比干之聖，不能勝桀、紂之好名；以堯、禹之聖，不能勝叢、胥、有扈之求實。**而況若乎？**

〔一〕 爲，原作「屬」，據《青照堂叢書》本改。

此承上文又進一步，言暴人豈特不悦賢，且深惡賢？何則？己不賢而人賢，則人擅其名，而己喪其實，故往往以賢爲仇而必欲殺之。雖以聖人之過化存神，而不能勝也。爲第五層。

雖然，若必有以也，嘗以語我來。」

上文層層翻撥，幾於無可轉身，乃只輕輕一語，遂生下無數妙文。如深山幽谷，人徑胥絶，忽然峰頭一轉，又别開洞天福地也。

顔回曰：「端而虚，勉而一，則可乎？」

此從前「雜多擾憂」生來。道不欲雜，則貴於虚；虚不可强，必端莊嚴肅以去神明之累，所謂「制外以養中」也。道不欲多，則貴於一；一難驟期，必勉强克治以融物我之間，所謂「强恕以求仁」也。此實是顔子工夫，他人見不及此，不可概以爲異説而忽之也。

心齋之義，不出虚一，其未化處，則在端與勉爾。

曰：「惡，嘆聲。惡可？夫以陽爲充孔揚，外爲充滿，揚揚之狀也。孔，甚也。采色不定，喜怒無常。常人之所不違，人不敢違其意。因案人之所感，以求容與其心。言養成驕悍之性，人偶以言感觸，必案而治之，以求快其心也。名之曰日漸進也。之德不成，而況大德乎？將執而不化，端而求虛，則是拘執而不化也。外合而内不 勉而求一，則是外合而内否也。訾，句。訾議其過也。其庸詎可乎？」

言彼方拒諫飾非，我乃不化、不合，而欲訾議之，必不可也。

曰：「然則我内直而外曲，成而上比。述成語而上比於古人也。内直者，與天爲徒。與天爲徒者，知天子之與己，皆天之所子，而獨以己言蘄乎而人善之，蘄乎而人不善之耶？言人君與己並生於天，何爲以己之言求其喜好耶？若然者，人謂之童子，是之謂與天爲徒。外曲者，與人之爲徒也。擎跽曲拳，人臣之禮也，人皆爲之，吾敢不爲耶？爲人之所爲者，人亦無疵焉，是之謂與人爲徒。成而上比者，與古爲徒。其言雖教，讁之句。實也，古之有也，非吾有也。雖有教讁之語，實皆古人所有，非吾之私言也。若然者，雖直不爲病，是之謂與古爲徒。若是則可乎？」

此從「執而不化」三句生來。言我不能化，我第内直；我不能合，我第外曲。

不能不訾，第述古之成語。內不計利害，外不立異同，旁証遠引而不顯言其過，亦可謂曲盡處世之方矣。

仲尼曰：「惡，惡可？太多政法而不諜，政法，猶言方法。諜，安也。言方法太多而終不妥當也。**雖固亦無罪。雖然，止是爾矣，**止於無罪而已。**夫胡可以及化？**言不能化人也。**猶師心者也。」**

「師心」句，乃推所以不化之故，而啓下「心齋」之義也。我不能無心，則人亦不能無心，兩心相鬬，嫌隙自生。任你百計調停，終有畛域，故不及化。夫人雖善忮，不怨飄瓦；人雖善怒，不詈虛舟。學語之兒，詈人而人喜之，爲其無心也。夫苟無心，雖詈不怒，而況於將順而匡救之乎？

顏回曰：「吾無以進矣，敢問其方。」仲尼曰：「齋，吾語若。有而爲之，其易耶？言有心爲之，則工夫容易，與後「無行地難」、「爲天使難」語意相對。**易之者，皞天不宜。」**有心，則與天不相合。**顏回曰：「回之家貧，惟不飲酒、不茹葷者數月矣。若此，則可以爲齋乎？」曰：「是祭祀之齋，非心齋也。」**心齋者，無心也，是師心之藥也。**回曰：「敢問心齋。」**

仲尼曰：「若一志，心志純一。**無聽之以耳而聽之以心，無聽之以心而聽之以氣。**克己之目，視聽言動兼之，此獨言聽者，舉一以例其餘也。**聽止於耳，心止於符。**合也。**氣也者，虚而待物者也。惟道集虚。虚者，心齋也。」**

聽以耳者，徇見聞之粗迹，與心全不相關，故曰「止於耳」。南榮赿〔一〕曰「赿勉聞道達耳矣」，此之謂也。聽以心者，聲入心通，内外符合，初無間隔，孔子曰「回於吾無所不悦」是也。然猶有心在，故曰「止於符」。氣則思慮不起，知識不萌，止此一腔生氣，與太空同體，乃爲虚之至。惟虚能受，惟虚能靈，惟虚能感，惟虚能應，故曰「道集虚」也。周子《通書》曰：「『聖可學乎？』曰：『可。』『有要乎？』曰：『有，一爲要。一者，無欲也。無欲則静虚動直。』」與此可相發明。凡内篇中所引孔顔之言，類皆精粹，似有所本。

顔回曰：「回之未始得使，使，教也。言未聞教之時也。**實自回也；**自以爲回是有己也。**得使之也，未始有回也；**既聞教，則不知有己也。**可謂虚乎？」**

〔一〕赿，原作「妹」，據《青照堂叢書》本改。

「未始有回」一語，卽喪我物化、至人無己之真詮。七篇道理，一以貫之。

夫子曰：「盡矣。吾語若。若能入遊其樊而無感其名，人世最是「名」字害事，其難忘更甚於利。能忘名，則庶幾矣。**入則鳴，不入則止。**合則言，不合則止也。**無門無毒，**毒，猶藥也。此從前文「醫門多疾」句生來，言無門亦無藥也。**一宅**宅心於一，所謂「若一志」也。**而寓於不得已，**凡有所爲，皆不得已而後起，所謂因時順應也。**則幾矣。絶迹易，無行地難。**此二句身分甚高。言果欲屏棄一切，絶迹不行，此則容易。惟是天下原有所不得已，如事君、事父，推諉不得，勢必須行，而又欲內不傷己，外能化人，如雖行而地上無迹，斯爲難耳。不然，而如隱士之果於忘世，釋氏之背絶君親，則未之難矣。**爲人使易以僞，爲天使難以僞。**僞，爲也，言用力也。此解無行地之所以難也。無行地，則非人爲而動以天，如爲天所使也。動以人者，猶可加以人功，所謂大可爲也；動以天者，則著不得人力，所謂化不可爲也。**聞以有翼飛者矣，未聞以無翼飛者也；聞以有知知者矣，未聞以無知知者也。**爲天使，則是以無爲爲，以無知知，如鳥無翼而自飛也。孔子曰：「吾有知乎哉？無知也。有鄙夫問於我，空空如也，我叩其兩端而竭焉。」則所謂以無知知也。**瞻彼闋者，虛室生白，**闋，牖也。室中惟虛，故牖生光明也。此總承上文而推原之辭。何謂「無行地」？只是爲天使。何謂「爲天使」？只是以無知知。何謂「以無知知」？只是人心虛則生明，如虛室之生白光也。**吉祥止止。**上「止」，萃也；下「止」，虛也。吉祥止於止，所謂「惟道集虛」也。

夫且不止，是之謂坐馳。若吉祥不止，則是虛有未至，如閉目靜坐而心實馳於外也。夫徇耳目內通而外於心知，鬼神將來舍，而況人乎？徇，使也。耳目內通，收視返聽也。外於心知，屏除意見也。虛靜之至，鬼神來聚，而況於人乎？是萬物之化也，物所由感化也。禹舜之所紐也，以此爲德之樞紐也。伏羲、几蘧之所行終，造詣之極至也。而況散衆人也。焉者乎？極贊虛一之妙也。

此段正言處世之道，所謂入世法也。

葉公子高將使於齊，問於仲尼曰：「王使諸梁葉公名。也甚重，重其事也。齊之待使者，蓋將甚敬而不急。此五字是今日富貴人秘訣，空文周旋而實不急人之難，最使人哭笑不得也。匹夫猶未可動也，而況諸侯乎？吾甚慄懼也。之。子嘗語諸梁也，曰：『凡事若小若大，寡不道以懽成。道，言也。懽，願也。事無大小，鮮不言願成也。事若不成，則必有人道之患；罹刑罰也。事若成，則必有陰陽之患。致疾病也。若成若不成而後無患者，惟有德者能之。』吾食也執粗而不臧，言食粗厲，不求精好。爨無欲清之人。廚傳蕭然，司火之人皆不苦熱。甚言自奉之薄也。今吾朝受命而夕飲冰，我其內熱與？言平日攻苦食淡，初無內熱之病；今甫受命而卽發渴飲冰，是受陰陽之患也。吾未至乎事之情，而既〔一〕有陰陽之患矣；事若不成，必有人道之患。是兩也，爲人臣者不足以任之，子其有以語我來。」仲尼曰：「天下有大戒二：大戒，猶言大閑，不可踰越者也。其一，命也；性分之所固有曰命。其一，義也。職分之所當爲曰義。子之愛親，命也，不可解於心；親親，仁也。仁者，性也。性本於命而具於心，故愛親之念與生俱來，固結於心，而不可解也。臣之事君，義也，無適而非君也，無所逃於天地之間。君臣之分，原是吾性之義，義無往而不存，故君無適而非是，在國在野，猶在朝也。是之謂大戒，此數句於性命、仁義、忠孝之理體認真切。此孔孟之心傳，不惟不同於楊墨、佛老無父無君之教，而並非沮、溺、荷蕢之流所得望其項背也。誰謂莊生可概以異端目之哉？是以夫事其親者，不擇地而安之，孝之至也；夫事其君者，不擇事而安之，忠之盛也；自事其心者，哀樂不易施乎前，知其不可奈何而安之若命，德之至也。爲人臣子者，固有所不得已。人以不得已爲不可奈何，非也。事親事君，不可解而無容逃，忠孝之心有所不容已也。行事之情而忘其身，何暇至於悦生而惡死？其性情篤摯乃爾，與「竭力致身」之語若合符契。斯卜氏之所傳，與世言受業西河不虛也。夫子其行可矣。自此以上，所以免陰陽之患；自此以下，乃教以免人道之患也。丘請復以所聞：凡交近則必相靡以信，靡，從也；信，實也。遠則必忠之以言，忠

〔一〕既，原作「已」，據《青照堂叢書》本改。

者，盡心告之也。言必或傳之。夫傳兩喜兩怒之言，天下之難者也。夫兩喜必多溢過也。美之言，兩怒必多溢惡之言。凡溢之類也妄，妄則其信之也莫，倒句法，言莫之信也。莫則傳言者殃。故法言曰：『傳其常情，無傳其溢言，則幾乎全。』庶幾可保全無殃也。且以巧鬭力者，始乎陽，明擊之也。常卒乎陰，暗算之也。泰至太甚也。則多奇巧；以禮飲酒者，始乎治，常卒乎亂，泰至則多奇樂。凡事亦然。始乎諒，誠也。常卒乎鄙；詐也。其作始也簡，其將畢也必巨。自「以巧鬭力」至此，皆譬喻之辭。言凡事皆始乎此而卒乎彼，初雖立意不溢，難保其終不溢也。言者，風波也；言易動而難測也。行者，行，即前「夫子其行」之行，言往而傳命也。實喪也。傳言易於無實，故曰實喪。夫風波易以動，實喪易以危。故忿設無由，巧言偏辭。言忿怒之生，別無他故，皆由於巧言偏辭也。《書》曰「惟口興戎」，此之謂也。獸死不擇音，氣息茀然，喘聲。於是並生心厲。言若粗心豪氣，不擇言而談，則我之氣不平，而人之氣亦激，怒厲之心並生矣。程子曰：「凡與人言者，理勝則辭明，氣忿則招拂。」此之謂也。尅核太至，則必有不肖之心應之，而不知其然也。苟爲不知其然也，孰知其所終？言若機深縝密，尅減過甚，人將疑爲奸險不測，以不肖之心相待，而已不知也，斯愈危矣。世情之難，真是大淺露不得，大機深亦不得也。故法言曰：『無遷令，遷改其辭令也。無勸成，强勸使和好也。過度益也。』遷令勸成殆事，分外求好，則殆事也。美成在久，惡成不及改，此殆事之實。遷而勸之，幸而成美，亦不過一時討好，未必能久。設因此而反生意外之隙，則其惡一成，噬臍何及。蓋天下儘有弄巧成拙之事，不可以不慮也。**可不慎與？**此與下段皆頻呼「慎」字，多少深衷苦志皆在於此。不得已而至於出世，亦此一字基之也。**且夫乘物以遊心，**所謂物來順應也。**託不得已以養中，**一宅而寓於不得已，所以養其心也。**至矣。何作爲報也，**報，傳命也。「作爲」，如遷令、勸成之類。**莫若爲致命，**傳命也。**此其難者。」**

此段及下段，皆極言入世之難，以趨後無用之意。勢皆側注，如河流禹門，江下三峽，迅流直赴，初無停波，直至後言無用處，乃是平原廣澤，始作縈迴停蓄之致也。

顔闔將傅衛靈公太子，而問於蘧伯玉曰：「有人於此，其德天殺。等殺也。言天限之，使不能長進也。**與之爲無方，**法也。謂不以法度檢束也。**則危吾國；與之爲有方，則危吾身。其知**去聲。**適足以知人之過，而不知其所以過。**忠則必誨，誨而至於犯，斯爲過矣。然其所以致過之由，則忠也。人君能因過而原其所以過，則忠臣之心明而逆耳之言入。今太子之智，止足以知諫我者之忤我，而不知忤我者乃愛我也。此則所謂「天之殺之，人未如之何」也。**若然者，吾奈之何？」蘧伯玉曰：「善哉問乎。戒之，慎之，正汝身哉。**正身乃涉世之本。**形莫若就，心莫若和。**就，將順也。和，調停也。外爲恭敬將順之形，而內盡調和補救之心也。**雖然，之二者有患。就不欲入，和不欲出。形就而入，則爲顛爲滅，爲崩爲蹶；心和而出，則爲聲爲名，爲妖爲孽。**就，止在形，若入於心，則依附逢迎，必有顛滅崩蹶之禍；和，止於心，若出於形，則顯露圭角，必有聲名妖孽之灾。**彼且爲嬰兒，**無知識也。**亦與之爲嬰兒；彼且爲無町畦，**町畦，界限。言無防閑節制。**亦與之爲無町畦；彼且爲無崖，**無止足也。**亦與之爲無崖。**此就之也。**達之入於無疵。**達之，導之也。因其所明而開導之，使歸於無過，所謂和之也。事無大害，且與曲從，機有可乘，從容開導。「納約自牖」，此之謂也。鄴侯之於肅代，宣公之於德宗，初無犯顔强爭之迹，而委曲敷奏，裨益弘多，此道得也，豈異説哉？**汝不知夫螳螂乎？怒其臂以當車轍，不知其不勝任也，是其材之美者也。戒之，慎之。積伐而美者以犯之，幾矣。**矜其才以犯君，則殆矣。此不就不和之害也。**汝不知夫養虎者乎？不敢以生物與之，爲其殺之之怒也。不敢以全物與之，爲其決之之怒也。時其饑飽，達其怒心。虎之與人異類而媚養己者，順也；故其殺者，逆也。**此能就能和之益也。**夫愛馬者，以筐盛矢，以蜄**大蛤。**盛溺。適有蚊虻僕緣，而拊之不時，則決銜毁首碎胸。意有所至而愛有所亡，**一段正意在此數句。夫愛之而爲拊蚉虻，可謂用意之至矣。而馬或決毁，是意有所至，而愛反有所亡也。然則雖就之和之，終無萬全之道也。比干非不愛殷，子胥非不愛吴，而卒有剖心浮江之患，此則意至愛亡之明驗也。莊生豈欺我哉？**可不慎耶？**兩段皆以「慎」字作結。

前段見立言之難，此段見制行之難也。一入世網，觸處危機，窮思極慮，總無萬全之道，則惟有歸於無用而後可也。

匠石之齊，至乎曲轅。見櫟社樹，其大蔽牛，絜之以手度之。百圍，其高臨山，十仞而後有枝，其可以爲舟者旁十數。觀者如市，匠伯不顧，遂行不輟。弟子厭觀之，走及匠石，曰：「自吾執斧斤以隨夫子，未嘗見材如此其美也。先生不肯視，行不輟，何耶？」曰：「已矣，勿言之矣。散木也，散，猶壞也。以爲舟則沈，以爲棺槨則速腐，以爲器則速毁，以爲門户則液樠，津液流也。以爲柱則蠹。是不材之木也，無所可用，故能若是之壽。」匠石歸，櫟社見夢曰：「汝將惡乎比予哉？若將比予於文木耶？夫柤梨橘柚，果蓏之屬，實熟則剥，則辱；大枝折，小枝泄。此以其能苦其生者也，故不終其天年而中道夭，自剖擊於世俗者也。物莫不若是。且予求無所可用久矣，幾死，乃今得之，爲予大用。使予也而有用，且得有此大也耶？且也若與予也皆物也，奈何哉其相物也？相，物色也。而幾死之散人，又惡知散木？」匠石覺而診占也。其夢。弟子曰：「趣取無用，則爲社何耶？」疑爲社卽是有用也。曰：「密，若無言。彼亦直寄焉，以爲不知己者詬厲也。言人立爲社，亦是不知己者相詬累耳。彼亦直寄焉已矣。不爲社者，且幾有剪乎？言卽不爲社，寧復有剪伐之者乎？且也彼其所保與衆異，而以義喻之，不亦遠乎？」言彼其所以保生者，不同於衆，以爲社不爲社之義論之，失之遠矣。

南伯子綦遊乎商之丘，見大木焉，有異，結駟千乘，隱將芘其所藾。隱，影；芘，庇；藾，蔭也。大約是謂影皆庇蔭之也。句法難解，疑有脱誤。子綦曰：「此何木也哉？此必有異材夫？」仰而視其細枝，則拳曲而不可以爲棟樑；俯而視其大根，則軸解而不可以爲棺槨；咶其葉，則口爛而爲傷；嗅之，使人狂酲，三日而不已。子綦曰：「此果不材之木也，以至於此其大也。嗟乎，神人以此不材。神人之所以大而常存，亦以不材之故耳。宋有荆氏地名。者，宜楸柏桑。皆有用之木也。其拱把而上者，求狙猴之杙椿橛。者斬之；三圍四圍，求高名門也。之麗楣。者斬之；七圍八圍，貴人富商之家求樿棺也。旁者斬之，故未終其天年，而中道夭於斧斤，此材之患也。故解祭祀之名。《漢・郊祀志》云：「古天子春有解」，是也。之以牛之白顙者，與豚之亢鼻者，與人有痔病者，不可以適河。適河，祭河也。以人祭河，疑如爲河伯娶婦之類。此皆巫祝以知之矣，所以爲不祥也。此乃神人之所以爲大祥也。」言巫祝止知此等爲不祥，而不知以不用而全生，乃神人之所爲大祥也。

支離疏，疏，支離之名也。者，頤隱於臍，肩高於頂，會撮髻也。指天，五管在上，五臟之管皆繫於背，背曲則五管皆向上也。兩髀胯骨也。爲脅。腋也。挫鍼縫補也。治繲，浣濯也。足以餬口；鼓筴箕類。播精，播糠以取精也。足以食十人。上徵武士，則支離攘臂於其間；髀爲脅，則臂常攘，有似於武勇。上有大役，則支離以有常疾不受功；不受力役之苦。上與病者粟，則受三鐘與十束薪。夫支離其形者，猶足以養其身，終其天年，而況支離其德者乎？支離其德，言其不材而無用也。

此四段皆言無用之可以全生，所謂出世法也。

孔子適楚，楚狂接輿遊其門曰：「鳳兮鳳兮，何如德之衰也。來世不可待，往世不可追也。來者未來，往者已過；我生不辰，獨丁斯時。陳子昂詩云：「前不及見古人，後不及見來者，念天地之悠悠，獨愴然而淚下。」**天下有道，聖人成焉；天下無道，聖人生焉。方今之時，僅免刑焉。**「免刑」二字，是一篇主意。天下有道，聖人裁成天下；天下無道，聖人獨善其身。至於周末，則無道之極，成固無望，生亦難保。桁楊相望，觸處危機，僅求免此，惟有無用而已。人謂其傲然肆志，而不知其上下千古，揆度身世，窮思極慮，而出於此也。嗚呼，豈得已哉？**福輕乎羽，莫之知載；禍重乎地，莫之知避。已乎已乎，臨人以德。**已乎，禁止之辭。言慎無以德臨人也。**殆乎殆乎，畫地而趨。**殆乎，警戒之辭。言止當畫地而趨，不可妄走一步也。**迷陽迷陽，**蒺藜。**無傷吾行。**路也。迷陽多生路傍，以喻世途之荆棘也。**吾行郤曲，**路郤曲而又有迷陽，則易於傷足也。**無傷吾足。」**戒謹畏懼，與前「可不慎耶」相應。

山木自寇也，膏火自煎也。桂可食，故伐之；漆可用，故割之。人皆知有用之用，此句結前半篇。將命傅君，是有用之用也。**而不知無用之用也。**此句結後半篇。不材全生，是無用之用也。

此段總結通篇也。通篇皆言其當無用，此推原其所以無用之故也。「天下有道」六句，乃一篇之精義。

以「往而刑」起，以「僅免刑」終，所謂「來去分明，只如一句」也。

吾讀此而悲莊子之志也。孔子曰：「君子懷刑。」曾子曰：「戰戰兢兢，如臨深淵，如履薄冰。而今而後，吾知免夫。」刑之難免也久矣。一入世網，觸處危機，心生機生，心死機死，機生身死，機死身生。「方舟而濟於河，有虛船來觸舟，雖惼心之人不怒。有一人在其上，則呼張歙之；一呼而不聞，再呼而不聞，於是三呼耶，則必以惡聲隨之。向也不怒而今也怒；向也虛而今也實。」心齋，虛也。虛則機忘，吉祥止焉。雖然，此亦道其常而已矣。居亂世，事暴君，禍患之來，匪情匪理。立言之難，雖不尅不溢，而猶有惡成不改之患；制行之難，雖能就能和，而終有意至愛亡之憂。以材入世，必爲世伐。與爲世用，寧與世忘。慎之，慎之。而卒歸於無用，豈得已哉？非此不能免乎今之世也。君子讀其書，論其世，諒其遇，悲其心可也。

德充符

德充於中，而符於外也。

此總承前二篇也。《養生主》去其内憂，《人間世》遠其外患，皆爲吾德未成，故須内外交養。及工夫既到，心有所得，則德充於内，不養生而死生不變；且德符於外，不遠害而利害不攖，人之盡而合於天矣。卽前二篇之義而更進之，以啓下《大宗師》之旨，乃一部書之過脉也。

魯有兀者刖足之人。**王駘，從之遊者與仲尼相若。常季問於仲尼曰：「王駘，兀者也，從之游者與夫子中分魯。立不教，坐不議，虚而往，實而歸。**言其弟子往時空空無知，歸則實有所得也。**固有不言之教，無形而心成者耶？是何人也？」**

「無形而心成」，謂忘形骸而以心化成也。通篇以「心」字、「形」字作關鍵，故於此處總提一句，使通身皆振也。

仲尼曰：「夫子，聖人也，丘也直後而未往耳。丘將以爲師，而况不若丘者乎？奚假

魯國，何止魯國。**丘將引天下而與從之。」常季曰：「彼兀者也，而王先生，**人稱爲王先生。**其與庸亦遠矣。**言去庸人遠矣。**若然者，其用心也**「心」字着眼。**獨若之何？」仲尼曰：「死生亦大矣，**一切仙佛衆生，皆被此五字壓縛定，不得出頭。**而不得與之變，**既已死矣，是甚不變，須要體認真切，不得模糊混過。**雖天地覆墜，亦將不與之遺。**此是實語。道生天地，天地有混沌之時，此理無變滅之事。**審乎無假**生者，假借也。無假者，未生以前真精妙合，所謂「人生而靜以上」也。審者，知明而守固之意。**而不與物遷，**物形萬變，此理不移。**命物之化**物之化皆此理所命，所謂造化之根柢樞紐也。**而守其宗也。」**宗，主也。守萬化之宗主，即《大宗師》之義也。

三藏大乘中，無慮億萬言，誰能道得如此清徹？莊子親炙孔子之門人，得聖道之一端而偏至焉，遂能冠百家而祖二氏。内典、丹經，皆《南華》之牙後慧也，而世遂神奇其説。太陽不耀，爝火詡光，悲夫。

吾儒之與仙釋，其死生不變同，其覆墜不遺同，其不與物遷同，其命物之化同。若是則皆同乎？曰：相似而實絶不同也。蓋吾儒能知性之理，仙佛止識心之靈。心之靈則虛，性之理則實。虛則有待而後存，實則無爲而常在。此身雖死，此理不變；天地有壞，此理不移。未生之前，此理已具；品物流形，此理不遷。千變萬化，皆由此出；守化之宗，乃與天通。子思云「至誠無息」，朱子云「這箇何嘗動」是也。二氏不知天命之性，而止據心之虛靈知覺以爲宗，欲於死生之際，常留此不昧之精魂，則是私意，而非理之自然也。莊子之學亦偏於氣，其言死生不變，命化守宗，亦指氣之靈。故曰「無形而心成」、曰「遊心乎德之和」、曰「心未嘗死」、曰「生時於心」，似亦未免乎知心而不知性之病。特其識高意遠，欲將此氣還之天地而通於萬物，不屑屑焉私爲己有而封而藏之，此則非二氏之所及也。故曰：莊生高於仙佛也。

常季曰：「何謂也？」仲尼曰：「自其異者視之，肝膽楚越也；言無不異也。**自其同者視之，萬物皆一也。**言無不同也。「無不異」者，分之殊；「無不同」者，理之一也。**夫若然者，且不知耳目之所宜**耳宜於聽，目宜於視，外之形也，所以視聽之神則一。黜聰明而凝其神，故不知耳目之所宜也。**而遊心乎德之和；**通篇以此句爲主，後「使之和豫」、「不失於兑」、「與物爲春」、「成和之修」皆是。德之和，聖人有所遊，則是遊心乎德之和也。**物視其所一而不見其所喪，**物皆與我爲一，不見我有所喪，蓋德充之至，無少歉缺也。**視喪其足猶遺土也。**德充於中，則忘乎外矣，所謂「内重而見外之輕」也。

前「命化守宗」，是言其德；此「不見所喪」，是言其充；下「保始之徵」，是言其符也。

常季曰：「彼爲己。言彼自爲己耳，於人無與也。**以其知得其心，以其心得其常心，**常心，猶恒心也。返觀内照，識其心體，是以知得心也。守其心體而不遷變，是以心得常心也。**物何爲最之哉？」**「最之」，尊之也。言彼自爲己用功，人何爲尊之哉？**仲尼曰：「人莫鑑於流水，而鑑於止水，惟止能止衆止。**得常心則能止。心惟能止，故能止天下之人，使皆止於此，如鑑於止水也。**受命於地，惟松柏獨也正，冬夏青青；受命於天，惟舜獨也正。幸能正生，以正衆生。**自正其生，卽所以正人之生，猶止能止衆止也。**夫保始之徵，**保始，卽前所謂守宗。徵，卽符也，德充於中而符於外也。**不懼之實。**德充而符，則心寬體胖，泰然自得，而常伸於萬物之上也。**勇士一人，雄入於九軍。將求名而能自要者，而猶若是，**此是譬喻之辭。言氣勇不懼者尚能雄於九軍，況德充不懼者，寧不高於一世哉？求名而能自要，真是俠烈人精髓。被他既看得破，又道得出。**而況官天地，府萬物，直寓六骸，象耳目，一知之所知，而心未嘗死者乎？**此極言不懼之實也。官天地，以天地爲肢體也。府萬物，以萬物爲臟腑也。寓形骸，以形骸爲旅舍也。象耳目，以面目爲象人也。一其知，思慮不雜也。心不死，死生無變也。此勝於勇士之自要遠矣，寧不足以雄視一世，而爲物之所最哉？**彼且擇日而登假，**登假，猶升遐也。此後人尸解羽化之所從出也。

人則從是也。彼且何肯以物爲事乎？」

此段乃《德充符》之實理精義也。前後六篇，其正意多在中間，或在末段發揮，此獨開頭先發正意，而下游衍而証足之，其機杼又別也。

申徒嘉，兀者也，而與鄭子產同師於伯昏無人。子產謂申徒嘉曰：「我先出則子止，子先出則我止。」其明日，又與合堂同席而坐。子產謂申徒嘉曰：「我先出則子止，子先出則我止。今我將出，子可以止乎，其未耶？且子見執政而不違，不廻避也。子齊執政乎？」申徒嘉曰：「先生之門，固有執政焉如此哉？子而說子之執政而後人者也？先生之門，不當論爵，何爲自誇執政，而使人處其後也？聞之曰：『鑑明則塵垢不止，止則不明也。久與賢人處則無過。』今子之所取大取法。者，先生也，而猶出言若是，不亦過乎？」子產曰：「子既若是矣，猶與堯爭善，堯字未詳。計子之德，不足以自反耶？」申徒嘉曰：「自狀其過，以不當亡者衆；不狀其過，以不當存者寡。狀，猶告狀之狀。自狀，猶自訟也。言不幸罹刑而刖足，便自訟其過，以爲吾足不當亡，此等之人甚多；不自悔怨，以爲吾本無過，但吾足原不當存耳，如此之人甚少也。此即右師介而以爲「天也，非人也」之意。知其不可奈何，而安之若命，惟有德者能之。遊於羿之彀中，中央者，中地也，言羿之善射，中物之中央若中地耳，蓋絕無不中之理也。然而不中者，命也。言遊於今之世必被刑，如遊於羿之彀必被中。幸而不被中者，是其命好，非果有以勝於人也。人以其全足笑吾不全足者衆矣，我怫然而怒；而適先生之所，則廢然而反。不知先生之洗我以善耶？吾與夫子游十九年矣，而未嘗知吾兀者也。今子與我游於形骸之內，形之內者，心之德也。而子索我於形骸之外，不亦過乎？」子產蹴然改容更貌曰：「子無乃稱。」稱，言也。

此段言泥於形者之淺也。

魯有兀者叔山無趾，踵見仲尼，無趾則以踵行，故曰踵見。仲尼曰：「子不謹前，既犯患若是矣，雖今來，何及矣？」無趾曰：「吾惟不知務不知事也。而輕用吾身，吾是以亡足。今吾來也，猶有尊足者存，尊於足者，乃形內之心也。吾是以務全之也。夫天無不覆，地無不載，吾以夫子爲天地，安知夫子之猶若是也。」孔子曰：「丘則陋矣。夫子胡不入乎？請講以所聞。」

無趾出。不敘講以所聞之語，直接「無趾出」，而於夫子語弟子、無趾語老聃處補點之，避實取虛也。「孟子見梁襄王」一章即用此法。**孔子曰：「弟子勉之。夫無趾，兀者也，猶務學以復補[一]前行之惡，**此即夫子所以教無趾者，於此補點之也。**而況全德之人乎？」無趾語老聃曰：「孔丘之於至人，其未耶？彼何賓賓**猶諄諄也。**以學子爲？**此即前「講以所聞」中語，於此補點之也。**彼且蘄以淑詭幻怪之名聞，不知至人之以是爲己桎梏耶？」**言務學求名以補形之惡，則是不能超然無累而有所纏縛也。**老聃曰：「胡不直使彼以死生爲一條，以[二]可不可爲一貫者，解其桎梏，其[三]可乎？」無趾曰：「天刑之，**自取桎梏，則是天之刑之也。**安可解？」**

此段言補其形者之拘也。

內篇七篇中，初未嘗貶孔子，其不滿於孔子者止有此條。蓋彼天資高曠，見孔子之務學守禮，以爲拘謹，而不知內外一原，顯微無間，動容周旋即是天命流行。聖人之所以立極千古而無流弊者，正在此也。古人質直，心有未安，即發於言，故載此條，如「子見南子，子路不悅」也。此條而外，若「心齋」之說、「義命」之論、

[一] 復補，原作「補復」，據《青照堂叢書》本乙正。
[二] 以，據《青照堂叢書》本補。
[三] 其，據《青照堂叢書》本補。

「命化守宗」之言、「才全德不形」之對，稱引孔子，不一而足。《大宗師》乃其極詣，而以孔顏之「坐忘」終之，則其所歸可知矣。世人見此文，遂謂黜孔子而尊老聃，不知《養生主》篇固嘗言老聃之非人也。莊子之意，以爲孔子事事好，只太拘謹；老聃雖非至人，而「死生一條」、「可否一貫」二語，則實獲我心。乃其平心權衡之論，而初非右此而左彼也。若外篇、雜篇中猖狂詆訾之言，皆後人之贋作，所謂「小人而無忌憚」者，莊生寧有此哉？

魯哀公問於仲尼曰：「衛有惡人焉，惡，貌醜也。曰哀駘它。丈夫與之處者，思而不能去也。婦人見之，請於父母曰『與爲人妻，寧爲夫子妾』者，十數而未止也。未嘗有聞其唱者也〔一〕，常和而已矣。言彼不唱而人自和之也。無君人之位以濟乎人之死，無聚禄以望滿也。人之腹。又以惡駭天下，和而不唱，知不出乎四域，「不」字疑訛。此乃言其名出乎四境也。且而雌雄合乎前。卽上所云婦人願爲其妾也。是必有異乎人者也。寡人召而觀之，果以惡駭天下。與寡人處，不至以月數，而寡人有意乎其爲人也；不至乎期年，而寡

〔一〕也，據《青照堂叢書》本補。

人信之。國無宰，而寡人傳國焉。悶然而後應，泛而若辭。「悶然」、「泛然」、「若應」、「若辭」，不經心也。寡人醜乎，卒授之國。無幾何也，去寡人而行，寡人卹焉若有亡也，所謂「忽忽如有所失」也。若無與樂是國也。是何人者也？」仲尼曰：「丘也嘗使於楚矣，適見㹠子食於其死母者，少焉眴若，驚貌。皆棄之而走，不見己焉爾，不得類焉爾。爲其目瞑而不見己也，形僵而不類己也。所愛其母者，非愛其形也，愛使其形者也。使其形者，心也。「形」字、「心」字，處處提清，法脉不亂。戰而死者，其人之葬也不以翣資；翣，形似扇，所以障首。戰死者無首，故不用翣也。刖者之屨，無爲愛之，皆無其本矣。此非愛其形之証也。爲天子之諸御，不爪翦，不穿耳，取妻者止於外，不得復使。此句未詳。形全猶足以爲爾，而況全德之人乎？此愛使其形之证也。今哀駘它未言而信，無功而親，使人授己國，惟恐其不受也，是必才全而德不形者也。」才自其賦於天者而言，德自其成於己者而言。渾樸不斵曰全，深藏不露曰不形。

哀公曰：「何謂才全？」仲尼曰：「死生存亡，窮達貧富，賢與不肖，毀譽，饑渴寒暑，是事之變，命之行也。天人一體，凡事之變，皆命之流行也。日夜相代乎前，而知去聲。不能規乎其始者也。言不知其所從起也。故不足以滑和，滑，亂也。心凝於一，則無彼此是非而常和同。凡外物之變遷，俱不足以亂之也。不可入於靈府。心者，虛靈之府，不可使事變入之也。使

之和豫，此句就靜時說。靜中不可使枯寂，枯寂則間斷。故必保其太和，使常有欣欣豫說之致。「子之燕居，申申夭夭」，即此意也。**通而不失於兑，**兑，說也。此句就動時說。雖肆應流通，而和說之致常在也。**使日夜無郤而與物爲春，**郤，隙也。無郤，猶無間也。此句兼内外說。和兑之意，日夜初無間斷，積中形外，與物爲春。春者，和也。明道「接人渾是一團和氣」，此之謂也。**是接而生時於心者也。**此句統始終說。接，續也，自上「無郤」生來。「時」字自上「春」字生來，言四時之氣轉相接續而生於心，無止息也。首段言守宗，言保始，此則其所以保守之實也。看其言功夫處深潛縝密，知其於心性上涵養純粹，不止曠達爲高已也。**是之謂才全。」「何謂德不形？」曰：「平者，水停之盛也。其可以爲法也，内保之而外不蕩也。**可見不形亦非容易，必保於内者深固，而後能不流露於外也。**德者，成和之修也。**上「豫兑」、「春時」，皆和之意。故云：「德者，和之成也。」**德不形者，物不能離也。」**惟和已成而又不形，斯不言而物自親之。若淺露矜張，則物情離矣。**哀公異日以告閔子曰：「始也吾以南面而君天下，執民之紀而憂其死，吾自以爲至通矣。今吾聞至人之言，恐吾無其實，輕用吾身而亡吾國。吾與孔丘，非君臣也，德友而已矣。」**

此段言德盛則形雖惡而不爲累也。

闉跂支離無脤説衛靈公，靈公説之，而視全人，其脰頸也。**肩肩。**細長之貌。**甕㼜大癭説齊桓公，桓公説之，而視全人，其脰肩肩。**言心悦其人，不覺支離大癭之醜；迴視形全之人，反覺頸太細長，不好看也。愛憎之極，美惡易位，真有如此。昔人有悦眇娼者，以天下之人皆多一目，千古喧傳，以爲妙談，不知是自此脱胎去也。**故德有所長，而形有所忘，**言德盛則人忘其形，通篇皆是此意。此一句，其點睛結穴處也。**人不忘其所忘，而忘其所不忘，此之謂誠忘。**人悦德而忘形，是形者人之所忘，而德者人之所不忘也。今若不修德而屑屑於形骸之末，則是不忘人之所忘，而反忘人之所不忘，此之謂真忘也。

此段承前啓後，是一篇之關鍵。蓋「王駘」一段，是德有所長；「申屠嘉」、「無趾」二段，是形有所忘；「哀駘它」一段，總言德有所長而形有所忘。下「聖人有所游」一段，則是忘其所忘，而不忘其所不忘；「惠子」一段，則是忘其所不忘，而不忘其所忘也。其來處迤邐，去處飄忽，却於中間着此數語，結上起下，總挈首尾，使其通篇振宕流轉，而無鬆散拖沓之病。七篇花樣愈出愈新，真文中之雄也。

故聖人有所遊，直接篇首「游心乎德之和」一句來，波瀾闊大。**而知爲孽，約爲膠，德爲接，工爲商。**言聖人游心乎德之和，其所謂德，非世俗之所謂德也。世俗之所謂德，明利約束，新得才能而已矣。聖人則以知爲横生意見，反足害道，是妖孽也；約則强自檢束，多所粘滯，是膠固也；

德則以今之得補前之失，是接續其故也；工則以我之才求售於人，是商賈之行也。**聖人不謀，惡用知？不斲，惡用膠？無喪，惡有德？不貨，惡用商？**聖人自誠而明，何思何慮？惡用察察之小知？質任自然，不雕不斲，惡用膠固而約束？其天常全，本無有失，惡用復？得游於無有，本無有貨，惡用求售？總言忘形而無人之情也。**四者，**卽指上四句也。**天鬻也。**鬻，養也。以天自養其心也。**天鬻也者，天食也。**能以天自養，則天食之。蓋靜觀道妙，可以樂飢，有似於食之也。**既受食於天，又惡用人？**孔子蔬水曲肱而樂，顏子簞食瓢飲而亦樂，是皆受食於天，而無求於人者也。茫茫千載，誰其知之？**有人之形，無人之情。**無人之情者，忘形也。**有人之形，故群於人；無人之情，故是非不得於身。**「是非」二字，總括前生死、窮富、賢與不肖、毀譽、饑渴、寒暑等項也。不得於身，所謂「不以滑和」、「不以入於靈府」也。惠可云「覓心了不可得」，與此語意相似。**眇乎小哉，所以屬於人也。謷乎大哉，獨成其天。**此總結上文而咏嘆之言。形則眇乎小哉，所以群於人也；心則謷乎大哉，獨遊於天矣。通篇以「形」字、「心」字作眼，故於此雙結而却不明點，譬之書家，有時出鋒，有時藏鋒也。

此段言聖人之忘形而全其德，足以爲法也。

結處頻點「天」字，便與《大宗師》篇一脉相通。古人作書，凡其全部，無不血脉融貫，有如一篇。而後之解者并其一篇而割裂之，可勝嘆哉。

惠子謂莊子曰：「人故與固同。無情乎？」此頂上「無人之情」一句來。莊子曰：「然」。惠子曰：「人而無情，何以謂之人？」莊子曰：「道與之貌，天與之形，惡得不謂之人？」惠子曰：「既謂之人，惡得無情？」惠子誤認情爲心也。莊子曰：「是非吾所謂情也。吾所謂無情者，言人之不以好惡内傷其身，常因自然而不益生也。」言所謂「無情不是斷滅」，正以人身生來皆是天道自然，無所作爲。今若多情識，横生好惡，則是不順自然而多添益於所生之外，反足以傷其身。故欲無好惡，而不添益於性生之外也。惠子曰：「不益生，何以有其身？」惠子誤解「益生」作「養生」也。莊子曰：「道與之貌，天與之形，無以好惡内傷其身。天與之形，天在形中，不生好惡，順其自然，乃是不益生也。今子外乎子之神，勞乎子之精，外神勞精，是忘其心德也。倚樹而吟，據槁梧而瞑，槁梧，几也。瞑，睡也。畫盡文人苦心勞神之態。天選子之形，選擇而授之也。子以堅白鳴。」鳴，自鳴於世也。此是當面指點言。你不知益生之傷身，只你便是樣子。天當初授子以人形，是選擇而生之。子乃不順其自然，疲精勞神，期以堅白之説鳴世，豈不是有人之情，而多所添益於本分之外，反足以傷其身哉？堅白者，當時惠施、公孫龍之徒有「堅白石三」之論。鳴者，即前所謂「蘄以淑詭幻怪之名聞」也。

此段言惠子之忘德而疲其形，足以爲戒也。

通篇以「形」字、「心」字、「天」字作眼。人之明德，本於天而具於心，形其寄也。此德與生俱來，不與死去；與時俱接，不與物遷，乃造化之樞紐，品彙之根柢，所謂人心之天也。心遊於此，則塞乎天地，貫乎萬物，隨處圓滿，無得無喪，所謂充也。積中發外，保始有徵，浩然常伸，萬物信從，所謂符也。是知形雖渺然中處，德實參乎兩大。修德之士，但當涵養其心性，不必沾滯於形骸。不惟恃勢位而陵人，固俗而可羞；卽務學問以自補，猶拘而未化。試觀哀駘它，惡駭天下，而以才全德不形之故，遂令人親其德之美，而忘其形之惡。闉跂、甕㼜亦復如是。然則德有所長，而形有所忘，其信然矣。人不忘其形之可忘者，反忘其德之不可忘者，則誠忘而惑之甚也。故聖人惟遊心乎德之和，而一切世情淡然無有，斯形忘心全而獨成其天。不然，而如惠施之徒，勞精神以博名稱，則遁天倍情而心形皆弊矣。夸者務外，約者務內；淺者狥人，深者全天。心在形內，天在心中，無形而心成，則人盡而天見。此下學上達之實功，內聖外王皆原於此。故以《大宗師》、《應帝王》繼之。

必忘形以全德，是以性爲有內外也；必絕人以成天，是以道爲有精粗也。夫性道一也，何有內外？費隱一也，何有精粗？形色，天性也。動容周旋中禮者，盛德之至也。吾儒惟真知之，故制外養中，而不弛其敬慎；異端妄生分別，故遺下騖上，而無所忌憚矣。若莊生者，狂而不知所以裁之者也，惜哉。

大宗師

天者，化之宗，萬物之所師，其道甚大，故曰「大宗師」也。

此承前篇「獨成其天」之義，而暢發天人性命之旨，超生死而貫物我，乃其盡性至命之學也。

知天之所爲，知人之所爲者，至矣。道之大原出於天，聖之至德合於天。道出於天，天之所爲；德合於天，人之所爲。盡人合天，聖之事也，而必以知始。所謂「始條理者，智之事也」。通篇大義，開口揭出，直與結處「命也夫」句一氣呼吸。故曰：七篇起結，皆一色手法也。**知天之所爲者，天而生也；**天者，自然之謂，自然而生天之道也。太極生兩儀，兩儀生四象，四象生八卦，自然生也。一生二，二生三，三生萬物，自然生也。一陰一陽，生生不已。《易》知簡能，毫無造作，故曰「無心而成化」也。**知人之所爲者，以其知之所知，以養其知之所不知，終其天年而不中道天者，是知之盛也。**知之所知，卽後所謂「知能登假於道」也。知之所不知，卽後所謂「人有不得與」也。必以所知强與之，則以心捐道，以人助天，而其命戕矣，是以所知害所不知也。聖人不以私智戕其命，脩其身以俟之，則天全，故曰養也，所謂有心而無爲也。**雖然，有患。夫知有所待而**

後當，其所待者特未定也。庸詎知吾所謂天之非人乎？所謂人之非天乎？且有真人而後有真知。言知所由當，必是兩物對待，然後能確指其彼此是非。今天與人雖相待，而實未定。知天所爲，已屬之人；知人所爲，亦可合天。道通爲一，而未有分也。此「天人合一」之説，常人雖聞而不解，必真人而後真知之。

自起至此爲一節，乃一篇之總冒。下文皆分疏「知天所爲，知人所爲」，末乃歸於天人之合一也。

何謂真人？古之真人，不逆寡，逆，拒也。寡，少也。不以少而拒之，所謂「勿以善小而不爲」也。泰山不讓土壤，故能成其高；河海不擇細流，故能成其深。此是真人第一件本領，故首言之。**不雄成，**不逆寡則所成者大矣，而不以雄於人，有大而能謙也。**不謩**〔一〕**士。**成而不雄，多士歸之，然亦士自合耳，不規規以謩之也。**若然者，過而弗悔，**《易》曰：「不遠復，无祇悔。」程子曰：「有過則改之，不可常留在心中爲悔。」**當而不自得也。**聖不自聖。**若然者，登高不慄，入水不濡，入火不熱。**天定而不爲物所累。**是知之能登假於道者也若此。**登假，猶言上達道，卽後所謂「有情有信，無爲無形」者，乃天之所爲也。**古之真人，其寢不夢，**心定而靜。**其覺無憂，**隨遇

〔一〕謩，原作「暮」，據《青照堂叢書》本改。

而安。**其食不甘，**志有在而不暇及。**其息深深。**涵養純密也。内典、丹經秘要盡此。**真人之息以踵，**深也。**衆人之息以喉。**淺也。**屈服者，其嗌言若哇。**淺之甚也。**其嗜欲深者，其天機淺。**言衆人息淺，只是天機淺；其天機淺，只是嗜欲深。理欲不容並立，欲長則理消，理消則氣餒矣。真人忘嗜欲以全心性，則天機深而息亦深。此與孟子「集義養氣」同功，非吐納導引家所得借口也。**古之真人，不知説生，不知惡死；**言其天機之深也，妙在不知、不止、不説惡而已。下「出入往來，始終受復」，皆生死之義。**其出不訢，其入不拒；**出入者，所謂「萬物皆出於機，皆入於機」也。不知説惡，故無訢拒。**儵然而往，儵然而來而已矣。**《養生主》曰：「適來，夫子時也；適去，夫子順也。安時而處順，哀樂不能入也。」**不忘其所始，**受於天者，守而不失，此存心養性工夫。能如此，則儵然往來，皆有主宰，非徒委懷任運也。**不求其所終；**夭壽不貳，俟之而已。釋氏必欲求其所終，遂言地獄輪廻，則妄矣。故曰：莊生高於佛也。**受而喜之，**不説生而又喜之，何也？物之生意自喜，所謂仁也。生自喜，非喜生；仁自樂，非樂仁也。中心安仁，孔子樂矣；心不違仁，顔子樂矣。必謂樂道，便是蛇足。**忘而復之，**不忘所始，而又忘之，何也？不忘者，守之也，以人合天也。忘之者，化之也，與天爲一也。復之者，所謂全受而全歸之也。求長生者，私所受而不歸，則吝矣。故曰：莊生高於仙也。**是之謂不以心捐道，不以人助天。**死亦道也，惡之而求不死，是以心捐道也。生乃天也，説之而求長生，是以人助天也。知死生之説，則二者之病皆去。**是之謂**

真人。

自此以上，言真人之存於内者。

若然者，其心忘，心忘者，忘其心也。此總承上文之辭，乃一篇之要義。後兩忘而化其道、相忘乎道術、相忘以生、忘仁義、忘禮樂、坐忘，皆本於此。俗本訛作「志」。其容寂，惟心忘，故容寂也。下文所言，皆從「心忘」發出。其顙頯〔二〕；朴實之貌。凄然似秋，義之形也。暖然似春，仁之貌也。喜怒通四時，應乎天而時行也。與物有宜而莫知其極。因物制宜，其應不窮。故聖人之用兵也，亡國而不失人心；利澤施乎萬世，不爲愛人，所謂「殺之而不怨，利之而不庸」也。故樂通物，非聖人也；聖無不通，故無樂。有親，非仁也；仁無不愛，故無親。天時，非賢也；生時於心，不在天也。利害不通，非君子也；無人不得，故利害通。行名失己，非士也；亡身不真，非役人也。作僞心勞，乃人役也。若狐不偕、務光、伯夷、叔齊、箕子、胥餘、紀他、申徒狄，是役人之役，適人之適，而不自適其適者也。皆所謂亡身不真者。古之真人，其狀義而不朋，宜人而非黨也。若不足而不承；謙冲而非諂也。與乎其觚而不堅也，有廉隅

〔二〕顙，原作「傎」，據《青照堂叢書》本改。

而非堅僻也。**張乎其虚而不華也**；能闊大而非浮夸也。**邴邴乎其似喜乎**？**崔乎其不能已乎**？才敏捷而非好動也。**滀乎其進我色也**，**與乎其止我德也**；心日休而體自胖也。**厲乎其似世乎**，**謷乎其未可制也**；浩然常伸，而非色厲也。**連乎其似好閉也**，**悗乎忘其言也**。得意忘言，而非機深也。

自此以上，言真人之著於外者。

以刑爲體，心中意念，皆斬除也。**以禮爲翼**，禮以行之，故爲翼。**以知爲時**，時而出之，故爲時。**以德爲循**。率而由之，故爲循。**以刑爲體者**，**綽乎其殺也**；斬除乾淨，無罣碍也。**以禮爲翼者**，**所以行於世也**；所謂世法。**以知爲時者**，**不得已於事也**；所謂作用。**以德爲循者**，**言其與有足者至於丘也**，**而人真以爲勤行者也**。德本人所自有，順而循之，則道也。如人本有足，順足所往，自能行遠登高。而遂謂是勤苦脩行，其實何勤行之有？不過順其自然而已。

此合内外而言之也。莊生立言，不盡同於佛老，惟此數語，則二氏之微言也。夫克己去私，貴於勇決。吾儒自治，有時用刑，《易》曰「利用刑人」是也。然其去私也，乃其所以存理也。刑其非吾體者，不以刑爲體也。異端不然，欲念理念，一概删削，譬諸草木，茍有萌芽，卽行芟刈，獨留此兀然者而已。世謂黄老流爲刑名，不待流也，其體機深而肅殺，原種刑名之根。至於釋氏，斬除尤勇，仁義之端一萌卽薙，敢於滅五倫而棄四大，綽乎其殺而已。殺體不可以行於世，則其用岐焉。故禮本吾性，而謂行於世，是以禮爲僞也。知本吾情而謂不得已，是以性爲有内外也。惟以德爲循，有似率性之道，然不勤行而高語自然，則亦有非所循而循者矣。原其病根，皆由於以刑爲體故也。夫黄老高言清淨，釋氏矯語慈悲，而莊生乃謂綽乎其殺者，此其洞見其真而質言之。二氏雖善辯，不能自解免也。昔者孔子嘗言之矣，曰：「一陰一陽之謂道，繼之者善也，成之者性也。仁者見之謂之仁，知者見之謂之知。」儒者見性謂之仁，二氏見性謂之知。仁本陽，知本陰，陽舒則近禮，陰慘則近刑。故吾儒以禮爲用，而二氏以刑爲體，有由然也。知仁合一，則盡道矣。不然者，寧偏於仁，毋偏於知。偏於仁，不失爲君子；偏於知，則流而入於忍，人不可以不察也。

故其好之也一，其弗好之也一；其一也一，其不一也一。此總承上文，如刑禮知德之類，是所好也；若狐不偕、務光之類，是所弗好也。然好與不好皆一。何謂皆一？道無彼此，亦無異同。一與不一，皆歸於一，則無不一矣。《齊物論》曰：「類與不類，相與爲類。」則與彼無以異矣。

其一與天爲徒，其不一與人爲徒。天與人不相勝也，一者天所爲，不一者人所爲。然一與不一皆一，則無天之非人，而無人之非天矣。相待而未定，故曰不相勝也。是之謂真人。

自此以上言真人，自此以下言真知也。

死生，命也。此句提綱挈領，一篇眉目所在。衆人貪生惡死，只是不知命；真人不死不生，只是能至命。故首言「天之所爲」，此處言「命也」，結處言「命也夫」，如畫龍點睛也。其有夜旦之常，天也。死生如晝夜，皆天命之自然也。人之有所不得與，皆物之情也。情，實也。死生之際，人不能爲力，皆實理如是。所謂「知之所不知」也。彼特以天爲父，倒句法，猶云以父爲天也。而身猶愛之，而況其卓乎？「卓」字精妙，「如有所立卓爾」，即是此意，非真能顧諟明命，不解道此。人特以有君爲愈乎已，「愈乎已」，言勝無君也。孟子曰「雖加一日愈於已」，與此語氣相類。而身猶死之，而況其真乎？「真」字確實。天命無妄，皆實理也，故曰真言。天命卓然，其理甚真，生我成我，不啻君父。父生我而猶愛之，况天生我而敢不愛乎？人有君而猶死之，况天命我而敢不死乎？可見修身俟命，懈不得一刻功夫，亦着不得一毫意見。此聖學之薪傳，不可以爲異端而忽之也。泉涸，魚相處於陸，相呴以濕，相濡以沫，不如相忘於江湖。與其譽堯而非桀也，不如兩忘而化其道。此皆喻辭，言養生而惡死，不如生死之兩忘也。夫大塊載我以形，勞我以

生，佚我以老，息我以死。故善吾生者，乃所以善吾死也。生死一體，善則俱善。**夫藏舟於壑，藏山於澤，謂之固矣。**「藏」字最是養生秘訣。舟在水而云藏於壑，山在陸而云藏於澤者，天地間高下相因，通計大塊之體，水之兩旁必是山，山之四周必是澤也。如此藏法，幾於不得遯矣。然而猶有遯者，以其猶有藏也。**然而〔一〕夜半有力者負之而走，昧者不知也。**讀此令人魂夢皆驚矣。郭子玄曰：「夫無力之力，莫大於造化者也。揭天地以趨新，負川嶽以舍故，故不暫停，忽已涉新，則天地萬物無時而不移者也。」「今一交臂失之，皆在冥中去矣。故向者之我，非今我也。我與今俱去，豈常守故哉？而世莫之覺，謂今之所遇，可係而在，豈不昧哉？」**藏大小有宜矣，猶有所遯。若夫藏天下於天下而不得所遯，是恒物之大情也。**不藏則無遯矣。**特犯人之形，**言偶遇爲人也。**而猶喜之。若人之形者，萬化而未始有極也，其爲樂可勝計耶？**程子曰：「將此身放在萬物中一例看，大小大快活〔二〕。」與此互相發明。程子橫看，莊生豎看也。**故聖人遊〔三〕於物之所不得遯而皆存。**不藏於己而公於物，則物不遯而己常存，所謂死生無變於己也。凡以己爲有亡者，皆私己者也。至人無己，無己則無非己矣。物無非己，何亡之有？**善夭**善夭，則不夭矣。故以

〔一〕而，據《青照堂叢書》本補。
〔二〕活，原作「恬」，據《青照堂叢書》本改。
〔三〕「遊」上《青照堂叢書》本有「將」字。

顔子爲夭者，非通論也。**善老，善始善終，人猶效之，又況萬物之所係，而一化之所待乎？**物不得遯，是萬物之所係也。皆存，是一化之所待也。所謂品彙之根柢，造化之樞紐也。

夫道，有情有信，無爲無形，道者，天命之謂也。情信，卽所謂真卓也。自其用之不息而言之，則曰有情；自其體之无妄而言之，則曰有信。其不息者，自然而無爲，所謂「易知簡能」也；其无妄者，不滯於形器，所謂「無聲無臭」也。只此八字，可抵一篇《太極圖説》。**可傳而不可受，可得而不可見；**有情有信，故可口傳心得；無爲無形，故不可見而受之。**自本自根，**道生物，無物生道，道自生也。道自生者，自然而生，所謂天而生也，故曰無自而然，自然之元。**未有天地，自古以固存；**邵子曰「用起[一]天地先，體立天地後」是也。**神鬼神帝，**鬼神者，造化之功用，而皆誠之不掩，是道神鬼也。帝者，造化之主宰，而皆誠之不息，是道神帝也。神者，靈也，無道則鬼與帝不靈。理爲氣主也。觀其言真卓，言情又言神，則周子所謂「誠」、「神」、「幾」者，莊生已知之矣。**生天生地；**觀「太極生兩儀」可見。**在太極之先而不爲高，**此句有語病。太極無先，彼以太極爲有，而謂無在有先，則是以有無爲二體，所謂「言有無，諸子之陋」也。**在六極**猶六合也。**之下而不爲深，先天地生而不爲久，長於上古而不爲老。狶韋氏得之，以挈天地；伏戲得[二]之，以**

[一] 起，原作「在」，據《青照堂叢書》本改。
[二] 「得」上《青照堂叢書》本有「氏」字。

襲氣母；維斗得之，終古不忒；日月得之，終古不息；堪坏得之，以襲崑崙；馮夷得之，以遊大川；肩吾得之，以處太山；黄帝得之，以登雲天；顓頊得之，以處元宫；禺强得之，立乎北極；西王母得之，坐乎少廣，莫知其始，莫知其終；彭祖得之，上及有虞，下及五伯；傅説得之，以相武丁，奄有天下，乘東維，騎箕尾而比於列星。

自「古之真人」至此爲一節，言真人之真知，所謂「知天之所爲」者也，可謂「通天人之道」、「知死生之説」矣。道之大原出於天，「維天之命，於穆不已。」天之所以爲天也，「繼之者善也，成之者性也」，「率性之謂道」，道本於性，性原於命，命出於天。故天命者，道之大宗也。命之大端，見於陰陽，晝夜死生，陰陽之大者也。陰陽兩化而一神，故晝夜死生相待而成體。《易》曰「通乎晝夜之道而知。」言晝夜之爲一也。又曰：「原始反終，故知死生之説。」始終者，一體之義也。無始不終，無終不始，終始合而後全，故生與死相成也。是命之著道之行也，其理甚真而不可易也。佛以性爲空，仙以人爲樂，故佛欲無生而仙欲不死，皆不知天命者也。莊生其知之矣，曰「死生，命也。其有夜旦之常，天也」，是通死生於晝夜也。天道變化而曰卓知，其靜而正也；天命於穆而曰真知，其一而實也。「靜而正」、「一而實」者，所謂誠也。誠則不息，其曰情者，誠之通也，道之用所以行也；誠則不妄，其曰信者，誠之復也，道之體所以立也。道各正而無妄，自通而自復，通復不已，而誠則一也；物亦各正而無妄，自生而自死，生死不已，而道則一也。故天道通乎晝夜，人性通乎死生；天道齊乎小大，人性公乎物我。性非有我之所得私而公乎物，形非一己之所能藏而隨乎化。氣化推移而情信不損，人物變更而真卓不遷。故可生可死，亦不死不生，遊於物所不得遯而皆存。此天地之所以悠久，日月之所以貞明，山川之所以流峙，神聖之所以參天地而配日星河嶽者也。佛欲無生，以生爲妄也，是不知真卓情信也；仙欲不死，以死爲滅也，是不知晝夜始終也。通晝夜之道，知死生之説，究性命之原，一天人之理，其惟大《易》乎？《中庸》者，《易》之疏也。莊生噩噩，多與之合，此其所以冠百家而祖二氏也。

南伯子葵問乎女偊曰："子之年長矣，而色若孺子，何也？"曰："吾聞道矣。"即所謂有情有信，無爲無形者也。**南伯子葵曰："道可得學耶？"曰："惡，**嘆聲。**惡可。子非其人也。**言無才也。**夫卜梁倚有聖人之才**生質之美也。**而無聖人之道，我有聖人之道**有之者，知之也。知之而欲得之，尚有多少工夫在。故「知」言頓悟者，非也。**而無聖人之才。吾欲以教之，庶幾其果爲聖人乎？不然，以聖人之道告聖人之才亦易矣。吾猶守而告之，**守之者，欲其功之純也。**三日而後能外天下**；外天下者，一切世故皆不以之動心也。**已外天下矣，吾又守之，七日而後能外物**；物者，吾身之物也。外物者，忘其肝膽，遺其耳目，故進於外天下也。**已外物矣，吾又守之，九日而後能外生**；所謂不知説生，不知惡死，兩忘而化其道者，故進於外物也。**已外生矣，而後能朝徹**；人惟不忘其生，私己而欲藏之，故不與物通。今既外生，則無己而物化矣，故朝徹。徹者，通也。朝徹者，一朝而徹，所謂一旦豁然貫通者也，所謂一以貫之者也，所謂視天下無一物非己者也，是吾性之量也。舊解作平旦之氣，淺矣。**朝徹而後能見獨**；不能一貫，則有彼此。所謂天下之物，無獨必有對也。今既朝徹，則貫通矣。一以貫之，更無有兩，故曰獨也。物皆有對，惟道無對，惟心無對，惟性無對。道本於性，性具於心，三者同出而異名，其實一也。上天下地，止此一件，更無別物。鳶飛魚躍，舉目便見，不待閉目而冥索之，故曰見獨也，是吾性之體也。朝徹則心公，見獨則性定。得聞性道與一貫者，乃能解此。數千年來尊莊子與闢莊子者，皆不知莊子者也。**見獨而後能無古今**；此性之體，無有彼此，亦無始終，上天下地，往古來今，其致一也。獨者，無貳無雜。無古今者，所謂無間斷先後也。程子曰：「但得道，在不係今與後、已與人。」大哉言乎，其知性矣。**無古今，而後能入於不死不生。**古今不異，則生死無變矣。本無損而何死？未嘗益而何生乎？朱子曰「這個何嘗動」是也。**殺生者不死，生生者不生。**此覆解「不死不生」句。言不死者非不死也，殺生者自死而道不死也；不生者非不生也，生生者自生而道不生也。試觀古今來生生死死，晝夜不息，天地之道，初無盈虧。在人身者，猶其在天地者也，雖百般戕賊，終年斲喪，而放下屠刀，立地成佛，此性毫無虧損。雖涵養擴充，參贊位育，而極其分量，皆性命所固然，又何嘗少加毫末也哉？胡滄曉曰：「百川日夜歸虛谷，消息盈虛水不知。」可謂通儒矣。**其爲物也，無不將也，**往者，過也。**無不迎也；**來者，續也。**無不毀也，**化之也。**無不成也。**育之也。**其名爲攖寧。**二字精妙。所謂靜亦靜，動亦靜也，非不動之謂也。周子曰：「動而無靜，靜而無動，物也；動而無動，靜而無靜，神也。動而無動，靜而無靜，非不動不靜也。」此是攖寧真解。非不動靜者，攖也；本無動靜者，寧也。**攖寧也者，攖而後成者也。」**道體本無動靜，故學道者不可厭動而求靜，必於攖處得其寧體，則真寧矣。所謂制外以養中，真積力久而後一貫者。其語道也，不入寂滅；其語學也，不求頓悟。斯孔氏之徒與進於二氏矣。

南伯子葵曰：「子獨惡乎聞之？」曰：「聞諸副墨之子，書也。**副墨之子聞諸洛誦之孫，**讀書也。**洛誦之孫聞之瞻明，**見而知之。**瞻明聞之聶許，**聞而知之。**聶許聞之需役，**漸而行之。**需役聞之於謳，**行而樂之。**於謳聞之元冥，**樂則天矣。**元冥聞之參寥，**學至於天，止矣。然未有天地而道已存，故又當遡諸參寥也。**參寥聞之疑始。」**道生天地，萬物資始，然自本自根不知其所以始，故曰疑始。

此段爲一節，言所以得道之方，所謂「知人之所爲」者也。《中庸》曰：「誠者，天之道也；誠之者，人之道也。」真人真知，言天道也。真人者，誠也；真知者，明也。由誠而明，自然得道，所謂「從容中道」者也。其次必用力以求得之，所謂

「人之道」也。其語道也，貫乎動靜；其語學也，兼乎知行。始於聞見，終於性天。由勉幾安，由大入化。用功之先後，得效之淺深，源流井井，本末具在。世乃有遺聞見之知而捷言頓悟，憚力行之難而高語自然者，又莊生之罪人也。

自此以上，言《大宗師》之理已盡；自此之下，皆引証之辭也。

子祀、子輿、子犁、子來四人相與語曰：「孰能以無爲首，以生爲脊，以死爲尻？首、脊、尻是一體。孰知死生存亡之一體者？總承上三句。張子曰：「聚亦吾體，散亦吾體。」此之謂也。吾與之友矣。」四人相視而笑，莫逆於心，遂相與爲友。

俄而子輿有病，子祀往問之。曰：「偉哉，夫造物者將以予爲此拘拘也。」曲僂發背，上有五管，頤隱於齊，肩高於頂，句贅指天。」形狀與支離疏相似。陰陽之氣有沴，亂也。其心閒而無事，氣沴而心自閒，此是何等本領。跰躚而鑑於井，曰：「嗟乎，夫造物者又將以予爲此拘拘也。」「又」字妙。今生已過，來生又來也。子祀曰：「汝惡之乎？」曰：「亡，同無。予何惡？浸假而化予之左臂以爲鷄，予因以求時夜；浸假而化予之右臂以爲彈，予因以求鴞〔一〕炙；浸假而化予之尻以爲輪，以神爲馬，予因而乘之，豈更駕哉？因物付物，因時制宜，目前便有此象，不待六道輪廻之後也。且夫得者，時也，失者，順也；安時而處順，哀樂不能入也，此古之所謂懸解也，解見《養生主》篇。而不能自解者，物有結之。殺生者，結病；養生者，結丹。人謂丹成而無病，不知懸而不解，則丹亦病也，以物有結之也。物不勝天，終歸於化，故不如因而順之。且夫物不勝天久矣，吾又何惡焉？」

俄而子來有病，喘喘然將死。其妻子環而泣之。子犁往問之，曰：「叱，避，無怛化。」言無以哭驚其化也。倚其户與之語曰：「偉哉造化。又將奚以汝爲？將奚以汝適？往也。以汝爲鼠肝乎？以汝爲蟲臂乎？」鼠無肝，蟲無臂，言將化爲無物也。與《楞嚴經》言「龜毛兔角」同義。子來曰：「父母於子，東西南北，惟命之從。陰陽於人，不翅於父母。彼近吾死而我不聽，我則悍矣，彼何罪焉？「父猶愛之，而況其卓；君猶死之，而況其真。」此之謂也。夫大塊載我以形，勞我以生，佚我以老，息我以死。故善吾生者，乃所以善吾死也。今大冶鑄金，金踴躍曰『我必且爲鏌鋣』，大冶必以爲不祥之金。妙喻，可令頑石點頭。今一犯人之形，而曰：『人耳，人耳。』夫造物者必以爲不祥之人。仙羽化而佛再來，恐皆不免此譏。今一以天地爲大爐，以造化爲大冶，惡乎往而不可哉？」所謂「若人之形者，

〔一〕 鴞，原作「鶚」，據《青照堂叢書》本改。

萬化而未始有極也」。其爲樂，可勝計耶？成然寐，蘧然覺。前以生死爲夜旦，此以生死爲夢覺。以爲夜旦者，知天也；以爲夢覺者，知人也。

子桑户、孟子反、子琴張三人相與友曰：「孰能相與於無相與，相爲於無相爲？孰能登天遊霧，撓挑無極，相忘以生，所謂「兩忘而化其道」，能外生者也。無所終窮？」忘生則不死矣。三人相視而笑，莫逆於心，遂相與友。莫然有間而子桑户死，未葬。孔子聞之，使子貢往待事焉。或編曲，或鼓琴，相和而歌曰：「嗟來桑户乎，嗟來桑户乎。而已反其真，而我猶爲人猗。」子貢趨而進曰：「敢問臨尸而歌，禮乎？」二人相視而笑曰：「是惡知禮意。」禮必有意，所謂和也。然臨尸而歌，則已甚矣，所謂「知和而和」也。子貢反，以告孔子，曰：「彼何人者耶？脩行無有，而外其形骸，臨尸而歌，顔色不變，無以命之。彼何人者耶？」孔子曰：「彼遊方之外者也，而丘遊方之内者也。道無内外，此非夫子之言也。外内不相及，而丘使汝往弔之，丘則陋矣。彼方且與造物者爲人，與天爲徒也。而遊乎天地之一氣。三才異體，其氣一也。彼以生爲附贅縣疣，太虛之中，結此血肉之軀，有如贅疣也。以死爲決疣潰癰。形骸既化，復歸太虛，則贅疣消矣。夫若然者，又惡知死生先後之所在？先生後生，其生一也；先死後死，其死一也。先生後死，先死後生，生死循環，不知其先後之所在也。假於異物，託於同體；生者，假借也。五官百骸，異物合體，而非真我也。忘其肝膽，遺其耳目；皆異物也，故可遺忘。反覆終始，不知端倪；貞元迭運，始終循環。程子曰：「動靜無端，陰陽無始。」非知道者，孰能識之？芒然彷徨乎塵垢之外，逍遥乎無爲之業。彼又惡能憒憒然爲世俗之禮，以觀衆人之耳目哉？」以禮爲觀人之耳目者，可謂不知禮矣。此非夫子之言也。子貢曰：「然則夫子何方之依？」曰：「丘，天之戮民也。彼以方内爲梏桎，如天之刑之也。此非夫子之言也。雖然，吾與汝共之。」子貢曰：「敢問其方？」求所以免戮之方也。孔子曰：「魚相造乎水，人相造乎道。相造乎水者，穿池而養給；穿其池，以通乎江湖也。相造乎道者，無事而生定。故曰：魚相忘乎江湖，人相忘乎道術。」所謂「兩忘而化其道」也。以池域水則失養，以方域道則多事。故池穿而養給，以其相忘於江湖也；方化而生定，以其相忘乎道術也。程子曰：「與其是内而非外，不若内外之兩忘也。兩忘則澄然無事矣。」子貢曰：「敢問畸人？」言如是則異於人也。曰：「畸人者，畸於人而侔於天。人盡則天合矣。故曰：『天之小人，人之君子；人之君子，天之小人也。』」天人一理，此非夫子之言也。

顏回問仲尼曰：「孟孫才，其母死，哭泣無涕，中心不戚，居喪不哀。無是三者，以善喪蓋魯國。固有無其實而得其名者乎？回一怪之。」仲尼曰：「夫孟孫氏盡之矣，進於知矣，與前「知天」、「知人」、「真知」相照應。唯簡之而不得，夫已有所簡矣。於禮之中存禮之意也。孟孫氏不知所以生，不知所以死；不知就先，不知就後；所謂不知死生先後所在。**若化爲物，以待其所不知之化已乎**？生者，化也。人亦物也，雖生爲人，若化爲物，此所化者不知又化爲何物，人與物皆化，而又何哀樂之有？**且方將化，惡知不化哉**？化爲異物，猶不化也，卽前鷄彈輪馬之説也。**方將不化，惡知已化哉**？目前生者無刻不化，卽前「藏舟」、「藏山」、「夜半負走」之説也。**吾特與汝，其夢未始覺者耶**？言生夢而死方覺也。**且彼有駭形而無損心**，形有死生，心無死生。其形化，其心與之然者，庸人也。聖人無形而心成，故形化而心無損焉。**有旦宅而无情死**。旦，暫也。情，實也。心既無損，則其死也不過暫宅於地下。所謂息我也，而豈真死哉？**孟孫氏特覺，人哭亦哭，是自其所以乃**。既無情死，果可不哭。然而人皆哭之，必與人異，則又非矣。所以人乃爾，亦乃爾也。**且也相與吾之耳矣**，人哭亦哭，猶有人之見者存也。彼且相與吾之，萬物一體，原無彼我，人化亦吾化也，人哭亦吾哭也。程子曰：「仁者以天地萬物爲一體。」其視天下無一物非我，卽所謂「相與吾之」也。郭子元曰：「夫死生變化，吾皆吾之，既皆自吾，吾何失哉？未始失吾，吾何憂哉？無逆，故人哭亦哭；無憂，故哭而不哀。」孫月峯曰：「『吾』字與『乃』字對，『乃』作『彼』觀，『吾』作『我』觀。」**庸詎知吾所謂吾之乎？且汝夢爲鳥而厲乎天，夢爲魚而没於淵。不識今之言者，其覺者乎，其夢者乎**？相與吾之，猶有我之見存也。庸詎知所謂吾之者何謂乎？汝不能知，但卽汝觀。汝可夢爲物，則物亦可夢爲汝。惡知今之言者，非物之所夢也？然則生非果生，而死非實死，生死物我未有分也。物我未分，故人哭亦哭；生死不分，則吾無哀矣。**造適不及笑，獻笑不及排**，造作求適，不如付之一笑；笑猶多事，不如任其推移。**安排而去化，乃入於寥天一。**」郭子元曰：「安於推移，而與化俱去，乃入於寂寥，而與天爲一。」自此以上，至於「子祀」，其致一也。

自「子祀」至此爲一節，言真人之得道者。與前「死生，命也」一段互相印証，所謂「知天之所爲」者也，言天道也。

意而子見許由。許由曰：「堯何以資汝？」資，猶益也。**意而子曰：「堯謂我：『汝必躬服仁義而明言是非。』」許由曰：「而奚來爲軹？**「只」同，語辭也。**夫堯既已黥汝以仁義，而劓汝以是非矣，汝將何以遊夫遙蕩恣睢轉徙之途乎？」意而子曰：「雖然，吾願遊於其藩。」許由曰：「不然。夫盲者無以與乎眉目顔色之好，瞽者無以與乎青黄黼黻之觀。」意而子曰：「夫無莊之失其美，據梁之失其力，黄帝之亡其知，皆在鑪錘之間耳。**言陶鎔之。**庸詎知夫造物者之不息我黥而補我劓，使我得乘成以隨先生耶？」**此數語，乃是要義。聖人裁成萬物，輔相天地，皆是此理。大道非遙，欲之卽是；人性不死，復之卽全。天之所爲，卽在人之所爲之中。故仁義是非之内，卽可息黥補劓而底於成。蓋將陶鑄堯、許爲一矣。此大道所以可合，而人道所以有功也。**許由曰：「噫，未可知也。**意而數語，實是至言，故許由不復置辨，但恐其未能至是爾。**我爲汝言其大略。吾師乎，吾師乎。鳌萬物而不爲義，澤及萬世而不爲仁，不爲仁義，則黥息矣。長於上古而不爲老，覆載天地刻雕衆形而不爲巧。能古而拙，則是非之劓亦補矣。此所遊已。」

顔回曰：「回益矣。」仲尼曰：「何謂也？」曰：「回忘仁義矣。」曰：「可矣，猶未也。」他日復見，曰：「回益矣。」曰：「何謂也？」曰：「回忘禮樂矣。」曰：「可矣，猶未也。」他日復見，曰：「回益矣。」曰：「何謂也？」曰：「回坐忘矣。」忘仁義禮樂，前所謂「外物」者，坐忘則「外生」者也。仲尼蹵然曰：「何謂坐忘？」顔回曰：「墮肢體，黜聰明，離形去知，同於大通，此四字，括盡一篇要義。天地萬物，本通爲一，是謂大通。忘己，而與之混同，則公物我、一生死、合天人，而性命之真體見矣。此謂坐忘。」仲尼曰：「同則無好也，大同於物，則不喜人之形而藏之，故無好。化則無常也。遊於物所不得遯而皆存，則無常，乃所以常存也。而果其賢乎？丘也請從而後也。」

自「意而子」至此爲一節，言所以得道之方。與南伯子葵一段，互相印証，所謂「知人之所爲」者也，言人道也。

子輿與子桑友，而霖雨十日。子輿曰：「子桑殆病矣。」裹飯而往食之。至子桑之門，則若歌若哭，鼓琴曰：「父耶，母耶。天乎，人乎。」有不任其聲而趣舉其詩焉。飢不能成聲，其詩亦信口舉之也。**子輿入，曰：「子之歌詩，何故若是？」曰：「吾思夫使我至此極者而弗得也。父母豈欲吾貧哉？天無私覆，地無私載，天地豈私貧我哉？求其爲之者而不得也。**此數語須善會。若認作怨天尤人之辭，不惟低却子桑身分，且使一篇文義不明。此乃是心閒無事，仔細體認之辭。覺得造化之故，實不可解；實不可解，則真解出矣。何謂真解？莫之爲而爲，乃是真天；莫之致而至，乃是真命也，故曰：「知天之所爲者，天而生也。」**然而至此極者，命也夫。」**點出「命」字作結，萬水歸源，一滴不漏。以見人之所爲，舉目信步，莫非天命之流行，無爲無形，而有情有信，卓然甚真。能盡性以至於命，則天人合，而《大宗師》之理盡矣。

此段爲一節，言天人之合一也。如此閎博奥衍之文，却以淡語冷結，使讀者悠然有會於言外，筆墨真化爲煙雲矣。

通篇以「命」字作主。天之所爲，則是命；人之所爲，盡性以至命而已。人爲之盡，乃與天合，其歸一也。真人真知，言知天之所爲；南伯子葵，言知人之所爲。子祀至孟孫才，証知天所爲者；意而子、顔回，証知人所爲者；子桑知命，証天人之合一，而啟人以至命之極功也。段落簡明，無煩衍説。其中齊物我之化，一生死之體，究性命之原，合天人之道，言多粹精，類非二氏所能及。特其既知大道之元同，而又言方有内外；既知天人之一致，又欲舉仁義禮樂而去之，則是形上形下終判爲二域，下學上達終分爲二候，所以舍近鶩遠，遺下窺高，而道術爲天下裂。學者取其獨至之識，而辨其似是之非，則亦窮理盡性之一助也。

應帝王

以道應物，帝王之治也。

此承前篇「攖寧」、「坐忘」之義，言本此以應世，則無爲而治矣。《大宗師》者，其内聖之極功；《應帝王》者，其外王之能事也。

齧缺問於王倪，四問而四不知。此便是治天下妙理。無思無爲，上不知也；不識不知，下不知也。上下不知，至治之極，此乃未鑿之渾沌。與結處一氣呼吸，故曰：七篇起結，皆是一色手法也。**齧缺因躍而大喜，行以告蒲衣子。蒲衣子曰：「而乃今知之乎？**言其悟之晚也。**有虞氏不及泰氏。有虞氏其猶藏仁以要人，**藏而要之，是有知也。**亦得人矣，而未始出於非人。**非人者，天也。藏仁要人，雖能得人，而其天漓矣。**泰氏其卧徐徐，其覺于于，一以己爲馬，一以己爲牛，**無物我是非之見也。**其知情信，其德甚真，**情信，即前篇所謂「有情有信」也。道本情信，知登假於道，亦與爲情信，故其德真實而無妄，雖知猶不知也。**而未始入於非人。」**知信德真，入於天矣，而渾然忘之，未始以爲非人，所謂「天與人不相勝」者也。

此言治天下者，泯其知識，無鑿渾沌，去人之有爲，而同天之無爲，乃爲至治。

虛籠一篇之大義。

肩吾見狂接輿，狂接輿曰：「日中始何以語汝？」肩吾曰：「告我句。**君人者以己出經式義度，**經常之式，政也；道義之度，禮也。以己出之，則議道自己，而爲政以德矣。**人孰敢不聽而化之？」**以爲不敢不化，則不化矣。夫化者，忘其不敢者也。**狂接輿曰：「是欺德也。**禮法政刑，治民於外，故曰欺德。**其於治天下也，猶涉海鑿河，而使蚉負山也。夫聖人之治也，治外乎？**不欺，故治内也。**正而後行，確乎能其事者而已矣。**使之各正其性命，而後率其性而行之，則萬物確乎各有其能事，而不必以己之式度繩之於外也。天下咸若其性，而我無與焉，治之至也。**且鳥高飛以避矰弋之害，鼷鼠深穴乎神丘之下，以避熏鑿之患，而曾二蟲之無知？」**民本安然無事，而我以式度治外，是熏鑿其民而矰弋之也，民將避之矣。

此言以有爲治之而不治也。

天根遊於殷陽，至蓼水之上，適遭無名人而問焉，曰：「請問爲天下。」病根在一「爲」字。**無名人曰：「去，**斥之也。**汝鄙人也，何問之不預也？**不預，言無預于己之事，嫌其發問之不切也。**予方將與造物者爲人，**外篇曰：「不與化爲人，安能化人？」此之謂也。**厭，**句。

則又乘夫莽眇之鳥，以出六極之外，而遊無何有之鄉，以處壙垠〔一〕之野。汝又何帠以治天下感予之心爲？」感，動也。言心不可爲治天下所動也。又復問。無名人曰：「汝遊心於淡，合氣於漠，順物自然而無容私焉，而天下治矣。」無欲而復其性，則遊心於淡矣；克己而通其命，則合氣於漠矣。淡漠者，物之自然也。順其自然而無私，則物各適其性命而不擾，天下惡有不治者哉？無爲而天下治，篤恭而天下平，其理實是如此，不可槩以爲荒唐而棄之也。

此言以無爲治之而自治也。

陽子居見老聃，曰：「有人於此，嚮疾彊梁，勇也。物徹疏明，智也。學道不勸，仁也。如是者，可比明王乎？」老聃曰：「是於聖人也，胥易技係，勞形怵心者也。胥者，胥徒。技者，工技。易者，更番直日。係者，居肆不遷。是皆限於時而局於事，勞其形以憂其心，有爲不化，與此等耳。言不能遊於無有，則傷其内也。且也虎豹之文來田，致人獵取也。猨狙之便執斄之狗來藉。致人羈縻也。言不能立乎不測，則傷於外也。如是者，可比明王乎？」陽子居蹵然曰：「敢問明王之治。」老聃曰：「明王之治，功蓋天下而似不自己，化貸萬物而民不恃，有莫舉名，使物自喜，立乎不測，而遊於無有者也。」

〔一〕垠，原作「垠」，據《青照堂叢書》本改。

此段承前起後，一篇關鍵，言所以「有爲不治，無爲而後治」者。蓋以有心爲之，則我不能遊於無有，既勞心而傷其内，人有以窺而測之，將侮我而傷其外。故必淡漠無爲，立乎不測，而遊於無有，乃可以應天下，而不爲天下所傷也。「立乎不測」二句，有如出題，「季咸」以下皆發此意也。前幅迤邐寫來，中點出而後發揮之，其謀篇與《逍遥遊》同。

鄭有神巫曰季咸，知人之死生存亡，禍福壽夭，期以歲月旬日，若神。鄭人見之，皆棄而走。恐被指摘也。列子見之而心醉，心服之甚也。歸，以告壺子曰：「始吾以夫子之道爲至矣，則又有至焉者矣。」言季咸勝於壺子也。壺子曰：「吾與汝既其文，未既其實。而固得道與？既，盡也。言汝雖盡見我之文，未嘗盡見我之實，而豈能知我之道哉？衆雌而無雄，而又奚卵焉？雌所以能卵者，皆雄始其機。無雄，則雌奚卵焉？人所以能相者，皆我示以心，無心，則人奚相焉？先喻，而下乃証之。而以道與世亢，必信，夫故使人得而相汝。亢而求伸，如有雄焉。故人得而相汝，猶雌之得卵也。嘗試與來，以予示之。」

明日，列子與之見壺子。出而謂列子曰：「噫，子之先生死矣，弗活矣，不以旬數矣。吾見怪焉，見濕灰焉。」言無生氣，如濕灰之不復燃也。列子入，泣涕沾襟以告壺子。壺子曰：「向吾示之以地文，萌乎不震不正，「萌乎」二字宜善會。果如濕灰，則已死矣。聖人之道，不入斷滅，寂然之内，如有萌芽，此誠之復而乾之元也。但未入動機而又無正相，故淺人以爲近死耳。是殆見吾杜德機也。杜，閉也。嘗又與來。」明日，又與之見壺子。出而謂列子曰：「幸矣，子之先生遇我也，有瘳矣，全然有生矣，吾見其杜權矣。」言其杜者有變動之境也。列子入，以告壺子。壺子曰：「鄉吾示之以天壤，天壤，猶云天境。名實不入，而機發於踵。是殆見吾善者機也。天體沖虛，而生機不息，故曰「繼之者善也」。人心沖虛，而生意自動，其善與天同，故曰「善者機也」。嘗又與來。」明日，又與之見壺子。出而謂列子曰：「子之先生不齊，吾無得而相焉。試齊，且復相之。」列子入，以告壺子。壺子曰：「吾鄉示之以太沖莫勝。是殆見吾衡氣機也。地文陰勝，天壤陽勝，陰陽沖和，則莫勝矣。莫勝則均，均則平，故曰「衡氣機也」。鯢桓之審爲淵，止水之審爲淵，流水之審爲淵。淵有九名，此處三焉。鯢，大魚。桓，盤桓。審，水之洄旋處也。機發於踵，鯢桓之審；不震不正，止水之審；太沖莫勝，流水之審也。文勢平衍，故於此處總束一段，使不散漫，磬控縱送，極行文之能事。嘗又與來。」明日，又與之見壺子。立未定，自失而走。壺子曰：「追之。」列子追之不及。反，以報壺子曰：「已滅矣，已失矣，吾弗及矣。」壺子曰：「鄉吾示之以未始出吾宗。地文，陰也；天壤，陽也；太沖莫勝，陰陽和也。陰陽互根，皆宗太極。凡機之發，皆出乎宗。由陰陽以返太極，則一元未亨，渾然寂然，萬理咸在，而機未始出吾宗，所謂「喜怒之未發」者也，性之體也。《中庸》曰：「淵淵其淵。」此九淵之首乎？**吾與之虛而委蛇，**「虛」字是一篇要義。「立乎不測，而遊於無有」，皆不外此。後「亦虛而已」與此呼應。**不知其誰何，因以爲弟靡，**弟音頹，義亦同。**因以爲波流，**又似弱而不舉，又似流而不息，此真性海瀾淪光景，門外人不知也。**故逃也。」**

然後列子自以爲未始學而歸。三年不出，爲其妻爨，食豕如食人，可謂忘機之至。**於事無與親。雕琢復樸，塊然獨以其形立。紛而封哉，**雖處紛紜，而内者不出，若封之焉。此是壺子薪傳，能如是，則不得而測之矣。**一以是終。**

此段講立乎不測也。

無爲名尸，無爲謀府；無爲事任，無爲知主。尸，主也。府，聚也。任，當於己也。主，先乎物也。未嘗無名，而人自稱之，未嘗爲之主也；未嘗無謀，而過而不留，未嘗藏而聚也；未嘗無事，而與衆共之，不以獨任於己；未嘗無知，而與物推移，不作主張而先乎物也。此所謂「順物自然而無容私」者，而非愚昧懦弱之謂也。**體盡無窮，**體備天下之無窮，所謂「大本達道，一以貫之」也。**而遊無朕；**萬性皆在，而實無形色聲臭。故體雖皆備，而心常遊於無朕，此靜虛也。**盡其所受乎天，**踐其形而復其性也。**而無見得，**未嘗造作而增益之，故不見得，此動虛也。此數語，實是聖人境界。孟子曰：「萬物皆備於我矣。」此「體盡無窮」也。孔子曰：「吾有知乎哉？無知也。」此「遊無朕」也。孟子曰：「惟聖人然後可以踐形。」又曰：「天之所以與我者，先立乎其大者。」此「盡其所受乎天」也。孔子曰：「君子道者三，我無能焉。」又曰：「君子之道四，丘未能一焉。」此「無見得」也。**亦虛而已。**「虛」字，是莊子一生本領。「亦」字，與上文呼應，言立不測者，虛而委蛇，遊無有者，亦虛而已。以少對多，而精理各足，所謂參差可觀也。

此段講遊於無有也。

至人之用心若鏡，此句總承上二段。言不測非以愚人，無有非以愚我。立乎不測者固虛，遊於無有者亦虛。虛則生明，故若鏡焉。明者，帝王之所以治天下也。故曰：明王而必本於虛。此所謂「天德王道，一以貫之」者也。**不將**已往者不送也。**不逆，**未來者不迎也。**應而不藏，**此句是《應帝王》正文。言以一心因應乎天下，如物來而鏡自照之然，用雖萬變，而本體自如，亦如鏡焉，所照之物已過，則虛明之體如故，未嘗藏纖芥於其中也。不將不逆者，意必固我之俱忘；應而不藏者，所謂「因物付物」、「雖有天下而不與」者也。誰謂莊生可概以異端目之哉？**故能勝物而不傷。**此句總結通篇。能勝物者，無勞形怵心之患；而不傷者，無來田、來藉之端也。

此段正結。言能虛而無爲，則天下自治而我不傷也。

南海之帝爲儵，北海之帝爲忽，中央之帝爲渾沌。即篇首所謂「不知而甚真」者也。**儵與忽時相遇於渾沌之地，**中央者，萬化之所會也。**渾沌待之甚善。**渾沌則無所不善矣。**儵**

與忽謀報渾沌之德，報德便多事。凡人之所以爲利者，乃其所以爲害也。**曰：「人皆有七竅以視聽食息，此獨無有，**所謂「無眼耳鼻舌身意」者也。**嘗試鑿之。」日鑿一竅，七日而渾沌死。**嗜欲既開則天真喪，機智日生則淳樸喪，故曰「渾沌死」也。

此段反結。言不能虛而至於有爲，則天下未治，而我已傷矣。古之治天下者，渾沌而已矣。渾沌者，不知之謂也。上不以知御下，下不以知遁上。同乎無知，其德不離；同乎無欲，是謂素樸。素樸而民性得矣。故無知也，而後無爲；無爲也，而後治。有虞氏其猶有知也，泰氏進於無知矣。有知而有爲，則法立而奸生，令下而詐起，經式義度愈出而民愈避。無知而無爲，則我遊心於淡，民合氣於漠，自然無私而天下治矣。

夫其所以有爲不治，無爲而後治者，何哉？天下者，大物也。有大物者，不可以物物。物而不物於物，乃可以勝物。是故以智測之而不勝，以勇劫之而不勝，以法繩之而不勝，以術誘之而不勝。一有所恃，則不可恃矣。故天下之仁人，蒿目而憂世之患；萬乘之君，憂慄乎廟堂之上。此不勝天下也，是胥易技係、勞形怵心者也。人君之心止一耳，前後左右，無不窺而測也。左右婦寺日餂以食其意，公卿大臣日愚以盜其權，薄海億兆日媚以望其澤。一有所向而爲所測，則起而中之矣。中之而不能不爲所中也，始而逢迎之。逢迎之而喜則敢侮弄之，侮弄之而不怒則敢劫制之，而危亂滅亡之患至矣。所謂「虎豹來田，猨狙來藉」者也。勞形怵心者傷於內，來田來藉者傷於外，欲去是二患，必立乎不測而遊於無有者也。立乎不測者，非愚人也；遊於無有者，非愚己也。

其道不外乎虛，虛而不露其機則不測，虛而不滯於迹則無有，所謂「惟道集虛」者也。能虛，則明生焉。虛而明者，帝王之所以應天下也。虛則廓然而大公，明則物來而順應。大公則意必之見俱忘，順應則靜虛之體不攖。惟其虛而能應，故勝物而無勞形怵心之患；惟其應而仍虛，故不測而無來田來藉之傷。此所謂「舜禹有天下而不與」，乃無爲而治之實義也。不然，而必欲用知以爲天下，則我生其機智，而人散其淳樸。上以知御下，是上鑿下也；下以知遁上，是下鑿上也，上下交相鑿而天下亂矣。

文之首尾脉絡甚明，而其道亦未嘗無取焉。拘儒淺見，聞淡漠而天下治，則以爲誕。夫老莊固誕，孔子亦誕乎？孔子曰：「無爲而治者，其舜也與？」則堯舜孔子之所以治天下，其亦可思矣。仲弓問子桑伯子，子曰：「可也，簡。」簡近於無爲，而曰可者，謂其亦可以治天下也，漢之文帝是也。子曰：「道之以政，齊之以刑，民免而無恥；道之以德，齊之以禮，有恥且格。」老莊本乎道德之意，乃欲並齊禮而廢之，此則居簡行簡之過。然以視徒政刑者，不猶愈乎？是孔子之所可也。學者知其偏而救之，如仲弓焉，斯善矣，不可并其長而概没之也。

此七篇者，所謂内篇者也，是莊子所手訂也。《逍遥遊》者，言其志也；《齊物論》者，知之明；《養生主》者，行之力；《人間世》則處世之方；《德充符》則自修之實；《大宗師》者，内聖之極功；《應帝王》者，外王之能事也。所謂「部如一篇，增之損之而不能，顛之倒之而不可」者也。鯤鵬之大，卽是無所困苦之根；喪偶喪我，乃其因是物化之故。吾生有涯，而火傳則無盡也。往而刑，不如其僅免刑也。無形而心成，則獨成其天矣。天之所爲者，其命也夫？四問不知，真未鑿之渾沌也。此則所謂「篇如一章，首尾呼應，一氣貫注」者也。《逍遥遊》只是大不困苦，《齊物論》只是我與物化，《養生主》只是薪盡火傳，《人間世》只是無用免刑，《德充符》只是無形心成，《大宗師》只是達天知命，《應帝王》只是無爲而治。此則所謂「篇如一句，如龍戲珠，江翻海湧，而阿堵中物，乃止徑寸」者也。不寧惟是已焉。至人無己，《逍遥游》之精義，而喪我物化，乃無己之至也。天君真宰，《齊物論》之實理，而生主無盡，卽真宰之體也。《人間世》祛養生之外患，而心齋無用，猶緣督也。《德充符》統處世於内脩，而遊心成和，猶心齋也。《大宗師》之知命達天，則獨成其天之盡境。《應帝王》之無爲而治，則坐忘攖寧之緒餘也。由此觀之，一部且如一章矣。至人無己，性體之虚也。喪我物化，則虚公之至矣。緣督遊於虚也，心齋虚其内，無用虚其外也，德充近於實矣。然而内保而外不蕩，不以滑和，不以入於靈府，猶之虚也。坐忘攖寧，則虚之所以立體；不測無有，則虚之所以致用也。七篇之義，一言蔽之，曰：遊心於虚而已。由此觀之，則一部且如一句矣。若是者，何也？曰：凡以云「通」也。天下之文，其離奇變化而不可驟通，至《南華》而止矣。然熟讀而細玩之，則見其部如一篇，篇如一章，且如一句，如是其通也。又見其部如一章，且如一句，如是其通之甚也。然則天下之妙文，而必無不通，其信然矣。學者得是術也以往，將能盡通天下之文，而其所自作亦無不通，是則吾所以注《南華》之意也。

附録

一 《南華通》提要 陝西巡撫採進本

國朝孫嘉淦撰。嘉淦有《春秋義》，已著録。是編取《莊子》内篇，以時文之法評之，使起承轉合，提掇呼應，一一易曉，中亦頗以儒理文其説。

中華書局影印浙本《四庫全書總目》卷一四七子部道家類存目

二 《南華通》後序代

楊 鸞

注《莊子》者，自向、郭外無慮數十百家，大都言人人殊，甚或指爲二氏所托始，逐流揚波，靡所底止。夫莊子學出子夏，何至顯與聖道抵牾若此？惟外篇頗多踳駁，識者疑爲贋鼎，理或然歟？若内篇云《人間世》，首稱孔子、顔淵，則知所謂主持世道者，固非至人莫與屬已。《南華通》一書，爲興縣相國孫文定公所著，余於友人案頭得其抄本，雒誦數四，喟然有望洋之歎。其披郤導窾、分條析理，使七篇之精神脉絡流通淹貫，可謂發前人所未發、盡文章之能事已而。至於吾道離合處，辨晰尤精，益足補莊子之滲漏，而非二氏之所得藉口也。文定公爲本朝理學名臣，諸經著述與安溪李文貞公相埒，惜遐方僻壤，末由遍睹。《南華通》特其餘緒，然亦足見公維持聖道、嘉惠後學之至意，謹與友人校定而刻之青門。憶往昔侍家徵君於京邸，側聞立朝風采，私心向往，惴惴焉不得於大賢之門下是懼，矧秦晉接壤，誼均桑梓，則茲書之刻，庶幾掃門執鞭之微意云爾。

清道光間秋影書屋刻本《邈雲樓文集》卷一

莊子未定稿

點校前言

《莊子未定稿》四卷，清何如潨撰。如潨字建則，號澹泉，廣東南海人。生卒年不詳。生平大略見《莊子未定稿》所載《澹泉先生傳》。道光《廣東通志》亦有《何如潨傳》，曰：

何如潨，字建則，南海人。雍正癸丑進士。初任山東冠氏令，調長清，後任河南新鄭令，陶士類，課農桑，息訟獄，所至多善政。其在冠氏也，縣舊有枯河，南接直隸元城，北抵陶館，遇雨甚，從陶館下流注洩，初不爲害，前攝令役民塞之，冠民始病。如潨到官，數以開復請，未決。會衛河水漲，元城人決衛河入枯河以殺其勢，下流壅不能容，遂致氾濫，陶館下流驟潰，勢乃頓減。於是復以爲請，永不堵塞，民賴以安。其在新鄭，遇抽撥驛騎、協築堤工諸役，悉以自任，毫不擾民。解綬歸，開門教授，負笈之士駢肩接踵。晚年德望益崇，粤中耆舊，裒然稱首。夙研經學，尤邃於四子書

義，著有《自得録》十卷、《續録》一卷、《讀易日鈔》十二卷、詩一卷。「採訪册」[一]

其《讀易日鈔》今不存，詩集亦佚，[二]《粤東詩海》卷七七收其詩作五首，即《上樂昌瀧》、《乞歸》、《南村雜詩》、《無成》、《寄友人》。[三] 至於《自得録》，全稱《四書講義自得録》，尚存於世，《廣州大典》中有收録。[四] 其書十卷，《續録》一卷，前有何氏同邑友人馮成修乾隆二十四年（一七五九）序，曰：

友人何建則，與余同受知於學使惠天牧先生，居相邇，齒相等，而學相摩礪也。顧余何能爲役？建則姿性穎悟，功夫刻苦，年未及冠，聲稱則已籍籍矣。厥後成進士，出宰山左，由冠氏調長清，政簡而法行，民懷而吏不奸，將報最矣，念母氏春秋高，一朝解印綬去，而槖中裝蕭然也。甘旨時不給於供，則應聘爲義學山長焉。夫

[一] 道光《廣東通志》卷二八七，《續修四庫全書》第六七五册，上海古籍出版社二〇〇二年版，第五六頁上。又光緒《廣州府志》卷一二八亦收此傳，文字全同。

[二] 光緒《廣州府志·藝文略》據《南海志》著録「《芸業軒詩存》一卷，國朝南海何如潅撰」，當是此集。臺北成文出版社一九九六年版，第五九六頁。

[三] ［清］温汝能纂輯：《粤東詩海》卷七七，中山大學出版社一九九九年版，第一四五二—一四五三頁。

[四] 收入《廣州大典》第二十三輯《經部四書類》第三册，廣州出版社二〇一五年版。

師道難言也，子輿氏之言非欺我也。今之擁臯比者，則奚若矣，偃然自謂四方之彥，既已于于然來而未始吾非也，且往往拔螯弧以先登，又何多求焉？夫搜天地之秘奥，而契聖賢之淵源，類非俗學之所能也，然講習討論之謂何而乃鹵莽爲耶？建則則孳孳不倦，課士之暇，口不絶吟，手不停披，人或以爲勞，則曰：「吾自樂此不疲也。」以故學益博而識益超，考據則上下今古，析理則繭絲牛毛，能令智者神怡、迷者心悟。庶幾哉，師道立乎。時余乞假歸里，聚首於珠江之滸，風瀟雨晦，時聆緒論，未嘗不前席也。丁丑歲再補豫之新鄭，其治如山左時。越二年，余奉簡命，視學黔中，道經溱洧，懽然道故，因戲謂之曰：「吏俗矣，寧能如往日書淫耶？」則曰：「吾俗也歟哉？吾仍不失故吾也。曩吾嘗著《四書講義》一編，兢兢焉惟四十九年之非是懼，弗自許也，然不忍弁髦棄之。邇來簿領餘間，補缺者什之三，訂訛者什之一，心力瘁矣。而得失離合，拙者不能自見，其爲我引繩直之，且弁一言，以授梓人。」予受而卒讀之，昭昭然暗室燈矣。竊惟吾人爲學，有本有末，研究義理，體認於身心，本也；馳騁辭華，末也。握其本則窮經可以致用，否則朝榮而夕瘁矣。以建則之淵通閎博，庸詎不能箋蟲魚、吟風月，以與當世博雅者流角逐詞壇？顧砤砤然敝畢生之精力於四子之書者何也？務其本也。然則是編也，視半部《論語》何

如哉？區區烹鮮小試，吾惜之，吾且跂而望之矣。爰不辭而爲之序。[一]
道光《廣東通志》本傳並未提及《莊子未定稿》，且文末小註稱徵引自「採訪册」而非《澹泉先生傳》。

今檢各家著録《莊子未定稿》版本，多未言有嘉慶間刊本，唯胡道静主編《十家論莊》所附《莊子研究專著目録》著録「《莊子未定稿》四卷，清何如瀶撰，清嘉慶七年刊本」[二]，但未説明其版本来源。除此之外，據筆者所見，僅有一例未著録版本情況，其餘皆明確説是道光六年（一八二六）刊本，具體如下：

一、光緒《廣州府志》卷九二《藝文略三·子部》據《南海志》著録：「《莊子註》四卷，國朝南海何如瀶撰。」[三]按，此即唯一一例未著録版本情況者。此《莊子註》應是《莊子未定稿》，冼玉清《廣東釋道著述考》對此已有駁正：「此書定名《未定稿》，自序已明言之，並詳言其命名之故。而《南海縣（鄭）志》著録時，易其名曰

[一]［清］何如瀶撰：《四書自得録》，乾隆二十六年（一七六一）刻本。
[二]胡道静主編：《十家論莊》，上海人民出版社二〇〇四年版，第五六九頁。
[三]光緒《廣州府志》卷九二《藝文略三·子部·道家類》，第五六九頁。

《莊子注》，《廣州（戴）志》復沿用之，似有未符，兹故正其名曰《莊子未定稿》。」〔一〕

二、冼玉清《廣東釋道著述考》著録：「《莊子未定稿》四卷，見，道光六年刻。《廣州府（戴）志・藝文略三》著録，云據《南海志》。清南海何如瀊注。」

三、《廣州大學圖書館季刊》一九三四年刊載番禺徐信符《南州書樓所藏廣東書目》，著録有「何如瀊《莊子未定稿》四卷」，據其文前「本刊編者附記」所云：「此書目原爲嶺南大學文學院冼玉清女士所編」〔二〕，則其版本即道光六年東閣藏板刻本。

四、孫殿起《販書偶記續編》著録：「《莊子未定稿》，清南海何如瀊撰，道光六年仲冬東閣刊。」〔三〕

五、駱偉主編《廣東文獻綜録》著録：「《莊子未定稿》不分卷，（清）南海何如瀊撰　清道光六年東閣刊本　粵圖（K/54.9/349.4）。」〔四〕

〔一〕冼玉清著，黄炳炎、賴適觀編：《冼玉清文集》下編《廣東釋道著述考》，中山大學出版社一九九五年版，第八二三頁。

〔二〕徐信符：《南州書樓所藏廣東書目》，《廣州大學圖書館季刊》一九三四年第二卷第一期。

〔三〕孫殿起：《販書偶記續編》卷一二，上海古籍出版社一九八〇年版，第一九八頁。

〔四〕駱偉主編：《廣東文獻綜録》，中山大學出版社二〇〇〇年版，第二一一頁。

六、王麗英《廣州道書考論》著録：「《莊子未定稿》四卷，何如瀍撰，何曰壁編，何松校。《廣州府（戴）志・藝文略三》著録，云據《南海志》。道光六年東閣藏板刻本，4冊，綫裝，26cm×16cm。粵圖地文館K/54. 9/349. 4。」[一]

然方勇先生任總編纂的《子藏》所收《莊子未定稿》，稱「據清嘉慶十七年何東閣刊本」。其説不確。按，《子藏》本《莊子未定稿》内封眉欄横書「□□□□仲冬新鐫」八字，筆者所見該書有内封未殘損者，作「道光六年仲冬新鐫」，與孫殿起《販書偶記續編》著録吻合。蓋《子藏》編纂者所見版本内封眉欄漫漶不清，乃據卷首邱先德序文落款，將其定爲嘉慶十七年（一八一二）刊本（《十家論莊》亦同此情形，且脱一「十」字）。

又按，冼玉清《廣東釋道著述考》著録道光六年（一八二六）刻本，記其版本情形如下：「此書一自序；二邱序；三澹泉先生傳；四卷一目録内篇；五卷二目録外篇上；六卷三目録外篇下；七卷四目録雜篇。標題：『《莊子未定稿》，南海何如瀍建則甫註，曾孫曰壁編，受業族孫松校。』」[二]《子藏》影印所謂「嘉慶十七年刊本」与之

[一] 王麗英：《廣州道書考論》，華中師範大學出版社二〇一〇年版，第八七頁。
[二] 冼玉清著，黄炳炎、賴適觀編：《冼玉清文集》下編《廣東釋道著述考》，第八二三頁。

全同。

再結合前面提到的，若《莊子未定稿》果真刊行於嘉慶十七年，成書於道光二年（一八二二）的《廣東通志》，其纂修者怎會選擇徵引「采訪册」？所謂「採訪册」，蓋爲纂修《通志》而搜集到的資料，其中或包含了實地採訪名門望族之所得。若其時《莊子未定稿》業已刊行，直接據其《澹泉先生傳》豈不更好？《澹泉先生傳》應是在《莊子未定稿》刊行時補入，且在《廣東通志·何如瀗傳》的基础上增飾而成，故二者語句頗多重疊。

綜上所述，所謂「嘉慶十七年刊本」並不存在，「清嘉慶七年刊本」更是子虛烏有，「子藏本」應是道光六年東閣刊本。該本刻印爽朗精美，每半葉九行十八字，小字雙行同，四周雙邊，白口，上黑雙魚尾。内封頂格鎸「南海何澹泉先生著」，中間一行篆字大書「莊子未定稿」，左下角則「東閣藏版」四字，眉欄横書「道光六年仲冬新鎸」八字，「新鎸」即新刻，可知道光本即是初刻本。各卷首皆題「南海何如瀗建則甫註，曾孫曰璧編，受業族孫松校」。各卷末皆有「何東閣藏板」字樣。此本刻有印章數枚：何氏自序末刻「何如瀗印」、「澹泉」、「四邑長史」；邱序末刻「邱先德印」、「滋畬」。按，邱先德字滋畬，番禺人，何氏高弟，乾隆五十二年（一七八七）丁未科進士，歷仕刑部主事、江西撫州知府等，致仕後主講粤秀書院等，著有《學殖草堂未定稿》、《滋畲制義賡颺集》、《粤秀課藝文徵》等。〔一〕该書眉欄頗多手寫批註，如卷一首頁眉批「讀《逍遥遊》可以銷齷齪之見」云云，落款「咸豐元年歲辛亥十有一月二十有九日庚辰」，據此推斷，眉批乃後人所作，與何氏或無關聯。

該書的價值和特點，馮劍輝《清代嶺南莊學儒化傾向研究》已有論及。主要有以下幾點：其一，訓釋少有炫惑之論，相對較爲平實。以往不少《莊》註，或援佛解《莊》，或附會道教丹家之説，或穿鑿於儒家性理，頗多曲説，雖或自成一家，究竟難爲典訓。何註立足文本，點到爲止，不作過多發揮，反倒給人以清爽之感。其二，頗重文法，着力闡發《莊》文妙趣。莊子爲文洸洋恣肆，令人歎爲觀止。何註承繼前賢成果，深中《莊》文肯綮。其三，擇善而從，對前人舊註頗有吸收借鑒。其中徵引宣穎、何夢瑶之説最多，據統計，稱引宣穎（茂公）之説有五十七處，明確説出自何夢瑶《莊子故》的有二十二處。

本次整理以《子藏》本影印華東師範大學圖書館藏本爲底本，《莊子》原文以明

〔一〕同治《番禺縣志》卷四五，廣東人民出版社一九九八年版，第七二三頁。

嘉靖十二年（一五三三）世德堂刻《六子全書·南華真經》本爲校本，註文所引宣穎《南華經解》以清同治五年（一八六六）皖城藩署刻本爲校本。書中避諱字、明顯訛誤予以徑改，古字、異字一般予以保留。各眉批既非作者所爲，故不予採入。原書有分段，今因其舊。限於學力，或有疏漏，尚祈方家指正。

自序

夫言非吹也，言者有言，故必先定其意，而後筆之於書。至其甚者，留若盟詛，發若機括，以爭鳴於天下。此南華老人所爲痛「道術將爲天下裂」者。故其著書也，巵言日出，和以天倪，大者包乎六合，小則入於毫芒中間，爲雨爲雲，爲風爲露，爲雪沃，爲冰消，皆所以破方術一定之見，而歸諸太虛之中。觀其振於無竟，寓於無竟，十餘萬言，固未嘗定以己意也，不過曰「因是」而已。然世之説《莊子》者，累牘連篇，等諸博士買驢，三睠尚未見驢字者，固已無論。即間有高明之士，自標宗旨，如晉人妄擬孔子傳《易》，謂爲解經，而經義益晦，遂使南華深心不獲見於後世。余生平酷嗜此書，玩索有年，晚而手録一篇，名其稾曰「未定」，蓋本南華意也。以經還經，而經義因以别白。其未嘗參以一定之見者，故無容守其一定之説也。其以爲異於鷇音，亦有辨乎，其無辨乎？姑以俟之來者。乾隆壬寅仲秋，南海何如漋。

莊子未定稿序

南海何建則夫子，以雍正癸丑成進士，學問經濟名重南宮。筮仕山左、河南，有循聲。性恬淡，退居林下，著書自娛，授徒羊城，學者稱爲「澹泉先生」。德時方弱冠，執經門下，日聆先生講貫，授以所著《四子書自得録》十二卷，研究經義，發前人未發之秘。嘗趨侍案側，見先生手疏《莊子》，丹黄紛錯，請而讀之，朗若列眉，然方攻舉業，未遑旁及也。先生曰：「子亦知文之至妙者乎？六經之文，變爲《南華》，變而不失其正者也。柳柳州曰：『參之《老》、《莊》，以肆其端。』苟能神明其義，則《莊》之離奇惝怳，不涉於虚而歸於實，天下之妙文無過是矣。」德心喜之，仍未遑卒業也。嗣補邑弟子員，以饑驅課徒於四方，未幾先生歸道山，無由再親指授。追憶師言，旁及諸子評《莊》者不下百餘家，而訓詁詳明則《因》、《故》二書，及吴世尚、方星傑箋本盛行於世，取而讀之，知其奇矣而未得其妙也，知其妙矣而未得其神也，則猶未愜心也。丁酉戊戌公車往返，洎釋褐觀政西曹，出守昭武，案牘疲神，幾失故吾。迨丁卯假還，復理舊學，每以不獲覩先生遺書爲憾。欣逢國史館編輯文獻，執事諸公搜求著述，先生姪孫文學獻廷乃出藏本繕正就刊，余因得而詳讀之，不禁喟然歎曰：「天下之至文，誠無過乎是者也。」全集雖不盡醇，而指歸則一。若其運筆之妙，真有令人不可思議者，特端倪隱顯，急切難會耳。得先生之本，參以讀經之法，於不可解者闕之，正訛辨誤，句析章分，於以瀹發性靈，作爲文章，又烏有疏碎塵腐之病哉？或曰：「先生於内、外、雜篇皆有心得，見諸評釋，獨缺《馬蹄》一篇，盍補之？」余曰：「否。擬《莊》僞作，先生既明斥之矣。註爲心得之學，不可誣也。先生寢食於《莊》垂數十年，篇凡三十有三，而獨缺此，安知先生之意不別有在乎？且仍其舊可也。」爰序之以付剞劂氏。時嘉慶十七年壬申季秋重陽日，門弟子番禺邱先德謹識。

澹泉先生傳

先生姓何氏，名如漋，字建則，南海人。少穎悟，未弱冠以文名。聞歸善陳熙昌經學湛深，往師之。雍正甲辰舉於鄉，會試後不第，仍往卒業，癸丑成進士。初任山東冠縣知縣，始下車，首捐俸倡修文廟。察邑久無鄉舉，並修復義學，招置諸生其中，時爲講貫。明年，邑人郭柯首解，旋成進士，咸以爲教澤所致云。戊午充山東鄉試同考試官。冠氏舊有枯河，南接直隸元城，北抵陶館，遇雨甚，從陶館下流注洩，初不爲害，前攝令役民塞之，冠民始病。抵任後，屢以開復機宜請於大府，未決。己未夏，衛河水漲，元城人決衛河入枯河，以殺水勢。水建瓴下，下流壅遏不能容，遂氾濫四溢，灌城數十里，淹爲巨浸，陶館下流驟潰，勢乃頃減。至是復以爲請，得立碑永不堵塞，民賴以安。在冠多惠政，暇則巡行郊野，勸課農桑，與父老子弟接見如家人父子，民用感化，庭無訟牒。未幾，調長清。長清，故繁劇邑，所以治之者一如冠氏。尋以母老乞養歸，應郡守聘，主義學講席，弟子負笈者歲恒數百人，學舍至不能容。每會講，生徒濟濟，稱盛一時，各因材誘迪，多所成就。丁内艱服闋，補河南新鄭縣知縣，教育士類，無異宰山左時。邑故有興學書院，爲設膏火，延名師以教之。凡任内護送京兵、送馬甘蘭者再，抽撥驛騎於閿、陜，以及挑挖引河大河，協築河堤諸役，悉皆自任，不以擾民，民甚愛戴。及致仕歸，復應聘主義學講席，前後三十餘年，及門弟子積數千人，著録者接踵相望，十郡知名之士多出門下。晚年德望愈隆，粤中耆舊裒然居首。兩粤制軍楊公景素、鎮粤將軍福公增格深慕其人，累遣人致問，且願見，並以老病辭。世共高其風節，望之如泰山北斗，學者稱「澹泉先生」。著有《四書自得録》十卷、《續自得録》一卷、《讀易日鈔》十二卷、《莊子未定稿》四卷、詩一卷，後學珎秘，咸奉爲津梁云。

莊子未定稿卷之一目録

内篇

莊子未定稿卷之一

南海何如漋建則甫註
曾孫　曰璧編
受業族孫　松校

内篇

逍遥遊

北冥同溟。**有魚，其名爲鯤。鯤之大，不知其幾千里也。化而爲鳥，其名爲鵬。鵬之背，不知其幾千里也。怒而飛，其翼若垂天之雲。**怒，猶奮也，與「草木怒生」同一字法。○由魚而鳥，由大而化也；由背而翼，由静而動也。《易》曰：「艮其背。」《本義》曰：「身，動物也，惟背爲止。」則言「背」者，止而不動之義也，飛則動矣。○「魚」處明點，總點「大」字；「鳥」處分點，背翼又不明露「大」字。小小處亦變換。○不實説鵬之大如何，而於背翼形容，則鵬之大於魚更顯。

是鳥也，單落鳥。**海運則將徙於南冥。**運，動也。海氣動，則颶風大作，故鵬乘此風而南徙。**南冥者，天池也。**註一句，作束筆。〇「天池」句固是收束，然特地註明此是天理澄聚之境，如邵子所云「天根」也。

《齊諧》者，志怪者也。註一句，作起筆。〇二句一順一逆，靈妙無比。**《諧》之言曰：「鵬之徙於南冥也，水擊三千里，**翼大不可驟起，須就海面平迤而上，且翼若垂天之雲，故水翼相擊至三千里之遠。**摶**音團。**扶搖而上者九萬里，**《爾雅》「扶搖謂之猋」註：「暴風自下上也。」**去以六月息者也。」**去，即徙也。息，氣息也。下文「息相吹」，即此「息」字。六月息，則颶風也。海濱六月多颶風，大鵬乃便於鼓翼。此正明「海運則徙」之說。〇引《齊諧》固是証上文，然主意全在此句。下文「風不厚則負翼無力」，正申此意。〇或疑上既言海運，又言扶搖，此句不應復以「風」言。不知「海運」乃莊子言，「六月息」乃引《齊諧》証之，固非重複。即「扶搖」句，亦只言摶風而上，與水擊相對，皆言其初飛時景象如此，不重扶搖。若作「六箇月乃息」，有何意味耶？且「以」字語氣亦不妥。〇《諧》言止此。

野馬也，塵埃也，生物之以息相吹也。野馬，田野遊氣，日光所見者，其行如馬也。生物，有生之物也。〇此節言天下遊行之物，皆以息相吹，但不必六月息耳。乃承上起下也。

天之蒼蒼，其正色耶？其遠而無所至極耶？其視下也，亦若是則已矣。「則已矣」，一本作「而已矣」。○此節言九萬里之高曠也，天既高曠，而大鵬之飛乃背負青天，則飛之高矣。飛既高，則風斯在下，非培風不可，故去必六月息，而下云「風之積不厚，則負大翼無力」也。○上言「生物以息相吹」，此節若明言大鵬亦乘息以遊，然至於背負青天，則非培風不可，何也，天固遠而無所至極者也，便覺明白易曉。今憑空説箇天之高遠無極，又夾「視下」一層，茫然不解何謂。及看到下節「風之積不厚，負大力」云云，則若斷若續而脈理貫通矣。

且夫水之積也不厚，則其負大舟也無力。覆杯水於坳堂之上，則芥爲之舟；置杯焉則膠，粘着也。**水小**一作「浅」。**而舟大也。風之積也不厚，則其負大翼也無力。故九萬里則風斯在下矣，**飛至九萬里，則飛得高而風皆在下面。**而後乃今培風；**今，指六月息時。**背負青天**四字形容盡致，益見「天之蒼蒼」節之妙。**而莫之夭閼者，**夭，折也。閼音遏，止也。**而後乃今將圖南。**「培風」跟「六月息」來，兩「而後乃今」串説。風在下，非厚不能負大翼。今六月息，而後培風，而後可以圖南。○以上言大鵬之逍遥遊，然反覆數百言皆申明「海運將徙」之句，蓋風必積之厚，乃能負大翼。學人必積之厚，乃能無入不自得也。積之深厚，則由大而化矣。

蜩與鷽鳩笑之曰：「我決起而飛，搶榆枋，決，猶直也。搶，突也。榆、枋，二木名。飛搶榆枋，則不能背負青天矣。**時則不至**有時不至。**而控**投也。**於地而已矣，奚以之九萬里而南爲？」**之，是也，指鵬。○此節遥接大鵬之遊，故宣茂公謂「亦是《齊諧》之言」，極有見。

適莽蒼者，三餐而反，腹猶果然；蒼，上聲，近郊之地，草木莽蒼也。三餐，猶三飯也。《曲禮》「三飯」，孔疏謂「三飧也」，義疏謂「飧，當作『餐』」。是彼以三飯爲三餐，則知此「三餐」之爲「三飯」矣。○又按，《禮》有「三飯」、「七飯」、「九飯」、「十一飯」之儀，又云「三飯乃食胾、少牢」。鄭註云：「食，大名；小數曰飯。」賈疏曰：「一日謂之一飯。」則三飯非飽食也明矣。

適百里者，宿舂糧；適千里者，三月聚糧。之二蟲又何知？之，此也。○鳥之飛，與人之行等耳。適近者不能知遠，二蟲豈足以知大鵬？

小知不及大知，小年不及大年。以上如許文字，只要點出「小知不及大知」一句，「小年」句陪襯耳。然却作排句蟬聯而下，下乃單言小年不及大年，此汪洋自恣之甚也。**奚以知其然也？朝菌不知晦朔，**朝菌，糞芝也，朝榮夕萎，故曰朝菌。**蟪蛄不知春秋，**蟪蛄，寒蟬也，春生夏死，夏生秋死。○二「知」字，與「小知」、「大知」字不同，此但言其短促，不到那時也。**此小年也。楚之南有冥靈者，**南冥之靈龜也。**以五百歲爲春，五百歲爲秋；上古有大椿者，以八千歲爲春，八千歲爲秋。而彭祖乃今以久特聞，衆人匹之，不亦悲乎？**久，長生也。冥靈、大椿春秋若此，此大年也。彭祖比之，旦暮之速耳，乃以長生特聞於世，衆人且欲匹之，此小年不及大年也。

湯之問棘人名。**也是已：窮髮之北**窮髮，猶云「不毛」。地以草木爲毛髮，北方沙漠之地，不生草木，故曰「窮髮」。**有冥海者，天池也。有魚焉，其廣數千里，未有知其脩**長也。**者，其名爲鯤。有鳥焉，其名爲鵬，背若泰山，翼若垂天之雲，摶扶搖羊角而上者九萬里，**羊角，旋風也，旋繞而上，如羊角之紋，故名。**絶雲氣，負青天，然後圖南，且適南冥也。斥**澤也。

鷃澤畔小鳥。**笑之曰：「彼且奚適也？我騰躍而上，不過數仞而下，翱翔蓬蒿之間，此亦飛之至也。而彼且奚適也？」此小大之辨也。**一句，結上生下。○自「蜩〔一〕與鷽鳩」至此，皆言小知不及大知也。《中庸》云：「苟不固聰明聖知達天德者，其孰能知之？」蜩與鷽鳩、斥鷃，惡足以知大鵬？○前以南冥爲天池，此以北冥爲天池；前言魚化爲鳥，此不言化，然大意不拘拘於此。○此處魚鳥雖似平列，然斥鷃之笑，則單頂大鵬。○宣茂公曰：「『湯問』、《齊諧》大率相類耳，若惟恐人有不信，又故徵之。止是隨手淡宕之文，却波瀾詭譎，令人欲迷。

故夫知效一官，行比合也。**一鄉，德合一君，而徵一國者，**君臣相得，而措施信於一國之民也。**其自視也，亦若此矣。**亦若斥鷃之自以爲至。**而宋榮子猶然**笑貌。**笑之。**以下數節，乃入正意。**且舉世而譽之而不加勸，舉世而非之而不加沮，定乎內外之分，辯乎榮辱之境，斯已矣。**縈情毀譽則務外，不勸不沮則守內。守內則榮，徇外則辱。**彼其於世，**世務也，指毀譽。**未數數然也。**數數，猶汲汲也。然，如是也。言宋榮子於世務，未嘗汲汲然如是也。**雖然，猶有未樹也。**猶有內外榮辱之見，是未能樹立也。

夫列子御風而行，猶云「絕迹而行」，非飛仙之謂也。**泠然善也，**柔和也。**旬有五日而後反。**十五日爲一氣，言其往反乘氣也。**彼於致福者，未數數然也。**定內外，辨榮辱，乃脩己以致

〔一〕蜩，原作「鵰」，據前引《莊子》原文改。

福者。**此雖免乎行，**行事之迹。**猶有所待者也。**「待」字，疑卽「焉有所倚」之「倚」字。言其未能自然順應，猶待於思勉也。諸家作「待風」，恐未必然。

若夫乘天地之正，正氣。**而御六氣之辨，**六氣，上下四方也。辨同變，《楚辭》「九辨」亦訓「變」。○又按，《史記·禮書》：「瑞應辨至。」註云：「同徧。」而《曲禮》、《儀禮》凡「徧」字皆作「辯」，「辨」卽「辯」字。則作「徧」字讀亦可，言六氣之充塞彌綸也。附記。**以遊無窮者，彼且惡乎待哉？**「知效一官」節，乃功名中人，最下下者，不足數也；宋榮子，未大也；列子，大而未化也。此節則大而能化，卽下節之「至人無己」矣。

故曰：至人無己，神人無功，聖人無名。按，《莊子故》謂「此三句，一篇之主，而『無己』句特重。蓋功名尤易忘，己累最難去。未能無己，則不能無累，安能逍遙自在，無入而不自得耶？可知逍遙遊全在無己，此本篇之歸宿語；又一部《南華》俱發此意，亦全書之歸宿語也」。其説精矣。然以下「許由」節証無名，「姑射山人」節証無功，「宋人」節証無己，則似未細。今觀「姑射山人」節，所云「旁礴萬物」、「大浸稽天」等語，已説到神化地位，不僅無功者，而猶遜無己之至人一籌也。「宋人」節，明是陶鑄堯舜註脚，劃作兩樣人亦不妥，且至人、神人、聖人亦未便過分優劣也。愚謂無名無功者，固未必能無己；而無己者，自能無名無功，則此之無名無功，皆是無己者之無名無功。故三句平排並説，而均以至人、神人、聖人稱之，下文引證，不過借事發揮。而郭註亦只云一証之以許由，再証之以姑射山人，未嘗有三証字樣，亦未嘗指定某爲聖人，某爲神人，而品評其高下也。○或疑如此似三句平列，而非專重「無己」句，不知將「無名」、「無功」俱納入「無己」内，固甚重「無己」句也。但行文必三句平列乃不枯寂，且排宕有勢耳，稍落踮滯便不得其妙矣。

堯讓天下於許由，曰：「日月出矣，而爝炬火。火不息，其於光也，不亦難乎？時雨降矣，而猶浸灌，引水以浸灌也。其於澤也，不亦勞乎？夫子立而天下治，但立於此，而天下自治。以天下治之功，歸之許由也。而我猶尸主也。之，吾自視缺然。猶歉然，皇皇抱歉也。請致天下。」許由曰：「子治天下，天下既已治也，而我猶代子，吾將爲名乎？名者，實之賓也，吾將爲賓乎？鷦鷯巢於深林，不過一枝；偃一作「鼴」。鼠飲河，不過滿腹。歸休乎君，言君且歸休也。「君」字倒裝。予無所用天下爲。庖人雖不治庖，尸祝不越樽俎而代之矣。」言汝即不能治天下，我亦不能舍己而代汝；況汝治天下，天下既已治哉。○一證。○或分此節以堯爲無功，許由爲無名，似欠妥。

肩吾問於連叔曰：「吾聞言於接輿，大而無當，往而不返。吾驚怖其言，猶河漢而無極也，不測其源流止處也。大有逕庭，庭音聽，隔遠貌。言相去之遠也。劉峻《辨命論》：「斯逕庭之詞也。」不近人情焉。」連叔曰：「其言謂何哉？」「曰：『藐姑射之山，住處。有神人居焉，肌膚若冰雪，形體。淖同綽。約若處子；態度。不食五穀，吸風飲露；飲食。乘雲氣，御飛龍，而遊乎四海之外；行動。其神凝，使物不疵癘而年穀熟。』吾是以狂而不信也。」以其言爲狂而不信。連叔曰：「然。宜汝不信。瞽者無以與乎文章之觀，聾者無以與乎鐘鼓之聲。豈惟形骸有聾盲哉？夫知亦有之。是其言也，猶時汝也。時，是也。言瞽者云云，此言卽是說汝。之此也。人也，之德也，將旁礴萬物以爲一，世蘄乎亂，一氣鼓鑄曰旁礴。蘄，求也。亂，謂太古也。太古混沌成風，何嘗有後世如許治理？蘄乎亂者，與一世同歸於渾穆之化耳。孰敝敝焉經營貌。以天下爲事？並無勞天下之迹。之人也，物莫之傷，大浸稽至也。天而不溺，大旱金石流、土山焦而不熱。是其塵垢粃糠，將猶陶鑄堯舜者也，言出其至粗至小之緒餘，便可做出堯舜之治功不難。孰肯以物爲事？」

宋人資章甫而適諸越，越人斷髮文身，無所用之。堯治天下之民，平海内之政，往見四子不必穿鑿以求其人，意卽上節之神人耶？藐姑射之山汾水之陽，往姑射之山，見之於汾水之陽也。大約姑射之山，在汾水之陽耳。窅然喪其天下焉。窅音杳，深遠意。窅然喪失者，因四子無所用之也。○治天下之民，平海内之政，章甫也。四子，越人也。往見四子，資以適越也。窅然自喪，則無所用之可見矣。○不實說如何無用，却從對面說來，加倍出色。○主意原重四子能使堯窅然自喪，或乃以堯爲無己之至人，可發一粲。○此兩節又一証，而此節則陶鑄堯舜註脚也。○此節當連上節合爲一節。

惠子名施。謂莊子曰：「魏王貽我大瓠之種，我樹之成而實五石，其大可實五石之物於中。或曰：瓠中之子五石。以盛平聲。水漿，其堅重也。不能自舉也；剖之以爲瓢，則瓠落無所容。舊註：瓠音護。瓠落，猶廓落。從之。非不呺音鴞。然大也，吾爲其無用而掊擊碎。之。」莊子曰：「夫子固拙於用大矣。宋人有善爲不龜手之藥者，世世以洴澼絖爲事。龜音均，與皸同，紋坼裂也。洴澼音平辟，漂濯也。絖音纊，絮之細者。○冬月濯絖，得此藥則手不皸坼。客聞之，請買其方百金。聚族而謀曰：『我世世爲洴澼絖，不過數金。今一朝而鬻技百金，請與之。』客得之，以說吴王。越有難，吴王使之將。冬，與越人水戰，大敗越人，冬月士卒手不皸坼故。裂地而封之。能不龜手一也，或以封，或不免於洴澼絖，則所用之異也。今子有五石之瓠，何不慮思也。以爲大樽而浮於江湖？繫大瓢於腰，入水不溺，故曰：「中流失船，一壺千金。」而憂其瓠落無所容。則夫子猶有蓬之心也夫。」心有所蔽，如蓬茅塞之也。

惠子曰：「吾有大樹，人謂之樗。其大本擁腫而不中繩墨，其小枝卷曲而不中規矩，立植也。之塗，匠者不顧。今子之言，大而無用，衆所同去也。」莊子曰：「子獨不見狸狌音生，猫屬。乎？卑身而伏，以候敖者；候物之遨遊而攫之。東西跳梁，梁架空，物之憑虚而跳者象之。不避高下；中於機辟，死於網罟。今夫斄牛，其大若垂天之雲。此能爲大矣，而不能執鼠。不以小技自矜，一若無用。今子有大樹，患其無用，何不樹之於無何有之鄉，廣莫之野，彷徨乎無爲其側，逍遥乎正點出「逍遥」字。寢臥其下。不夭斧斤，物無害者，無所可用，安所困苦哉？」此二段，正言逍遥遊也。上文言至人無己，然人必有疑其無用，如惠子之流者。不知無用之用，其用乃大，而逍遥自得，無所困苦也。宣茂公曰：「『大瓠』一段，劈口便點『用大』。『大樹』一段，煞尾説到無苦。試觀古今來，雖蓋世才能、冠古學問、撑天制作，都只算做用小。何也？以其爲有用之用也。有用之用，便是形下之器耳，性分中之緒餘耳。但在這上面着脚，未有不勞心焦思，擾攘一世者。莊子視之，不堪困苦。若至人然乎哉？至人無已，一切才能、學問、制作，到此都冰消雪釋。人視其塊然無用，與大瓠、大樹相去幾何？却不知其參乾坤、籥萬物，方寸之際，浩浩落落，莫可涯涘。如是而乃爲逍遥遊也。」

《偶説》：蔣金式玉度著。「無待」二字，一篇宗旨，卽全部宗旨。首段看來，還只是有待。然爲要形容無待，不得不借有待中之不可名狀、不可捉摸者，先做一影子，叫人向泰山頂上尋出箇不屬泰山處。末後數行，不離不卽，悠然渺然。

張笠山評「許由」、「連叔」兩條，只領取「無所用天下」、「窅然喪其天下」，以見無待。

按，此兩條，可省却分頂無名、無功、無己許多葛藤，爲存之。

齊物論

南郭子綦隱几而坐，仰天而噓，嗒然似喪其耦。嗒然，解體貌。人者己之耦，喪耦者，似離人而立於獨也。○按，宣註「忘形也。形與神爲耦」，一説「忘己也。己者，人之耦」，皆未是。此句且説喪耦，下乃説喪我。蓋不能喪耦，卽不能喪我，惟喪耦乃能喪我，二而一者也。但人視之若喪耦，而不知其喪我也。「耦」、「我」二字，爲通篇「彼」、「我」字伏根。顏成子游立侍乎前，曰：「何居音基。乎？形固可使如槁木，而心固可使如死灰乎？今之隱几者，非昔之隱几者也。」與往日不同。子綦曰：「偃，不亦善乎，而同爾。問之也。二句倒裝文法。今者吾喪我，汝知之乎？「喪我」二字，通篇主腦，卽上篇之「無己」也。惟無己，所以無是非，而物論可齊。汝聞人籟而未聞地籟，汝聞地籟而未聞天籟夫。」「喪我」解「喪耦」，「天籟」解「仰天而噓」。然惟喪我，故一任天籟之自鳴，是一串意。大意言我之仰天而噓，乃天籟之自鳴也。

子游曰：「敢問其方。」類也。子綦曰：「夫大塊噫氣，噫音隘，氣滿有聲也。其名爲風。是唯無作，猶云不作則已。作則萬竅怒呺。音號。而獨不聞之是也。翏翏乎？翏音溜。翏翏，長風聲。山林之畏佳，畏通隈。佳音翠，山之角尖處也。風聲惟木易感，而木之在山隈者，尤居含風之處，故將言大木竅穴，須於此處形容之。**大木百圍之竅穴，似鼻，**兩竅並出。**似口，**一竅正出。**似耳，**旁竅。○三者取象於身。**似枅，**音雞，柱上橫木承棟者，又音堅、音牽，義並同。○竅方。**似圈，**屈木爲圓器，如巵匜之屬。**似臼，**並竅圓。○三者取象於物。**似洼者，**深池。**似污者，**水不流曰污。皆象竅之大者。○二者取象於地。○以上竅形。**激者、**如水激聲。**謞者、**音哮，箭去而聲疾也。**叱者、**出而聲粗。**吸者、**入而聲細。**叫者、**聲揚。**譹者、**同號，聲濁。**宎者、**仝穾，音要，聲深。**咬者。**音交，鳥鳴聲也。聲清。○以上竅聲。**前者唱于**通嘘。**而隨者唱喁，**音愚，聲相和也。○二句擬風聲前後應和之狀。**泠風**清風。**則小和，飄風則大和，**又總寫四句。**厲風濟**渡也，風已渡過去也，卽止息之意。**則衆竅爲虛。**聲寂矣。**而獨不見之調調，**搖動貌。**之刁刁**微動貌。**乎？」**聲則無可聞，惟樹尾搖動尚可見耳。

子游曰：「地籟則衆竅是已，人籟則比竹是已。比竹，簫也。地籟、天籟，皆借用其字。○人籟原不用註解，然撇下則踈，趁勢補出，卽便撇去，是文字細密敏妙處。**敢問天籟。」子綦曰：「夫吹萬不同，**披拂衆竅。**而使其自己也。**使聲由竅自出。「使」字，如《孟子》「使之一本」使字。**咸其自取，**每竅皆各成一聲。**怒者其誰耶？」**怒卽怒呺之怒。聽之則竅自爲聲，抑思奮而怒之者其誰耶？或以「己」作「已」，或「怒者」爲句，皆未是。○子綦之言止此。○又舊註「萬竅怒呺，由風鼓動。使謂萬竅自己作意爲之，則向之怒而號者誰耶」，說得自然，似當從之。○愚按，自己自取，雖若有使之者，而究不知其爲誰，所謂天籟也。○又按，人籟、地籟、天籟，只重天籟；然不詳言地籟，無以見自取之天籟也。大意言萬竅怒號，皆是天籟自鳴，見今日之仰天而嘘，亦猶是也。莊子引此，則謂人之立言要忘彼我之見，隨感而應，若天籟然。此通篇總冒也。

大知閑閑，自得貌。胸次曠達，物來順應，故常從容自得也。**小知閒閒；**音澗，叶音奸，別也，異也。察察爲明，多所分別也。**大言炎炎，**光燄也，言其昌明也。**小言詹詹。**諄復多言也。○知與言，是一篇之綱。然言又本於知，故先提此四句立局。**其寐也魂交，**寐則靜，魂魄尚相守。○此下摹寫小知之人，種種不同，情態畢現。**其覺也形開，**覺則動，心爲物引，不復守舍，形與心若相離然，故曰形開。**與接爲構，**與物相接而營構生。**日以心鬬。**常用心與物相角。**縵者，**舊註：「寬也，寬緩柔懦之人也」，於上下文意不協。按，《春官·磬師》「教縵樂」註謂「雜聲之和樂者也」，則縵者，疑是頭緒多之人也。**窖者，**窖，所以藏物。深藏人也。**密者。**算無遺策，精細人也。**小恐惴惴，大恐縵縵。**迷漫失精。蓋恐甚則神散形懈，慌张無主也。○鬬則欲勝，而懼不勝，故以恐言。**其發若機括，其司是非之謂也；**其求勝之心審定而後發，迅利莫當也。**其留如盟詛，其守勝之謂也；**其求勝之心固留於幽隱，堅守不移，如與人詛盟，誓不更易也。○此四句存發對講，皆以求勝之情言，因隨手點出「是非」二字。**其殺如秋冬，以言其日消也；其溺之所爲之，不可使復之也；**此四句承「其發」說。發若機括，可以摧堅傷物，其陰鷙肅殺有如秋冬。然此等人剥削元氣不少，傷人卽是自傷，日就消削，沉溺不返也。「其溺」二句，足上二句意。**其厭也如緘，**

以言其老洫也；厭，閉藏。緘，封束。老洫，猶云死水，即古井無波意。**近死之心，莫使復陽也。**此四句承「其留」説。留若詛盟，固守不移，尚恐其浮動，於是閉藏緘扃收束，此心若死水一般，風吹不動也。此其心日就蔽錮，與死爲鄰，不復更有生機矣。亦以下二句足上二句。○以上言心鬭之害如此。**喜怒哀樂，慮歎變**反覆。**慹，**同慴，畏懼也。**姚**美好。**佚**同逸，安逸也。**啟**開張也。**態；**修飾也，猶云裝模作樣也。○又疊十二字，以總摹其情狀。**樂出虛，**太虛爲聲氣之元，故樂出於虛。**蒸成菌。**芝菌，乃溼熱之氣鬱蒸而生。○二句收上種種情態，皆自無而有，取喻絶妙。**日夜相代乎前，而莫知其所萌。**自無而有，如樂忽作，如菌忽生，日夜相代，而不知其從何處萌芽也。○二句諸本皆屬下，愚謂屬上語氣乃完。更有解作「天地之化，往過來續」者，然上下不接矣。

已乎，已乎。旦暮得此，指諸般情態言。**其所由以生乎。**承上節而言。你們日夜勞攘，無時休息，不知自己病根，故請其暫止休息，庶幾平旦清夜，此心稍稍清明。或可自己省察，而識其所由生也。○所由生，則喪失其真君是也，故下文遂詳言之。**非彼無我，非我無所取。是亦近矣，**彼即彼我之彼。蓋凡人有彼之見，乃因有我。既有我，因之有諸般情態。近者，近得其情之謂也。此句上應「所由以生」，下起「不知其所爲使」。**而不知其所爲使。**使之者，真宰也。**若有真宰，**點「真宰」，又故作彷彿之辭。**而特不得其眹。**陳上聲，俗作朕，誤。**可行已信，而不見其形，有情而無形。**情態之生，皆由於有彼我之見。第其中有使之者，而人不知也。使之者何？真宰是也。然雖有真宰，而不得其眹兆。此真宰之所使，可行則行，已足取信，而終不見其形，蓋真宰固有情而無形也。○此段言真宰之難知。

百骸、九竅、六藏，賅音該，備也。**而存焉，吾誰與爲親？**一問。**汝皆說之乎？**二問。**其有私焉？如是皆有爲臣妾乎？**三問。**其臣妾不足以相治乎？**四問。**其遞相爲臣妾乎？**五問。**其有真君存焉？**此句乃明點出。○此因人不知真宰而明指以示之也。○五問層遞而下，由「皆說」說到「有私」，由「有私」說到「臣妾」，由「臣妾」說到「君臣」，然後逼出「真君」，筆致纍如貫珠。

如求得其情與不得，無益損乎其真。宕一筆，文章波折耳，無甚緊要。

一受其成形，不亡以待盡。此真君自成形有之，至死而後止也。**與物相刃**逆而相刃。**相靡，**順而相靡。**其行盡如馳，而莫之能止，不亦悲乎？終身役役而不見其成功，薾然疲役**薾，卽「茶」字，音涅，疲也。**而不知其所歸，可不哀邪？人謂之不死，奚益？其形化，其心與之然，可不謂大哀乎？人之生也，固若是芒乎？**芒通茫，茫然無知也。**其我獨芒，而人亦有不芒者乎？**自「大知」句起至此，言小人之知日以心鬭，諸般情態，變幻百出，喪失其真君而不知也。○題是《齊物論》，然自「大知」至此，總未說到物論。蓋言由於知，故未言小言之詹詹，先言小知之閒閒也。下段乃接物論去。

夫隨其成心猶云成見也。**而師之，誰獨且無師乎？奚必知代而心自取者有之？**句疑有闕誤。大約「代」卽「日夜相代」之代，「取」卽「非我無所取」之取。言不特知日夜相代，此心自取之，人有此成心，卽至愚之人亦有之也。然終欠明白。《莊子故》以「代而心自取」五字爲衍文，更直捷。大約是指聰明才辯一流，非言「大知」也。**愚者與有焉。未成乎心而有是非，是今日適越而昔至也。**言無此理也。此是惠子語。**是以無有爲有。無有爲有，雖有神禹，且不能知，吾獨且奈何哉。**此卽「言者有言」意也。

夫言非吹也，言者有言，閒帶「吹」字，巧甚。凡立言者，必有一段立言主意。宕一筆，承上起下。**其所言者特未定也。**未嘗以私意橫據胸中也。**果有言邪？其未嘗有言邪？**以爲有言也可，以爲未嘗有言也可，卽終身言終身未嘗有言之意。**其以爲異於鷇音，**鳥初出卵之音，卽「天籟」一意。生哺鷇，生啄雛。**亦有辯乎？其無辯乎？**承上，小知之人日以心鬬，如此則其論列是非，私心僻見牢不可破可知。然吾亦非謂立言者必當茫然懵然，信口亂道，全無主意也。立言而有成心，不特聰明才智之流有之，卽愚者亦有之。若謂無成心而有是非，是「今適昔至」之説，斷無此理也。何也？大凡立言者，必有所言之理，不同於風之吹竅，無心而自鳴，但必須胸中浩浩蕩蕩，毫無偏執之見。故以爲有言可也，以爲未嘗有言可也，與出卵之鷇音同是一派天機，有何辯哉？○此下始及物論，然物論之紛紜由於心鬬，此却將成心略放鬆一步，是文章波折處。蓋心鬬則偏執詭僻，成心不過主意耳，故不同。○舊注以成心爲大宗師，及以爲私見之心，似皆偏。

道惡乎隱晦也。**而有眞僞？言惡乎隱而有是非？**二「惡乎」與下不同，玩後注自明。**道惡乎往而不存？言惡乎存而不可？道隱於小成，**小成則非所言未定者比。**言隱於榮華。**

猶云浮誇。浮誇，則非未嘗有言者比。**故有儒墨之是非，以是其所非而非其所是。**言其是非紛亂也。**欲是其所非而非其所是，**欲正其是非也。**則莫若以明。**「明」字一見。○《莊子故》曰：「承上，言立言本以明道也，然有言適足以晦道。試思，道何以隱而有真僞，言何以隱而有是非耶？自吾思之，察上察下皆道也，隨在皆是，惡乎往而不存？識大識小皆言也，並存無礙，惡乎存而不可？如是則道本甚明，言皆明道，惡乎隱哉？惟師一己小成之心以言道，而道始隱矣；惟逞浮誇之辭以爲言，而言斯晦矣。故有儒墨之流，互相是非，而道與言反隱，豈能明哉？夫欲破人之隱，必先自處於明，則欲是人所非，非人所是，則莫若以明矣。

物無非彼，物無非是。是卽「是非」之是，舊注作「此」字，大誤。**自彼則不見，自知則知之。故曰彼出於是，是亦因彼。彼是方生之説也，**「方生方死」，惠子語。**雖然，方生方死，方死方生；方可方不可，方不可方可。**方者，發端之詞。此端方萌，彼端卽起也。**因是因非，因非因是。**四「因」字與下不仝，乃反覆相因也。與上「因彼」因字仝。**是以聖人不由，而照之於天，亦因是也。**「因」字一見。○照之於天，則明矣。○所謂「莫若以明」者，惟化其彼我之見，而祛其是非之蔽而已。蓋小成之人膠執己見，但知有我，不知有人，故自以爲是，而視人皆無是處。不知汝視人爲彼，人亦視汝爲彼，是物無非彼矣；汝自以爲是，人亦自以爲是，是物無非是矣。此理甚明，而自別人身上看則不見，惟在自己身上審察則知之。蓋以己度人，未有不同也。夫以人爲彼之心出於自是之心，則其自視之心因彼而愈起，紛紜蜂起，不可遏止，如惠子「方生」之説矣。

雖然彼是，則何足據乎？是非之說，卽死生之說，死生倏忽無定，則可不可亦變幻無定。可以爲是，忽而亦可以爲非；可以爲非，忽而又可以爲是，反覆相因，莫知其所終極。是以聖人明乎此，撤去藩籬，不從彼我起見，而惟照以天理之公，其以爲是者，不過衆人之公是而是之耳。○此節言彼是不足據也。

是亦彼也，彼亦是也。彼亦一是非，此亦一是非，果且有彼是乎哉？果且無彼是乎哉？彼是莫得其偶，謂之道樞。樞始得其環中，以應無窮。是亦一無窮，非亦一無窮也。故曰莫若以明。「明」字再見。○上節言彼是不足據，此節則言彼亦未嘗不是，我不必與之計較，所謂「因是」也。故言是亦彼之是，於我無關，彼亦未嘗不是，何必計較？蓋世人紛紛，彼此各立是非，謂有彼是固未必然，謂無彼是亦未必然。我惟不學他樣子，與之偶立相角，則因物應物，圓轉不滯，是謂道樞，而可以肆應不窮矣。

以指喻指之非指，不若以非指喻指之非指也；以馬喻馬之非馬，不若以非馬喻馬之非馬也。以指喻指，以馬喻馬，猶云就指論指，就馬論馬耳。諸註添出枝指白馬，似誤。○公孫龍有《指物》、《白馬》二篇，謂「凡指皆指，而指非指」、「白馬非馬」云云。**天地一指也，萬物一馬也。**此申明「照之於天」意。蓋天卽道也。道，形而上者也。如指與馬皆有形之物，而屈伸乎指，馳驅乎馬者，則無形之道也。故以指與馬爲喻，不若以非指非馬爲喻也。大抵有形則私，無形則公，有形則彼我之見起而私，照之於天則無形而公。故自此以下，皆明道本無形，通爲一而無畛域也。

可乎其可者，不可乎其不可者。則道行之而成，如爲子當孝，循而行之，便成孝子。物謂之而然。如謂火爲熱，謂水爲寒，豈有不然？○二句不平。蓋以可爲然，以不可爲不然，所以齊物論也。故下單頂「然」字。惡乎然？然於然。惡乎不然？不然於不然。物固有所然，以物固有所可也。無物不然，無物不可。故爲是舉莛草莖。與楹，屋柱。厲醜人。與西施，美人。恢大也。恑音詭，變也。憰詐也。怪，異也。道通爲一。自「無物不然」至此，合萬物說。其分也，成也；其成也，毁也。凡物無成與毁，復通爲一。數句就一物說。○又「分也成也」句承上，言分之則爲萬物，合之則爲一物。是承上轉下語。惟達者知通爲一，爲是不用而寓諸庸。不用心强爲分別，而寓心於平常，謂概以平常視之也。庸也者，用也；日用平常之理，人人可用。用也者，通也；天下古今皆可通行。通也者，得也。通行，則得道矣。適至也。得而幾已。至於得，則庶幾矣。因是已，「因」字再見。○不過因天理之公而已，何容心於其間哉？此正申「照之於天」意。

已此複上文「因是已」，而省去「因是」二字耳。《莊子》最多此文法，《尚書》亦有一「已」字句。而不知其然，因之而未嘗有心，是不勞神明爲一者。謂之道。若勞神明爲一，而不知其同也，同卽一也。不知其本一也，與不知其然相反。謂之朝三。何謂朝三？曰：狙公養狙者也。狙音疽，又音苴、音詛。賦與也。芧，音序，橡實也。曰：「朝三而暮四。」衆狙皆

怒。曰：「然則朝四而暮三。」衆狙皆説。朝三怒而朝四喜，衆狙無識，止知朝所得之多，不計暮所得之少也。○按，《列子》云：「宋有狙公者，愛狙，養之成群，能解狙之意，狙亦得公之心。損其家口，充狙之欲。俄而匱焉，將限其食。」據此，則此説是也。**名實未虧而喜怒爲用，**隨其喜怒爲轉移。**亦因是也。**此「因」字與上「因」字不同，須玩「亦」字，猶云亦算「因是」也。**是以聖人和之以是非而休乎天鈞，**天然鈞平也。**是之謂兩行。**天鈞，自然之平。雖和通是非而息心，自然一念不起，何勞之有？故我與物皆聽之。○按，「朝三」，便非不知其然，何以謂之「因」？此處須玩一「亦」字。蓋朝三雖亦是因，然終非天鈞。此是「知通爲一」更進一步道理，蓋雖知通爲一，而不可以有心與也。宣茂公謂「此爲達者更加一鞭，直須連知通爲一的心都歸渾化，如佛家纔以一言掃有，隨以一言掃空，方是一絲不掛」，可謂妙解。

古之人，承上「聖人」轉出異論之不齊來。**其知有所至矣。惡乎至？有以爲未始有物者，至矣，盡矣，不可以加矣。其次以爲有物矣，而未始有封也。**封，此疆彼界也。**其次以爲有封焉，而未始有是非也。是非之彰也，道之所以虧也。**渾然者傷矣。**道之所以虧，愛之所以成。**私心至是非而成。**果且有成與虧乎哉？果且無成與虧乎哉？**成虧相因於有物之後，以未始有物觀之，皆無成與虧矣。**有成與虧，故**同古。一云「此也」。**昭氏之鼓琴也；無成與虧，故昭氏之不鼓琴也。**鼓琴，則成一調而衆調反虧；不鼓琴，則藏全於冥漠。○宣茂公曰：「遡道之根，冥然漠然，斯爲至盡。遞降遞遷，至於是非，濫觴之極矣。在爲是非者，欲以明此道，却不知私愛成而道反虧，何如一端不起者之爲渾然乎？鼓琴一喻，最爲親切。撥弦叩音，偶成一調，不知衆調置在何處；緯文緝藻，自成一論，不知衆論置在何處。未幾再移一調，而此調又詘矣；未幾再出一論，而此論又詘矣。故是非者，一成則虧，不用則全。」**昭文**即昭氏。昭，姓；文，名也。**之鼓琴也，師曠之枝策也，**未詳。舊注：「枝，拄也；策，杖也。」然瞽之藉杖，常耳，何足言好？林西仲以爲節音之具，亦好，然無據。**惠子之據梧也，**以梧爲几，據以高談。○昭文下又添兩箇。**三子之知，幾乎皆其盛**猶云「極至」。**者也，**言三子極其心知於此，幾幾乎極至者也。**故載**事也。**之末年。**老猶從事於此。起下「好」字。○一說：載，傳也。傳稱於後也。似好，然與下「好」字不接，且與「堅白之昧終」句似拗矣。**惟其好之也，以異於彼，**以爲異於人也。**其好之也，欲以明之彼，**且欲喻諸人。**非所明而明之，**此三子所私喻耳，非人所共明，而強欲明之。**故以堅白之昧終。**從「三子」單落到惠子。○堅白之昧，即指惠子，觀《德充符》篇「以堅白鳴」句可見，不必又牽扯到公孫龍。**而其子又以文之綸緒，**一作「終」。**終身無成。**未詳。一說「文」當作「父」，謂惠子之子理父之綸緒，而終生無成也。林西仲以文爲堅白之載於書者，其子尋其綸緒，竟無所得。並存之。○上節單舉「昭氏鼓琴」，而類及師曠、惠子，末又單收惠子。此文字錯綜變化，不拘拘於尋行數墨者。然莊子當時相與往復辯論者，惠子居多，故獨單收惠子也。○宣茂公曰：「殫精一技，求明而得晦，圖成而得虧，敗盡彼興。」

若是而可謂成乎？雖我亦成也。以虧爲成，誰非成者？**若是而不可謂成乎？物與我**

無成也。本無所謂成。是故滑疑之耀，於紛亂疑惑之中，而明以照之。聖人之所圖也。爲是不用而寓諸庸，此之謂以明。「明」字三見。○不用强分是非，不事知巧，而惟存心於庸常之道，行之而成，謂之而然。道與言皆明而無所隱，此之謂以明也。結足上文。

今且有言於此，轉入自己，現身説法。不知其與是類乎？其與是不類乎？類與不類，相與爲類，則與彼無以異矣。類者與類者爲類，不類者與不類者爲類，同是紛紛多事之人，無以異矣。雖然，請嘗言之：有始也者，此句言初開闢。有未始有始也者，此句言開闢之先。有未始有夫未始有始也者。此句言開闢之先而又先。○以上三句，以天地言。有有也者，有，有形也。有無也者，無，無形也。有未始有無也者，無形之先。有未始有夫未始有無也者。無形之先而又先也。○以上四句，以造化言。俄而有無矣，俄而有形，又俄而無形也。而未知有無之果孰有孰無也。今我則已有謂矣，而未知吾所謂之其果有謂乎？其果無謂乎？天下莫大於秋毫之末，尚有小於秋毫者，則秋毫大矣。而泰山爲小；尚有大於泰山者，則泰山小矣。下二句倣此。莫壽乎殤子，而彭祖爲夭。天地與我並生，皆生於道。而萬物與我爲一。化源不二。○如是則天下皆通爲一也。既已爲一矣，且得有言乎？既已謂之一矣，且得無言乎？一與言爲二，一，謂之一也，省文法。謂之一，已是説話了，又添上言論，不成二乎？二與一爲三。謂之一也，説一之言也，與道之本一也，爲三。自此以往，巧歷不能得，而況其凡常人。乎？故自無適有，以至於三，齊物論且然。而況自有適有乎？物論又當何如？無適焉，因是已。「因」字一煞。○自「雖然」至此，言天地造化之理，孰有孰無原不可定，則我今日之論爲有謂、爲無謂，我亦不能自知。蓋有則言之爲有謂，無則言之爲無謂。夫大小壽夭，總屬幻相，而天地萬物通爲一體，似乎不容言說，言之則爲無謂。然惟「無」乃不容言，既已謂之一，則已有有矣，烏得無言？則言之爲有謂。然有謂之言，尚且自無適有，以至於三，而況自有適有者，其紛紛不已，尚可數哉？故必無適乃可。無適者，因乎天理之公，而無容心於彼我之閒者也。

夫道未始有封，言未始有常，專主也。爲是有封有常也。而有畛畛域。也。請言其畛：有左有右，對立而相反。有倫在物爲倫。有義，處物爲義。有分有辯，辯細於分。有競有爭，相逐曰競，相奪曰爭，爭甚於競。此之謂八德。疵德也。六合之外，聖人存而不論；六合之内，聖人論而不議；春秋經世先王之志，聖人議而不辯。但自議之，而不與人爭辯。故分也者，有不分也；辯也者，有不辯也。天下事，必不能一一分辯之。故分辯則挂一漏萬。曰：何也？聖人懷之，懷，存也，卽存而不論之謂。衆人辯之以相示也。相誇示也。故曰辯也者，有不見也。辯則不見。夫大道不稱，渾淪無可指稱。大辯不言，胸中透徹，不假辭說。○二句主。大仁不仁，不以煦煦爲仁。大廉不嗛，舊注：至足者，物之去來非我也，故無所容其嗛盈。據此，當與「歉」同。《字典》：「同謙。」存參。大勇不忮。害也。不剛狠，故不害於人。○三句賓。○此五者之圓也。

道昭而不道，昭昭可見，則有可道矣，故不是道。**言辯而不及，**不勝辯。**仁常而不成，**有常愛則不成。○一本作「不周」，更好。**廉清而不信，**外示清廉，近於好名而不實。**勇忮而不成。**恃力必敗。**五者园**同圓。**而幾向方矣。**五者本渾然圓通，若昭、辯、常、清、忮，則變圓爲方矣。○此節反釋上文。**故知止其所不知，至矣。**止其所不知，則在未始有物之先矣。應轉「古之人，其知有所至」句。○止於所不知，所以無言，此《齊物論》妙訣，下三証皆是証此句。**孰知不言之辯，不道之道？若有能知，此之謂天府。**其中之蘊涵甚深、甚富，若天府然。**注焉而不滿，酌焉而不竭，**二句言天府也。**而不知其所由來，此之謂葆光。**葆，藏也，光芒蘊畜不露也。就天府中又推出一義。

故昔者堯問於舜曰：「我欲伐宗、膾、胥敖，三國名。**南面而不釋然。**欲伐，又欲不伐，故流連不釋耳。三國在南，故曰南面。**其故何也？」舜曰：「夫三子者，猶存乎蓬艾之間。**托國卑陋之所，何足介意？**若**汝也。**不釋然，何哉？昔者十日並出，萬物皆照，**各不相礙。**而況德之進乎日者乎？」**衆論不齊，何足介意？如十日並出，萬物皆照可也。○以下皆証「不分不辯」之意。○一証。

齧缺問乎王倪曰：「子知物之所同是乎？」曰：「吾惡乎知之？」「子知子之所不知邪？」曰：「吾惡乎知之？」「然則物即人也。**無知邪？」曰：「吾惡乎知之？雖然，**

嘗試言之：庸詎知吾所謂知之非不知邪？庸詎知吾所謂不知之非知邪？知不知，原無定論。且吾嘗試問乎汝：民溼寢則腰疾一症。偏死，半身不遂。○又一症。鰌音秋，泥鰌也。然乎哉？木處則惴慄恂懼，猨同猿。下同。猴然乎哉？三者孰知正處？此段將民與物雙配。民食芻豢，麋鹿食薦，草也。蝍蛆蜈蚣。甘帶，蛇也。鴟鴉嗜鼠，四者孰知正味？此段將民一邊單領。猨猵狙音且。以爲雌，猵狙，一名獦狚。似猿，狗頭。其雄喜與雌猿爲牝牡。麋與鹿交，鰌與魚遊。毛嬙、麗姬，並美女。人之所美也，魚見之深入，鳥見之高飛，麋鹿見之決驟。四者孰知天下之正色哉？此段將物一邊倒煞。自我觀之，仁義之端，是非之塗，樊然殽亂，吾惡能知其辯？」齧缺曰：「子不知利害，應作「是非」。則至人固不知利害乎？」舊注：處、味、色三者，利害之端也。愚謂上「利害」字，當是「是非」二字之訛。有是非則有利害，不知是非則不知利害矣。然利害重於是非，是非或可不知，利害不可不知。王倪曰：「至人神矣。大澤焚而不能熱，河漢沍而不能寒，疾雷破山，風振海而不能驚。若然者，乘雲氣，騎日月，而遊乎四海之外。死生無變於己，而況利害之端乎？」生死不相攖，況利害乎？然則是非之塗，一浮雲過太空耳，何容辯哉？○二証。○以上二引証，見得是非原不可知，無所用吾分辯也。以申明上「不分不辯」之意。

瞿鵲子問於長梧子曰：「吾聞諸夫子：孔子。『聖人不從事於務，世務。不就利，不違害，不喜求，不緣道；不用循道而行。無謂有謂，不言之言。有謂無謂，言而不言。而遊乎塵垢之外。』夫子以爲孟浪之言，孟同[illegible]。孟浪，不精要也。而我以爲妙道之行也。吾子以爲奚若？」長梧子曰：「是黄帝之所聽熒也，聽之而熒惑也。而丘也何足以知之？且汝亦太早計，方聞言，遽揣以爲妙道。見卵而求時夜，方見雞卵，便算到司晨。見彈而求鴞炙。彈，以彈鴞。方見彈，便算到得鴞以爲炙。汝之早計，何以異此？予嘗試也。爲汝妄言之，汝以妄聽之。奚何以能也。旁日月，與日月並行也。挾宇宙，包羅天地古今。爲其脗合，置其滑涽，言聖人何以能旁日月，挾宇宙，爲其視天下之理，皆脗合而無異同之見。其滑涽未定者則置之，而不求辯論之明，所以能之也。「爲其」字，與「奚」字相呼應。以隸相尊。衆人役役，三句倒裝句也。聖人愚芚，音椿，無知貌。參萬歲而一成純。正言其愚芚也。萬物盡然，「然」字卽指「一成純」。言處萬物而無不純一也。而以是相藴。其所藴藏者如是。○承上，言脗合而置滑涽，故以隸屬於聖人，而尊聖人之衆人役役然徒勞，而聖人惟愚芚而已。但見萬歲之久，聖人參列其間，而此心誠一而純淨，且歷之萬物之蕃變而無不盡然也。○聖人愚芚，則無知矣，雖生死亦忘，故下以生死言之。○又按，自恃明智之人，便不能一成純。予惡乎知説生之非惑邪？予惡乎知惡死之非弱喪自幼流亡。而不知歸者邪？迷其故鄉也。麗之姬，艾封人之子也，晉國之始得之也，涕泣沾襟；及其至於王所，獻公也。戰國强侯皆稱王，故公亦稱之。與王同匡安也，一作「筐」。

牀，食芻豢，而後悔其泣也。吾惡乎知夫死者不悔其始之蘄生乎？蘄，與祈同，求也。生寄死歸，是生夢而死覺也，故下以夢覺言之。**夢飲酒者，旦而哭泣；夢哭泣者，旦而田獵。方其夢也，不知其夢也。夢之中又占其夢焉，**所謂不知其夢也。此句足上引起下句，以跌重「大覺而後知」句。**覺而後知其夢也。且有大覺**既死。**而後知此大夢也。而愚者自以爲覺，**以小覺爲覺。**竊竊然知之。君乎？牧乎？固哉，**然到底汝其貴而爲君乎？抑賤而爲牧乎？竊竊分別，何其固也？**丘也，與汝皆夢也。予謂汝夢，亦夢也。**上「邱也何足以知之」，答「夫子以爲孟浪」句；「太早計」三句，答「我以爲妙道」句；「妄言」「妄聽」以下，答「子以爲奚若」句。此又總言我三人皆不能知，而萬世後之大聖亦不能知，所以甚言知之之難也。**是其言也，其名爲弔詭。**弔，至也。《詩》「神之弔矣」，《盤庚》「弔由靈」，皆訓「至」。弔詭，至怪也。萬世之後，而一遇大聖，知其解者，是旦暮遇之也。」萬世之後，才遇解人，而如旦暮。甚言解人之難得也。○三證。此三證，言天下事理本屬難知，不獨丘與汝不能知，我不能知，卽萬世之後亦難索解人。所以不但是非當忘，卽生死亦當忘也。○三証亦有深淺，第一證言是非不必芥蔕也；第二証言本無是非也，第三証言不獨是非不可知，卽生死亦不可知。皆所以申明不分不辯之意。○節内頻頻點出「何足以知」、「予惡乎知」、「不知其夢覺而後知」、「竊竊然知」、「知其解者」，眉目極醒而人多忽略。○《莊子故》謂此下便應接「夢蝴蝶」節，似可從，附記。

既使我與若辯矣，上文疑有脫簡。○下皆莊子自言。**若勝我，我不若勝，若果是也？我**

果非也邪？我勝若，若不吾勝，我果是也？而爾也。果非也邪？其或是也？其或非也邪？其俱是也？其俱非也邪？我與若不能相知也。則人固受其黮〔一〕音禫。闇，不明貌。我與若尚不明，則他人亦不明矣。吾誰使正之？使同乎若者正之，既與若同矣，惡能正之？必仍是若説。使同乎我者正之，既同乎我矣，惡能正之？必仍是我説。使異乎我與若者正之，既異乎我與若矣，惡能正之？必別是一説，與爾我無涉。使同乎我與若者正之，既同乎我與若矣，惡能正之？必茫無他説，與爾我雷同。然則我與若與人俱不能相知也，而待彼猶「誰」。也邪？化聲之相待，若其不相待，此下五句，皆莊子自言己之言如是也。化聲者，矢口無心而成聲。若待人正，又若不待人正也。舊注誤。和之以天倪，即天鈞。以大公言曰天鈞，以自然言曰天倪也。因之以曼衍，即「巵言日出」意。所以窮年也。聊以消遣歲月也。○「化聲」五句，依呂吉甫本更定於此。何謂和之以天倪？曰：是不是，物理。然不然。物論。○言物理之是者，或未必是；物論之然者，或未必然。是若果是也，則是之異乎不是也，亦無辯；然若果然也，則然之異乎不然也，亦無辯。言果全無不是，全無不然，而其異乎不是不然者，我亦不與之辯，所謂「和之以天倪」也。忘年忘義，窮年故忘年，不辯故忘義。義主分別。振於無竟，鼓舞于

〔一〕黮，原作「黯」，據嘉靖十二年世德堂刻《六子全書·南華真經》本改。

無窮也。**故寓諸無竟。」**自寓於無窮。即「得其環中，以應無窮」意。○三証後攏入本意。

罔兩影外之光。**問景曰：「曩子行，今子止；曩子坐，今子起。何其無特操與？」**无一定之常度。**景曰：「吾有待而然者邪？**待形也。**吾所待又有待而然者邪？**形亦不能主，須待運動其形者。**吾待**句。○吾所待之形也。**蛇蚹、蜩翼邪？**蚹，蛇腹下齟齬，蛇所以行者。翼，蜩所以飛者。言影所待之形，不過如蛇之蚹、蜩之翼耳。人之行止起坐，不過足耳身耳，皆有形之物，不能自主者也。**惡識所以然？惡識所以不然？」**蚹雖能行，翼雖能飛，人之形雖能動，而必有使之動者，乃所以然處也。而其所以動不動之故，既非影所得主張，並非形所得主張，則惡能知之哉？

昔者莊周夢爲蝴蝶，栩栩然飛動貌。**蝴蝶也，自喻適志與，**自覺得意。**不知周也。**不復知有我矣。**俄而覺，則蘧蘧然周也。**蘧蘧，自得之貌。蘧音詎，又平聲。**不知周之夢爲蝴蝶與？蝴蝶之夢爲周與？周與蝴蝶則必有分矣。此之謂物化。**宣茂公曰：「上面若干文，推倒物論者十居二三，連自己齊物論一併推倒者十居七八。至末忽現身一譬，乃見己原是絶無我相，一絲不挂人。意愈超脱，文愈縹緲。○我，一物也；物，一我也。我與物皆物也，然我與物又皆非物也，故曰物化。夫物化，則執之爲物，了不可得，乃且有不齊之論乎哉？乃且有不齊之論而須我以齊之乎哉？」○按此，則上「天倪」節結到「天籟」，末二節皆結「喪我」也。

齊物論者，因物論之不齊而齊之也。戰國之世，異端蜂起，如惠施、公孫龍輩，人自爲書，家自爲説，欲以明道，適以亂道，原其病根，由於彼我之見未化。彼我未化，由於喪失真君，不知道本大同，原無形迹畛域也。篇首引子綦一段，見立言者當喪我而任天籟自鳴，是一篇總冒。「大知」以下，詳寫小知之人，種種情識，迭起横生，喪失真君而不知，此物論紛紜之病根也。至於齊之之法，曰「莫若以明」，曰「照之於天」，曰「因是」，則以道本大同，無成與毁，不必勞我神明，專吾好愛，惟不分不辯，知止其所不知，斯爲至極耳。「堯問舜」以下，三引古以証不分不辯之意，而結之「和以天倪」，所以結到「天籟」也。形不能自主，及是蝶是周，原無我相，所以結到「喪我」也。大意如此，其中詳細，玩各分注當自得之。

養生主

吾生也有涯，年壽易盡。**而知也無涯。**思慮無窮。**以有涯隨無涯，殆已；**隨，從也，即「從大體」、「從小體」之「從」。以有限之年華，跟隨無窮之知巧，左思右算，東奔西逐，有殆而已。**已**省「殆」字，即上篇省「因是」字句法。**而爲知者，殆而已矣。**玩一「爲」字，是又有一番做作；玩「而已矣」字，是更無生活門路。言既已危殆而猶悔前事之未工，終執迷而不悟，復騁其私智，馳騖不休，亦終於危殆而已矣，不可救藥也。○生主，即真君真宰也。前篇已昭揭明白，故此篇止寫養之之妙。○此先説破人生病苦處也。

爲善無近名，以爲善無迹可稱，則是未嘗爲善也。**爲惡無近刑。**以爲惡無迹可懲，則是未嘗可爲惡也。**緣督以爲經，**督，中也。人身脊中脈曰督，又衣背中縫也。經，常也。**可以保身，**指身體髮膚言，神不勞則形固。**可以全生，**指知覺運動言，神不擾則氣完。**可以養親，**《莊子故》謂借喻心神，林西仲謂舉吾生所當爲之大者，俱未穩，姑並存之。**可以盡年。**盡其天年，而不中道夭也。保身、全生謂不傷形失性，此言不夭折也，有別。次説與除病要方也，不可指其爲善，不可指其爲惡，善惡之間俱無所倚，惟緣中道以爲常也。何故兼言爲惡？夫徇知有爲，而爲神明之累，善與惡均也。知此意，於緣督之義其庶乎？○「緣督」二字，一篇妙旨，下文俱發此句。

庖丁爲文惠君解牛，手之所觸，肩之所倚，足之所履，膝之所踦，四句解牛之狀。砉然砉音翕，皮骨相離聲。嚮然，同響。奏刀騞然，騞音畫，聲大於砉。○「奏刀」二字安中間，如《詩》「八月在宇」三句夾「蟋蟀」於内句法。莫不中音，中樂之音節也。四句解牛之聲。合於《桑林》之舞，湯禱桑林所作樂也。○承「手觸」四句。乃中《經首》之會。《經首》，《咸池》樂章。會，節奏也。○承「砉然」四句。文惠君曰：「譆，善哉。技蓋至此乎？」庖丁釋刀對曰：「臣之所好者道也，進乎技矣。超乎技之上也。始臣之解牛之時，所見無非牛者；三年之後，未嘗見全牛也。方今之時，臣以神遇而不以目視，官知止而神欲行。手足耳目之官，遇有齟齬，自知住刀，而神自欲行。依乎天理，牛身自然之腠理。批大郤，批，開也。郤隙同。從其閒隙而開之。導大窾，音空。骨節空虛可〔二〕以引導吾刀。因其固然，技經肯綮之未嘗，肯音愷，着骨肉也。綮音罄，結處也。言我之技於其骨肉聯結處未嘗着刀也。而況大軱乎？軱音孤，大骨也。良庖歲更刀，割也；經肯綮者。族衆也。庖月更刀，折也。經大軱者。今臣之刀十九年矣，所解數千牛矣，而刀刃若新發於硎。彼節者有閒，節，骨節也。骨則有節，節有閒隙。而刀刃者無厚；猶云甚薄。以無厚入有閒，恢恢乎寬廣貌。其於遊刃必有餘

〔二〕可，原作「何」，據文意改。

地矣。是以十九年而刀刃若新發於硎。雖然，每至於族，筋節聚處。吾見其難爲，非可批導。怵然爲戒，息心。視爲止，注目。行行刀。爲遲，住手。動刀甚微，謋然音晝，斷物之聲。已解，如土委地。提刀而立，爲之四顧，爲之躊躇滿志，善刀而藏之。」文惠君曰：「吾聞庖丁之言，得養生焉。」借文惠一言，點入正旨，妙。○通段發「緣督以爲經」之義。牛喻事物，刀喻心神，手目喻知。任手目以解牛，而不循其自然，則傷刀；任知之逐物，而不循其自然，則傷神。故必循乎天理之自然，乃爲善養也。○循天理之自然，卽「緣督以爲經」意。

公文軒見右師而驚曰：「是何人也？惡乎介也？介，特也，獨也，一足也。蓋被刖者。天與？其人與？」天令其如此耶？抑人自取耶？曰：右師答。「天也，非人也。天之生是使獨也，雖是被刖，實是天定。人之貌有與也。人有兩足，若黨與然。○「與」字，與「介」字相反。以是知其天也，非人也。」介足付之天命，則形骸之不足爲損益也明矣。

澤雉十步一啄，百步一飲，不蘄畜乎樊中。蘄，求也。言雖飲啄之難如此，不求樊寵之養。神雖王，去聲。弗善也。此節是莊子自言。○上節言形雖殘而神不傷，此節言形雖不殘而拘束困苦，神雖王而不善，言養生不可拘束也。諸解皆誤。○坊本見上下皆是引證，惟此是莊子自言，遂以此爲上節斷語，固矣。

老聃死，秦失一作「佚」。弔之，三號而出。弟子曰：老聃弟子。「非夫子之友邪？」曰：「然。」言是夫子之友。「然則弔焉若此，可乎？」曰：「然。謂當如此。始也吾以爲其

人也，猶云其徒。始吾以爲汝等真是老聃徒弟。**而今非也。向吾入而弔焉，有老者哭之，如哭其子；少者哭之，如哭其母。**老少及下「彼」字，指凡哭者，包衆弟子在内。**彼其所以會之，**會，哭也。如「會葬」之會。**必有不蘄言而言，**陪句。**不蘄哭而哭者。**主句。○平日用情過深，死後自然哀悼也。**是遁天**離去天理。**倍情，**舊注解作「倍益」，愚謂卽爲下「不倍」之「倍」，違逆也。蓋哭死，情也，三號而出，斯中節矣。若過哀，則倍逆乎情。**忘其所受，**忘初生之本。**古者謂之遁天之刑。**遁天倍情，自爲桎梏，如被刑然。單舉遁天，包得倍情在内。**適來，**生也。**夫子時也；**時當生。**適去，**死也。**夫子順也。**時當死。**安時而處順，哀樂不能入也，古者謂是帝之縣**同懸。**解。」**人爲有生所苦，如被上帝懸縛，死則懸解矣。此言老子方且以死爲樂。

指窮於爲薪，火傳也，不知其盡也。指，可指而見也。薪喻形，火喻神。薪雖盡而火自傳，喻形雖死而神常留也。語氣言可指而見者薪也，薪盡則欲指之而不得，故窮，而不知其火自傳，實未嘗盡也。○《莊子故》曰：「舊説『始也』至『遁天之刑』，皆説老子遁天倍情，故能感會於人，致其哀痛。如其説，則三號而出，當是鄙薄老子耶？設老子無可鄙薄，卽當盡哀耶？卽何解於『安時處順，哀樂不入』云云耶？且老子何人，豈爲情所縛者？必不然矣。」○按，此條實勝舊説，且《莊子》一書，未嘗有一字鄙薄老子也，故從之。

《莊子故》○家報之叔著。**曰：「生主，主宰乎生者也。蓋生者形，主者神，卽上**

篇所謂真君也。養生主，則養此神也。此承上篇『與物相刃相靡，心隨形化』説來，教人奉養心神，不必以知逐物，而惟順乎天理而行，則心不勞而神不擾，斯是善養。」○按，此篇雖承上篇來，但上篇主意耑爲物論之不齊説，此篇「可以保身」云云則所包者廣，不單止「是非蜂起」一事矣。

宣茂公曰：「開口便將『知』字説破病根，將『緣督』二字顯示要方，『解牛』之喻無過寫此二字，要人識得『督』在何處耳。○『公文軒』三節，只是隨手點三証，以見主之所不在，都不足留意。末三句至奇之文，生主之義難言，止一喻，覿面迸出，遂索解人所不得也。○『神』字是此篇之主，却不曾説出。篇中『神遇』、『神行』、『神王』都非『神』字正面。」

人閒世

顔回見仲尼，請行。曰：「奚之？」曰：「將之衛。」曰：「奚爲焉？」曰：「回聞衛君，其年壯，血氣方剛。其行獨，自專。輕用其國，不以國爲重。而不見其過；自是。輕用民死，不以民命爲重。死者以國量乎澤若蕉，量，比量也，猶俗云「當作」也。蕉，草芥也。若蕉，言其多也。言死者滿乎國中，若以國當做澤，則死者若澤中蕉草之多也。民其無如往也。矣。民無所歸往也。回嘗聞之夫子曰：『治國去之，無事救正。亂國就之。欲相救也。醫門多疾。』願以所聞，思其則，以平日所聞於夫子者，想出諫過之法來。庶幾其國有瘳乎？」仲尼曰：「譆，若殆往而刑耳。夫道不欲雜，雜則多，此照下「心虛」説。虛便不雜，雜則矜善爭名，紛紛多事，俱照定下文説。多則擾，照下「爭」、「軋」、「菑人」説。蓋矜善爭名，則與人相爭相軋，縱無菑人之心，而有擾人之心矣。擾則憂，照下「人反菑之」説，擾人則招憂患也。憂而不救。自罹憂則不能自救。古之至人，先存諸己而後存諸人。猶云先治己而後治人耳。所存於己者未定，上文「雜則多」至「不救」云云，俱是存於己者未定。何暇至於暴人之所行？既無真本領，則自己尚照管不來。且若亦知夫德之所蕩，蕩散。而知之所爲出乎哉？德蕩乎名，求名則德蕩散。知出乎爭。知計因相爭而出。名也者，相軋也；好名則相傾軋。知也者，爭之器也。二者凶器，非所以盡行也。見諸行事謂之行。矜名善爭，便非制行之善。且德厚信矼，音腔，慤實貌。未達人氣；名聞不爭，未達人心。即德不蕩而名不爭，但未能體貼人情也。而强以仁義繩墨之言，術同述。一作「衒」，義更優。暴人之前者，是以人惡有其美也，命名也。之曰菑人。有者，自恃之意。暴君不諒其誠，而反以我爲自恃其美而惡之，因名我曰害己。菑人者，人必反菑之，若殆爲人菑夫。承上，言卽不矜善爭名，而一味徑直，未達人之心氣，而强以正言聒擾，亦取禍也。比前又進一層。且苟爲悅賢而惡不肖，惡用而汝也。求有以異？言衛君若是好賢之主，則彼自知求賢，惡用汝自己炫異？若唯無詔，告語也。汝欲言，而尚未開口詔告。王公必將乘人而鬭其捷。言汝欲語，尚未開口，衛君必將乘閒而鬭其敏捷，以求勝汝矣。而汝也。目將熒之，汝於此時舉措張皇，心神熒惑，形之於目，瞬眩不定也。而色將平之，神沮則氣降而色平。口將營之，打點説話自救。容將形之，跼蹐皇恐之態盡呈。心且成之。不能勝彼，反爲彼勝，只得順隨於彼，曲成其非。是以火救火，以水救水，名之曰益多。不能救其惡，反增其暴。順始無窮，以後無不順從。若殆以不信厚言，交淺言深也。必死於暴人之前矣。且昔者桀殺關龍逢，紂殺王子比干，是皆修其身以下傴於，上聲，僂也。拊人猶言他人，指人君。之民，以下拂其上者也，故其君因其修以擠之。是好名者也。「是」字指其君。蓋桀紂不肯自居於有過，而二子觸犯忌諱，故殺之。若以好名屬二子，則與「聖人不能勝」句不對，且與上「是皆修身」云云詞意重複矣。**昔者堯攻叢枝、胥敖，**二國名。**禹攻有扈，國爲虛厲，**城爲坵墟，人爲厲鬼。**身爲刑戮。其用兵不止，其求實**猶求利。**無已，**由其用兵求利，故攻之也。此句與「好名」對。**是**指衛君。**皆求名實者也，**雙頂上文。**而獨不聞之乎？名實者，聖人之所不能勝也，而況若乎？**言龍、比不能勝其君，堯、禹不能勝三國，何況汝耶？○或疑已滅三國，何以不能勝？不知不能禁其用兵求實，是不能勝也。**雖然，若必有以也，嘗**試也。**以語我來。」**

顔回曰：「端而虛，外端肅而內謙虛。**勉而一，**篤其志而一其德。**則可乎？」曰：「惡，**歎詞。**惡可。夫以陽爲充**陽爲道德充滿。**孔陽，**意氣張揚之甚。**采色不定，**喜怒無常。**常人之所不違。**凡人無有逆其意者。**因案**同按。**人之所感，以求容與**愉快意。**其心，**人若有以言語感觸，則必按抑之以爲愉快。**名之曰日漸**進也。**之德不成，而況大德乎？**暴人之行如此，此等人雖欲日進於小德且不能成，況大德乎？**將執而不化，外合而內不訾，**宣注：「內無自訟之心也。」《莊子故》曰：「《少儀》『無訾衣服成器』，鄭註：『訾，思也，又量也，算也。』」言汝雖能達其心氣，不與之忤，彼亦外貌不違，而其心則實無量思打算也。」**其庸詎可乎？」**

曰：「然則我內直而外曲，成而上比。直，率直也。成，引古人成語也。上文端虛勉一，雖於心氣能達，與悻直犯顔者異。然曰端，仍有莊嚴氣象；曰勉，亦非自然而然，故不若率直之爲善也。

「內直已勝」、「端勉」一層，又加「外曲」一層、「上比」一層。內直者，與天爲徒。與天爲徒者，知天子之與己，皆天之所子，而獨以己言蘄乎而人卽若人，蓋指人君。善之，蘄乎而人不善之邪？從天子說起，是高一層，以壓低國君，故用「而人」字，說得恁輕。言與天爲徒者，其視天子與己同爲天生，況國君乎？故言之見用與不見用，全不以爲意也。若然者，人謂之童子，一派天機。是之謂與天爲徒。外曲者，與人之爲徒也。擎執笏。跽拜跪。曲拳，鞠躬。人臣之禮也，人皆爲之，吾敢不爲邪？爲人之所爲者，人亦無疵焉，是之謂與人爲徒。成而上比者，與古爲徒。其言雖教，謫之句。實也，古之有也，雖教導以善，指謫其不善，實則引古人以諷諭之也。非吾有也。若然者，雖直不爲病，是之謂與古爲徒。若是則可乎？」仲尼曰：「惡，惡可。太多政法而不諜，偵事人也。言政人之法太多，而不能審察人意。雖固，亦無罪。雖然，止是耳矣，夫胡可以及化？卽虛也，無我也。舊註作「化人」，未是。猶師心者也。」師心便不是化。

顏回曰：「吾無以進矣，敢問其方。」仲尼曰：「齋，吾將語若。有而爲之，其易邪？易之者，皞同皓。天不宜。」不相似也。言不特汝無其方，卽有而爲之，豈是易事？若易視之，則與皓天之無心成化者不合矣。○使之齋而後告，正以此事之不容易也，回以不飲酒、不茹葷爲齋，則猶未知其難也。顏回曰：「回之家貧，惟不飲酒、不茹葷者數月矣。若此，則可以爲齋乎？」曰：「是祭祀之齋，非心齋也。」回曰：「敢問心齋。」仲尼曰：「若一志，無聽之以耳，無用形。而聽之以心；無聽之以心，并無用心。而聽之以氣。聽止於耳，止在形骸耳。心止於符。止於意之所合耳。蓋心所思之理而驗焉，謂之符。○二句起下之詞，上文明云「無聽之以耳」、「無聽之以心」矣，他解未是。氣也者，虛而待物者也。湛然太虛，而萬理畢涵。《易》言以虛受人，亦此意。○「虛」字爲本段主意，到此乃點出。惟道集虛。虛者，心齋也。」

顔回曰：「回之未始得使，使人感化。一云：使人心齋。實自回也；有我之故。得使之也，未始有回也，無我。可謂虛乎？」夫子曰：「盡矣。吾語若。若能入遊其樊喻心境閒隔處。而無感其名，不感觸其矜善爭名之心。入則鳴，不入則止。無門不開一門，啟彼疑竇。無毒，不發一藥，令彼厭苦。一宅混然同處於太和之宇。而寓於不得已，感而後應。則幾矣。如此亦庶幾矣。蓋此尚是淺一層功夫，故下文又有「無行地」之説。

絶迹易，無行地難。此比上文又進一步説。「遊樊」、「無感」云云，如舉步輕而行無跡一般，雖可以化爲人，而化未神。惟乘虛以遊，神運無方，若天仙飛無迹，乃爲難耳。○無行地，即「虛」字之義。爲人使易以僞，爲天使難以僞。人使天使，猶云任人任天也。人事易於假託，動之以天，容不得一毫矯飾矣。聞以有翼飛者矣，未聞以無翼飛者也；聞以有知知者矣，未聞以無知知者也。無知知，正無行地也，爲天使也。未聞者，言未聞有此等人也，所謂難也。瞻彼闋者，牖也。虛室生白，有空竅，則室生白光。全是心地上語，不是説爲我感化之人。吉祥止止。心至虛時，無數妙境現前。夫且不止，是之謂坐馳。若吉祥不止，必是貌似心齋，而心實外馳也。自「爲人使」至此，咏歎虛字之妙，以見心齋之不易也。夫徇借也。耳目內通屏黜聰明，但借耳目以視聽，而所以視聽者究不在外，乃神明之內通也。○按，此即「無聽之以耳」意。而外於心知，屏其心知而外之。○此即「無聽之以心」意。鬼神將來舍，而況人乎？此句始説到化人。是萬物之化也，萬物皆化於我。舜、禹之所紐也，系也。以此系屬萬物。伏羲、几蘧古賢君。之所行終，行之終身。而況散衆人。焉者乎？」

葉公子高將使於齊，問於仲尼曰：「王使諸梁也甚重，齊之待使者，蓋將甚敬而不急。楚有求於齊，而齊緩於應之也。將者，遙揣之詞。匹夫猶未可動也，而況諸侯乎？吾甚慄之。子嘗語諸梁也曰：『凡事若小若大，寡不道以懽成。事無論大小，鮮有不依於道而能懽然成事者。事若不成，則必有人道之患；誤事取罪。事若成，則必有陰陽之患。憂思成疾。若成若不成而後無患者，惟有德者能之。』吾食也執粗而不臧，甘守粗糲，不求精美。爨無欲清之人。爨，庖廚也。炮炙少則廚冷，故無避熱就涼之人。二句見非膏粱厚味致疾。今吾朝受命而夕飲冰，我其內熱與？吾未至乎事之情，尚未到行事實處。而既有陰陽之患矣。事若不成，必有人道之患。是兩也，爲人臣者不足以任之。子其有以語我來。」

仲尼曰：「天下有大戒二：大經，大法也。其一命也，受之於天。其一義也。人之當盡。子之愛親，命也，不可解於心；臣之事君也，義也，無適而非君也，無所逃於天地之閒。是之謂大戒。是以夫事其親者，不擇地而安之，孝之至也；夫事其君者，不擇事而安之，忠之盛也；自事其心者，哀樂不易施乎前，知其不可奈何而安之若命，德之至也。承上二段而申言之。爲人臣子者，固有所不得已。行事之情惟行事之實。而忘其身，何暇至於悅生而惡死？夫子其行可矣。此先答陰陽之患也。

丘請復白也。以所聞：凡交近則必相靡麋同。以信，聯係在信行，不尚文辭。遠則必忠之以言，孚契在言詞，然曰忠，則不尚浮詞可知。言必或傳之。夫傳兩喜兩怒之言，天下之難者也。夫兩喜必多溢美之言，兩怒必多溢惡之言。凡溢之類也妄，妄則其信之也莫，遲疑貌。莫則傳言者殃。故《法言》曰：古書名。揚子《法言》取諸此。『傳其常情，無傳其溢言，則幾乎全。』此節言傳言易過其分，則必有致疑之患。○引《法言》一證。

且以巧鬬力者，拳技相搏者。始乎陽，始特明爲角戲耳。常卒乎陰，終則暗用知巧相傷。泰至則多奇巧；泰同太，太過也。鬬太過，則必出奇以取勝，卽上所謂「陰」也。以禮飲酒者，始乎治，初筵秩秩。常卒乎亂，載號載呶。泰至則多奇樂。卽上所謂「亂」也。凡事亦然，始乎諒，誠信。常卒乎鄙；鄙詐。其作始也簡，初端甚微。其將畢也必巨。末後弄成大事。

○以上泛論事情，以起下文。**言者，風波也；**接入「言」字。言其憑虛相生，愈生愈有，如風之鼓波。**行者，實喪也。**惟其風波，故行此言則實喪。**夫風波易以動，**易於造端。**實喪易以危。**易於敗壞。**故忿設**施也。**無由，巧言偏辭。**忿怒之施，原無他由，因由巧言偏辭激之耳。**獸死不擇音，氣息茀然，**茀音勃，氣盛貌。既起忿，則不擇言，而其氣茀然而發。**於是並生心厲。**至此，則彼此皆生惡心矣。**剋核太至，則必有不肖之心應之，而不知其然也。**所以然者，蓋巧言偏辭，損削察核太甚，令受者難堪，則反動其惡心也。**苟爲不知其然也，孰知其所終？**何所底止？**故《法言》曰：『無遷令，**守君命而不移。**無勸成，**不必强勸成事。**過度益也。』**遷令勸成，皆是過於所受節度，是己自爲增益也。**遷令勸成殆事，**其事必危。**美成在久，**交好當計久遠。一云好事非一時撮弄可成。**惡成不及改，**一言成惡，悔之無及。**可不慎與？**此節承上，又深一層。言始也溢言，不知不覺，駕巧太甚，必至兩相激怒，其害有莫可究者，不獨致疑之患也。○又引《法言》一證。○自「復以所聞」至此，教以奉使之道。得其道，則可免人道之患也。

且夫乘物以遊心，物，事物也，上節所云「傳言」云云是也。言不特得其道可免人道之患，且隨物可以遊寄吾心也。**託不得已以養中，**即上文「不得已」。言爲人臣子，何有所不得已？且可託此以養吾心之中也。**至矣。**道之極則。**何作爲報也？**任齊報答可耳，何必作意於其間？**莫若爲致命，**但致君命足矣。**此其難者。」**此節較上更進一層。天下事直以泳游吾心耳，固無所用吾心也，陰陽、人事之患，又何足患哉？

顔闔將傅衛靈公太子，而問於蘧伯玉曰：「有人於此，其德天殺。去聲，所賦甚薄。與之爲無方，縱其敗度。則危吾國；與之爲有方，制以法度。則危吾身。其知適足以知人之過，而不知其所以過。若然者，吾奈之何？」蘧伯玉曰：「善哉問乎。戒之，慎之，正汝身哉。形莫若就，外貌似將就。心莫若和。調劑之也。雖然，之二者有患。就不欲入，不可陷於其惡。和不欲出。不可露己圭角。形就而入，且爲顛爲滅，爲崩爲蹶；連自己都倒了。心和而出，且爲聲爲名，爲妖爲孽。謂我沽名釣譽，而以爲不祥之人也。彼且爲嬰兒，童心好弄。亦與之爲嬰兒；彼且爲無町畦，不循理道。亦與之爲無町畦；彼且爲無崖，放蕩無岸畔。亦與之爲無崖。六句應「形就」。〇三件有淺深：嬰兒，不過無知好弄耳；無町畦，則不循理矣，然猶未肆也；無崖，則放蕩矣。達之，入於無疵。漸引之入於無過之地。此句應「心和」。〇宣曰：「妙用止是一『順』字。」〇愚按，「形就」二句不是兩兩分開。蓋爲人之傅，豈有就人之理？其所以就者，將以善其和之之術也。故與「爲嬰兒」六句之下，卽緊接「達之入於無疵」句，蓋妙用只在上三句中，不是判然兩件也。宣註以一「順」字括之，得其旨矣。〇宣又云：「『順』字不是阿附詭隨，初則就不欲入，既則達於無疵，全是用人，不是爲人用。

汝不知夫螳螂乎？怒奮也。其臂以當車轍，不知其不勝任也，是自是也，恃也。其才之美者也。戒之，慎之。積積累。伐自矜。而汝也。美者以犯之，幾矣。幾，危也。言汝若屢屢矜伐己美以犯之，則殆矣。○宣曰：「一喻反譬，言用己則致禍。」

汝不知夫養虎者乎？「汝不知夫」與上節對，「養虎」與下「愛馬」對，文法牽搭勻配，極妙。**不敢以生物與之，爲其殺之之怒也；不敢以全物與之，爲其決之之怒也。**決，分裂也。虎殺物碎物，必奮怒張威，或傷及他物。**時其饑飽，達其怒心。虎之與人異類，而媚養己者，順也；**人能順其性也。**故其殺者，逆也。**至於噬殺，因人先逆其性也。○宣曰：「一段正喻，言順物則受福。」○又曰：「『順』字是立言主意，此處露出。」

夫愛馬者，以筐盛矢，以蜄音腎，文蛤。**盛溺。**二句甚言愛馬之至。**適有蚊虻僕緣，**僕，附也。《詩》「景命有僕」，亦訓附。言蚊虻附緣馬身而嗜其血。**而拊之不時，**拊，拍也。恐其嗜馬，出其不意之時，而忽拍之，則馬必驚，如下文云云也。**則缺銜、**缺，斷也。銜，嚼口鐵也。**毀首、碎胸。**驚逸而毀碎胸首之飾也。**意有所至，**怒心忽生。**而愛有所亡，**雖平日之愛，皆亡之矣。**可不慎邪？」**宣曰：「養虎後，又帶一喻反掉。虎至暴，而順之則馴；馬至馴，而驚之則暴。物其可攖乎？」○此節從上「逆」字說下，以反証「順」字。

匠石之齊，至於曲轅，地名。**見櫟社樹。**樹櫟於社，因以名社。樹者，所樹之櫟也。○特敘社樹，伏後寄焉意。**其大蔽牛，**樹身可以隱牛。**絜之百圍，其高臨山，**旁枝。**十仞而後有枝，其可以爲舟者旁**旁枝**十數。觀者如市，**一作「堵」。**匠伯不顧，遂行不輟。弟子厭觀之，**飽看也。走及匠石，曰：「自吾執斧斤以隨夫子，未嘗見材如此其美也。先生不肯視，行不輟，何邪？」曰：「已矣，勿言之矣。散木也，以爲舟則沉，以爲棺槨則速腐，以爲器則速毁，以爲門户則液樠，音門，脂出貌。津液暗出，樠樠然也。以爲柱則蠹。是不材之木也，無所可用，故能若是之壽。」匠石歸，櫟社見夢曰：「汝將惡乎比予哉？若將比予於文木邪？文，華美也。夫柤音查。梨橘柚，果木實。蓏音裸，草實。之屬，皆有花者，故曰「文木」。實熟則剥則辱；大枝折，小枝泄。此以其能苦其生者也。故不終其天年而中道夭，自取。掊擊於世俗者也。物莫不若是。且予求無所可用久矣，幾死，乃今得之，爲予大用。使予也而有用，且得有此大也邪？且也若與予也皆物也，奈何哉其相物也？而汝也。幾死之散人，又惡知散木？」匠石覺而診占驗。其夢。弟子曰：「趣音促。取無用，則爲社何邪？」言櫟既急求無用，何必又託於社？蓋疑其必託於社，乃可自全。曰：「密。句。○閉口也。若汝也。無言。彼亦直寄焉，以爲不知己者詬厲也。言彼故託於社，使不知者謂其不能自全而詬厲之，並無用爲有用之義，都自渾也。不爲社者，且幾有翦乎？即不爲社，豈遂有剪伐之患耶？言非真賴爲社以自全也。且也彼其所保與衆異，別有保全道理，不係於爲社不爲社。而以義常理。譽論也。之，不亦遠乎？」一喻。

南伯子綦遊乎商之丘，見大木焉，有異，結駟千乘，隱將芘其所藾。枝葉陰濃，日光不能漏，故曰隱。芘，覆也。藾，蔭也。其所藾，千乘之所託蔭也。言其陰隱之廣，可以覆芘其所蔭之千乘也。子綦曰：「此何木也哉？此必有異材夫？」仰而視其細枝，則拳曲而不可以爲棟樑；俯而視其大根，則軸旋紐也。解理又不密。而不可以爲棺槨；咶同舐。其葉，則口爛而爲傷；嗅之，則使人狂酲氣薰如醉。三日而不已。子綦曰：「此果不材之木也，以至於此其大也。嗟乎，神人以此不材。」二喻。

宋有荆氏地名。者，宜楸柏桑。其拱把而上者，求狙猴之杙繫狙猴之橛也。者斬之；三圍四圍，求高名猶高明大屋也。之麗屋棟樑也。者斬之；七圍八圍，貴人富商之家求樿音善，棺之全一邊者。傍者斬之。故未終其天年，而中道之夭於斧斤，此材之患也。插此一段，爲末段結句「人皆知有用之用」伏根。

故解巫祝書名，或作解賽。之以牛之白顙者，與豚之亢仰也。鼻者，與人有痔病者，不可以適河。不可用以祭河也。祭用人，見《左傳》，宋公用鄫子於社，當時固有其事也。此皆巫祝以「已」通。知之矣，所以爲不祥也。此乃神人之所以爲大祥也。三喻。

支離支體不全貌。疏者，疏，名。頤隱於齊，同臍。肩高於頂，會撮髻也。指天，五管在上，背屈，則五臟之管向上。兩脾爲脅。脊屈，故大腿與肩相亞如脇。挫鍼俗作針。治繲，音懈，浣衣也。足以餬口；鼓筴箕也。播精，米之粺者。足以食十人。數事皆可俯身爲之，故擅其能。上徵武士，則支離攘臂於其閒；徵調不及己，故攘臂自如。上有大役，則支離以有常疾不受功;不受功作。上與病者粟,則受三鍾十九斛二斗。與十束薪。夫支離其形者,猶足以養其身,終其天年,又況支離其德者乎?四喻。

孔子適楚,楚狂接輿遊其門曰:「鳳兮鳳兮,何如德之衰也?來世不可待,往世不可追也。來世、往世,皆以有道之世言。天下有道,聖人成焉;成其功。天下無道,聖人生焉。全其生。方今之時,僅免刑焉。福輕乎羽,莫之知載;禍重乎地,莫之知避。四句言今世福少禍多,而歎世人莫知趨避也。已乎已乎,臨人以德。以德臨人,取禍之道,故當已。殆乎殆乎,畫地而趨。步步危機,不可放足而行也。迷陽迷陽,無傷吾行。迷陽,薇也,有芒刺。行,路也。言迷陽雖有芒刺,不礙我入山之路。吾行却曲,無傷吾足。」却曲,猶言迴曲。言我入山之路雖迂迴屈曲,無損我入山之足也。下文乃言所以入山之故。○四句颺開説,絶妙招隱。山木,自寇也;山以生木,自招寇盜。膏火,自煎也。膏以引火,自取銷滅。桂可食,故伐之;漆可用,故割之。人皆知有用之用,而莫知無用之用也。此節直明正意,作收。

宣茂公曰:「人閒世,不過二端:處人與自處而已。處人之道,在不見有人,不見有人則無之而不可。自處之道,在不見有己,不見有己則以無用而藏身。前三段是其事也。後四段是其事也。○凡處人而攖患者,又因自處未能冥然,蓋與人生競,病根在用己之見未消也。所以前説處人,後説處己,是一套事。」

德充符

魯有兀者刖足者。王駘，從之遊者與仲尼相若。常季問於仲尼曰：「王駘，兀者也，從之遊者與夫子中分魯。立不教，坐不議，王駘都無言語。虛而往，實而歸。弟子皆有所得。固有不言之教，無形而心成者邪？無教人形迹，而神化所及，自能成物也。是何人也？」仲尼曰：「夫子，聖人也，答「何人」之問。丘也直特也。後而未往耳。特未及往從之耳。丘將以爲師，而況不若丘者乎？奚假猶云「何但」。魯國，丘將引天下而與從之。」答「中分魯」之問。

常季曰：「彼兀者也，而王先生，人尊爲王先生。其與庸亦遠矣。自是勝於常人。若然者，其用心也，獨若之何？」上言無言心成，則其用心必有大異於人處，故問其無形而心成本領。仲尼曰：「死生亦大矣，而不得與之變；形雖化而心常存。雖天地覆墜，亦將不與之遺。又進一步，言不特死生不變，卽天地覆墜，其心亦常存也。審乎無假審者，知之至；無假者，無妄之真也。蓋於天地無妄之理，有默契焉矣。而不與物遷，足上句，言其知之至，不爲事物所搖惑也。命物之化而守其宗也。」命，猶令也。宗者，大化之源也。言王駘於無妄之真，知之之至，而萬物之化育，皆我命令之而執其樞紐也。此便是大德敦化，但尚未露出「德」字。

常季曰：「何謂也？」仲尼曰：「自其異者視之，肝膽楚越也；自其同者視之，萬物皆一也。理本如是。**夫若然者，**識得此理之人。**且不知耳目之所宜，**甚言物視其所一也。蓋耳宜聽、目宜視，此一定之理，人所易知者且不知之，則凡人我得喪之分，自然都不知矣。此句不重，所以跌起下文耳。**而遊心乎德之和；**德之和，大德之太和元氣，沖融無渣滓者也。○遊心於德之和，則能命物之化而守其宗，萬物皆視爲一矣。此正註明上節意。○此處明點「德」字。**物視其所一，**萬物皆一。**而不見其所喪，**既視爲一，則彼我之形胥泯，而得喪自不足介意矣。**視喪其足猶遺土也。」**一切得喪既都不見，喪足更得喪之小者，更不足介意矣。此又帶筆找足喪足意。○此二節言「德充」，下乃言其「符」也。

常季曰：「彼爲己。自修耳。**以其知**審乎無假。**得其心，**得吾心理。**以其心得其常心，**古今不壞之心理，卽「不變不遷」云云是也。**物何爲最之哉？」**最，尊也。言彼自修耳，何與人事，而人尊之也？**仲尼曰：「人莫鑑於流水，而鑑於止水，惟止能止衆止。**惟其止，故能止衆人之求止者。喻得常心者，靜若止水，能使人得其常心，皆靜若止水也。**受命於地，惟松柏獨也正，在冬夏青青；**不凋也。○一本「也」字下無「正」字，「在」字屬上句。**受命於天，惟舜獨也正。**一本此下有「在萬物之首」五字。**幸能正生，以正衆生。**則求正者亦必從之不舍矣。

夫保始卽守宗也。之徵，保始者必有徵驗，卽題中「符」字。不懼之實。猶養勇者有不懼之實。勇士一人，雄入於九軍。此不懼之實徵。將求名而能自要者而猶若是，求勇名而能期於必成者，尚有實徵如是。而況官天地，府萬物，效其職曰官，司其藏曰府。卽命物之化而守其宗也。直寓六骸，象耳目，以形骸爲寄寓，以耳目爲迹象，卽不知耳目之所宜也。一知之所知，卽視其所一，而不見其所喪也。而心未嘗死者乎？卽「死生不變」二句意。○自「而況」起至此，二十七字作一句讀。彼且擇日猶「指日」。而登假，《曲禮》曰：「天王崩曰登假。」假讀遐，言其升於高遠也。此借言造道高遠。人則從是也。彼且何肯以物爲事乎？」言彼初不以人之從之爲事也。蓋因常季之言，有疑其動衆之意，故云。○此段言王駘之兀，駘自忘之，群弟子相與忘之，「德充符」可思也。

申屠嘉，兀者也，而與鄭子産同師於伯昏無人。雜篇作「瞀人」。子産謂申屠嘉曰：「我先出則子止，子先出則我止。」其明日，又與合堂同席而坐。子産謂申屠嘉曰：「我先出則子止，子先出則我止。今我將出，子可以止乎？其未邪？且子見執政而不違，避也。子齊執政乎？」申屠嘉曰：「先生之門，固有執政焉如此哉？子而説自矜也。子之執政而後人者也？自恃尊貴，撇人於後也。聞之曰：『鑑明則塵垢不止，止則不明也。久與賢者處，則無過。』今子之所取大者，先生也，以先生爲鑑，求廣見識。而猶出言若是，不亦過乎？」子産曰：「子既若是矣，形已受殘也。然形殘由不善所致，故下責其不當與堯爭善。猶與堯爭善。堯乃善之至者，故以爲言。然自比於堯，亦驕甚矣。計子之德，「德」字虚，猶云「素行」。不足以自反邪？」當痛自懲艾。申屠嘉曰：「自狀其過，以不當亡者衆；狀，顯呈也，世俗謂呈詞亦曰狀。受刖之人，是顯呈其有過矣，猶自謂不當刖，此等人甚衆。不狀其過，以不當存者寡。未刖之人，是未顯呈其過，然或苟免耳。有能自知其過，自謂當刖不當存，此等人甚少。知不可奈何而安之若命，惟有德者能之。既已亡足，安之於命，非有德者不能。○明點「德」字。遊於羿之彀中。中央者，中去聲。地也；然而不中者，命也。羿，善射者也，當引滿之時，而遊於其中，處必中之地，必被射死，而竟不中，是命不該死也。喻法網既密，觸處皆是危機，其倖免者命耳。不説己之受刖爲不幸，倒説人之不受刖爲幸，見得世之全足者，大抵皆漏網者也。罵得痛快。人以其全足，笑吾不全足者衆矣，我怫然而怒；而適先生之所，則廢然而返。不知先生之洗字法。我以善邪？吾與夫子遊十九年，而未嘗知吾兀者也。忘乎形骸。今子與我遊於形骸之内，道德也，乃形骸之内藴者。而子索我於形骸之外，足也，乃形骸之外見者。不亦過乎？」子産蹵然改容更貌，曰：「子無乃稱。」此段言申屠嘉之兀，嘉自忘之，其先生相與忘之。「德充符」可思也。

魯有兀者叔山字。無趾，因無足趾，遂以爲號。踵見仲尼。無趾，故以踵行。一字畫出兀者脚迹，妙。仲尼曰：「子不謹前，既犯患若是矣，雖今來，何及矣？」無趾曰：「吾唯不知務，不知世務。而輕用吾身，吾是以亡足。今吾來也，猶有尊足者存，謂「心君」也。吾是以務全之也。夫天無不覆，地無不載，吾以夫子爲天地，安知夫子之猶若是也？」孔子曰：「丘則陋矣。夫子胡不入乎？請講以所聞。」無趾出。徑去。孔子曰：「弟子勉之。夫無趾，兀者也，猶務學以復補前行之惡，而況全德之人乎？」無趾語老聃曰：「孔丘之於至人，其未邪？彼何賓賓以學子爲？學子，從學弟之子也。以學子，聚集生徒也。賓賓者，師弟之閒禮儀賓賓然也。舊註「學於老聃。賓賓，恭敬貌」，似誤。○「諔詭幻怪」，正指其聚徒講學之事。又上「請講以所聞」，及勉弟子數語，皆講學者聲口。無意寫出，傳神活現。彼且蘄以諔詭幻怪之名聞，不知至人之以是爲己桎梏邪？」老聃曰：「胡不直使彼以死生爲一條，以可不可爲一貫者，解其桎梏，其可乎？」死生、可不可皆忘，豈復溺於諔詭幻怪之名？故刑可解。無趾曰：「天刑之，安可解？」不以己之被刖爲刑，而反以未被刖者爲天刑，奇文快論。○此段言叔山之兀，叔山忘之，老聃忘之。「德充符」可思也。

魯哀公問於仲尼曰：「衛有惡人醜人。焉，曰哀駘它。哀駘，醜貌；它，名也。因其貌醜，故名之。丈夫與之處者，思而不能去也；婦人見之，請於父母曰『與爲人妻，寧爲夫子妾』者，十數而未止也。未嘗有聞其唱也，不先出意見。常和而已矣。惟感斯應。無君人之位以濟乎人之死，無聚祿猶積粟。以望飽也。人之腹。又以惡駭天下，和而不唱，疊上「唱」、「和」二句。知不出乎四域，疊上「無位」、「無祿」二句。且而雌雄合乎前，疊上「丈夫」、「婦人」等句。是必有異乎人者也。寡人召而觀之，果以惡駭天下。與寡人處，不至以月數，而寡人有意乎其爲人也；不至乎期年，而寡人信之。國無宰，而寡人傳國焉。欲委以國政也。悶然而後應，「應對」之應。聞言而無意於應也。氾同汎。然一本無「然」字。而若辭。「辭受」之辭，辭國政之命也。○二句言其聞言而懶於答應，若有辭而不就意也。寡人醜乎，自愧不如。卒授之國。不允其辭，卒以爲宰。無幾何也，去寡人而行，寡人卹焉憂貌。若有亡也，若無與樂是國也。是何人者也？」

仲尼曰：「丘也嘗使於楚矣，適見㹠豚同。子食於其死母者，少焉眴若，目搖也。乍覺母死而目搖也。皆棄之而走。不見己焉爾，以其母不能視。不得類焉爾。不類往日狀貌。所愛其母者，非愛其形也，愛使其形者也。一喻。○數語逼出正旨。戰而死者，其人之葬也，不以翣句。○《莊子故》曰：「郭註：『翣者，武所資也。戰而死者無武，翣將安施？』按，『翣者武所資』無所考，古者喪禮通用，所以飾棺，亦以衛棺也。戰死者不能衛身，何用衛棺耶？」○按，兵死者不入兆域，則「不以翣」或亦同此意與？資，給也。刖者之屨，無爲愛之。皆無其本矣。又兩喻。○戰以武爲本，屨以足爲本，此皆無之也。○使其形者，本也。又逗正意。爲天子之諸

御，不爪翦，不穿耳；恐傷其形。**取妻者止於外，不得復使。**官不役之，恐勞其形。**形全猶足以爲爾，**可以邀至尊之盼，結新婚之懽。**而況全德之人乎？**「德」字明點。〇又兩喻。上三喻作反跌，此兩喻是正襯。**今哀駘它未言而信，無功而親，使人授己國，惟恐其不受也，是必才全而德不形者也。」**「德」字正結。才卽德也。

哀公曰：「何謂才全？」仲尼曰：「死生存亡，窮達貧富，賢與不肖，毀譽，饑渴寒暑，是事之變，命之行也；皆人事之變遷無定，天命之運行不停者。**日夜相代乎前，而知不能規乎其始者也。故不足以滑和，不可入於靈府。**惟其如是，故當任其自然，不足以滑亂吾之太和，不可入擾吾之靈府。和者，沖融之朕；靈府者，精神之宅也。**使之和豫通而不失於兑；**通者，流行之意。言一身内外無不周遍透徹也。兑，説也。不滑不入，使和豫之氣處處流通，而不失吾怡悅之趣。**使日夜無郤，而與物爲春，**郤同隙。且使和豫之通時時接續，無有間隙也。稍有間隙，便不能四時皆春矣。**是接而生時於心者也。**言吾心之春，無處無時，稍有間斷，是接續而生時於心也。「時」字因「春」字來。〇「和豫通」三句，便畫出一「春」字。故此句是總頂上文來，莫誤認作單頂「與物」句來。**是之謂才全。」**宣曰：「接而生時於心，妙，妙。分明是造化在我胸中，一片活潑。《中庸》『浩浩其天』一句註脚，莫過於此。」

「何謂德不形？」曰：「平者，水停之盛也。盛，極也。然是水停之極，不是平之極。**其**

可以爲法也，「也」字拖下，作足上句誤。**内保之而外不蕩也。**言水停之極，可以爲取平者法，則由其内淵靜而外不摇蕩也。○此句本爲「水停」註脚，却已爲「德不形」作註矣，故下説「德不形」更不另註。**德者，成和之修也。**「和」，卽上「和豫通」五句。「修」字不是用力字，乃造詣之意。言德者乃冲和之氣，渾然完成於吾心之造詣也。**德不形者，物不能離也。」**亦如水之内保之而外不蕩，故人皆親愛之也。○此篇本言德充，而此兼言才全，非添設也，才卽德也，全卽不形也。猶云才德渾全於中，而不形於外也。觀其言「才全」處，云「和豫通」云云，全是心體上語，而宣註亦以「浩浩其天」擬之，而下節「成和之修」，仍不外「和豫通」之意，蓋可見矣。且上節詳言才全，而下節但言德不形可以爲法，未嘗詳言德如何不形，如何以意盡上節，毋容贅説也。

哀公異日以告閔子曰：「始也吾以南面而君天下，執民之紀而憂其死，自以爲至通矣。今吾聞至人之言，恐吾無其實，輕用吾身而亡吾國。吾與孔丘非君臣也，德友而已矣。」此段哀駘它之醜，衆人忘之，魯君亦忘之，德充符可思也。

闉跂支離無脤闉，曲城也，人之體曲似之。跂，脚跟不着地也。闉跂者，曲體而跂行也。支離，形不整也。脤卽脣字，口無脣也。總其諸般醜態，以爲之號也。**説衛靈公，靈公説之，而視全人，**全體之人。**其脰肩肩。**脰音豆，頸也。肩音痕，又音賢，細竦貌。**甕㼜大癭**頸瘤也。癭之大如甕㼜也。**説齊桓公，桓公説之，而視全人，其脰肩肩。**上四箇人錯敘，此兩個人總敘。○此節兩君不獨忘彼之醜，反覺全人之醜，德充符可思也。

故德有所長，而形有所忘。人不忘其所忘，形宜忘。**而忘其所不忘，**德不宜忘。**此謂誠忘。**此節方點明德形之辨，總結上文。○宣曰：「上文共六位殘疾奇醜之人，不是隨手填寫。寫一王駘，見弟子於師，以德不以形也；寫一申屠嘉、一叔山無趾，見師於弟子，朋友於友，皆以德不以形也；寫哀駘它、闉跂、大癭，見君臣之間以德不以形也。五倫中，父子、兄弟以天合，不消以形骸之見爲人過慮，故莊子不説。至夫婦亦以人合者，何以不説？看他敘哀駘處，夾敘『婦人寧爲其妾』數句，則夫婦之間以德不以形亦可見矣。」

故聖人有所遊，心遊於逍遥之天也。**而知爲孽，**以知巧爲不祥也。一説同「蘖」，知計之巧，如萌蘖之旁出也。**約爲膠，**約束之禮，如膠之强合，非自然而然者。一説約，結信也。**德爲接，**此小德也。行道而有德，乃既斷而復續者。**工爲商。**技巧乃賈人之行。**聖人不謀，惡用知？不斲，惡用膠？**於人原不剖開，何用粘合？**無喪，惡用德？**原未嘗失，何以爲得？**不貨，惡用商？**在己原不求售，何用技巧？**四者，天鬻也。**鬻仝育，養也。不用四者，蓋天育其德也。**天鬻也者，天食也。**食音嗣。食以元氣也。**既受食於天，又惡用人？**人卽上「知」、「約」、「德」、「工」也，所謂人之情也。**有人之形，無人之情。**不用四者。**有人之形，故群於人；無人之情，故是非不得於身。眇乎小哉，所以屬於人也。謷**大貌。**乎大哉，獨成其天。**宣曰：「上文既言形非德之所在，此又恐人以知能世法爲德，故復言聖人心有所遊，乃與造化一氣，一切人情無所用之，是情亦非德之所在也。」

惠子謂莊子曰：「人故無情乎？」莊子曰：「然。」惠子曰：「人而無情，何以謂之人？」莊子曰：「道與之貌，天與之形，惡得不謂之人？」貌，言動也。**惠子曰：「既謂之人，惡得無情？」莊子曰：「是非吾所謂情也。**惠子以天然之情言，莊子以人爲之情言。開口喝破，下文乃詳言之。**吾所謂無情者，言人之不以好惡內傷其身，常因自然而不益生者也。」**「益生」二字出《老子》。生者，本生之理也，不以人爲加益於有生之初也。**惠子曰：「不益生，何以有其身？」**言生須人事滋培之。**莊子曰：「道與之貌，天與之形，**則有身矣。**無以好惡內傷其身。**又不傷，則終有其身矣，何用人爲以益之？**今子外乎子之神，**馳騖其神。**勞乎子之精，**疲困其精。**倚樹而吟，**呻吟也。**據槁梧而瞑。**槁梧，注見《齊物論》。又按，《山木》篇：槁木，亦訓「几」。瞑與眠通。倚樹而吟，據梧而瞑，則損精勞神，困憊之狀也。**天選子之形，子以堅白鳴。」**選，擇也。言子之形，乃天選擇以與子者。今不自愛惜，以堅白之論妄自爭鳴，馳逐於是非好惡之塲，以自傷其身，殊可歎也。○此二節承上言：德充者，非情識之謂也，故聖人無之。然情識之當無者，乃指好惡謀慮之情識，非謂天然之情識皆可去也。故末節明之。○「選子之形」句，非閒句也。上文歷敘許多殘形之人，而德充於中，且令人親愛若是。是形雖殘，無愧也。今子五官百骸，皆經上天選擇，則形貌之出衆可知，乃有形而無德，反不如殘形之人矣。照應處妙不可言。

德充符者，其德充積於中，而符驗於外也。於何徵之？於人之愛戴徵之。夫和順積而英華發，薰其德者，如坐春風，如飲醇醪。其於昂藏奇偉之士，愛而慕之，當更十倍。何以莊子此篇，偏臚列許多傀儡登場？蓋不特排場設色，奇詭萬狀，乃見得有德者雖惡人，尚且令人欽羡慕悦若此，况非惡人耶？是文章加一倍寫法，即孟子「惡人可祀上帝」意也。然而德者渾渾穆穆，藏於宥密之中，無聲無臭，非可以情識與者也。苟飾智炫奇，與世爭鳴，是以好惡内傷其身，形雖全而德不充，反不如惡人之能令人愛慕不諼矣。篇末二節抹去情識，而特點出「選子之形」句，照應上文，若滅若没。吁，從何處索解人哉？篇中「命物之化」一段，「才全而德不形」一段，説德充處，精微純粹，真乃見道之言。

大宗師

知天之所爲，知人之所爲者，至矣。此句「至矣」，及下「知之盛也」句，似極口贊歎，然却是欲抑先揚之筆。**知天之所爲者，天而生也；**知人之生，出於天命之自然，不由人力也。**知人之所爲者，以其知之所知，**衞生之術。**以養其知之所不知，**壽夭之數。言知人之生，雖由於天命，而人事不可不盡，故盡其知力之所能，以養其生也。**終其天年而不中道夭者，是知之盛也。**此篇特爲攝生者下一箴砭，故起筆先爲提明，極力贊之，下乃捩轉而深抑之。

雖然，有患。一句捩轉，千鈞之力。**夫知有所待而後當，**知者，逆知其將來也。然必待結局時，果符我之所料，乃算得知。當，猶云算得也。如逆料人之壽夭，而將來之壽夭果如吾言，乃算得我果是知也。此句起下。**其所待者特未定也。庸詎知吾所謂天之非人乎？所謂人之非天乎？**然所謂算得知者，以待到結局時，壽夭已定也。今知天知人之説，其所待者，卽到結局時以爲天生之，安知非人之自養其生？以爲人能養生，安知非天之自然而生之？故仍未可以爲真知也。

且有真人，而後有真知。又輕一筆，提出真人真知。

何謂真人？又喝一句。**古之真人，不逆寡，**寡且不逆，况於衆乎？**不雄成，**不以成功自雄。

不謩士。謩，同謨，謀也。士，事通，言不以計較作事也。若然者，過而弗悔，當而不自得也；得失不計。若然者，登高不慄，入水不濡，入火不熱。禍患不能攖也。知之能登假於道也若此。假，至也。○此段言其處境之心。古之真人，其寢不夢，其覺無憂，其食不甘，嗜欲淺。其息深深。天機深。真人之息以踵，呼吸通於湧泉，言其深也。○句足上以陪起下句。衆人之息以喉。屈服者，其嗌言若哇。其嗜欲深者，其天機淺。嗌，咽喉也。嗌言，喉中之言也。哇，吐也。理直則氣壯，而言語自侃侃而談。屈服者，理不足而氣餒，故退縮萎靡，其言在喉間吞吐，其狀如欲哇也。○「寢不夢」三句，趨重「其息深深」一句。惟不夢、無憂、不甘，所以深深也。「以踵」句，正言其深也。「衆人」四句，因論真人而及衆人，以反形真人也。○此段言真人居身之心。

古之真人不知説生，不知惡生；其出卽生。不訢，其入卽死。不距。翛音西，又音叔，疾也。然而往，翛然而來而已矣。四句言其方生方死之時。不忘其所始，不求其所終；受而喜之，受命而生，常常自得。忘而復之。虛其心以待盡也。○四句言其有生之後，未死之前也。是之謂不以心捐道，不以欲心背自然之道。不以人助天，不以人爲助天命之常。蓋貪生者皆以心捐道，以人助天者也。是之謂真人。此段亦言居身之心，但上段以寢興食息言，此以生死言。合三段，由境而身，而生死，層次如此。意重第三段。

若然者，其心忘，「心忘」二字，總結上文。其容寂，其顙頯；音恢，太樸貌。二句正形容心忘，心忘故容寂顙頯也。**淒然似秋，暖然似春，**二句又形容容寂顙頯之狀也。**喜怒通四時，**句承上二句來。**與物有宜而莫知其極。**隨事合宜，而無跡可尋。**故聖人之用兵也，亡國**亡人之國。**而不失人心。利澤施乎萬世，不爲愛人。**四句承上「喜怒」來。**故樂通物，**有心與物相通。**非聖人也；有親，非仁也；天時，**擇時而動。**非賢也；利害不通，**通者，渾而爲一也。不通，則不能渾忘而生趨避。**非君子也；行名**猶徇名。**失己，非士也；亡身不真，**勉强也，假也。貪殺身成仁之名，而非出於真心。**非君子也；**下文所謂「適人之適」，是也。**非役人也。**非能役使乎人，乃服役於人者也。服役於人，詳下文。**若狐不偕、務光、伯夷、叔齊、箕子、胥餘、**卽比干。**紀他、申徒狄，是役**服役。**人之役，適人之適，而不自適其適者也。**亡身不真者，因服役於人便當死人之事，其心原非樂爲，特因世人以殺身爲賢而樂爲之，我亦從而爲之。故曰：「適人之適，而不自適其適。」○此段「心忘」二字盡之，「容寂」至「不爲愛人」用正筆申明之，「樂通物」以下用反筆申明之。蓋「忘」非寂滅之謂。真人何嘗無喜怒賞罰？然皆無心而順應，故發明之已是文字餘波，又以「樂通物」、「有親」反剔無心，而連類及乎天時、利害、行名、亡身四項。又引狐不偕諸人，以証亡身不真，更爲餘波之餘波。觀其由聖仁而賢，而君子，而士，而役人，降而愈下，益可見矣。此《莊子》文字汪洋演漾處也。

古之真人，其狀義而不朋，宜於人而非黨。**若不足而不承；**卑以自牧，而非奉承乎人。**與乎其觚而不堅也，**與，上聲，自然貌。觚稜方正而不固執。**張乎其虛而不華也；**張，恢張貌。

恢然曠遠，而有實際。○此四句，上下相足，如「溫而厲」等句法。**邴邴乎其似喜乎，崔乎其不得已乎，**邴，喜貌。崔，動貌。言似喜事而實不得已而應之，非真喜事也。○此下八句，每二句相連相足。**滀乎進我色也，與乎止我德也，**滀，水聚也。水聚則有光澤。與，平聲。容色日見其光澤，而心德日見其停畜也。**厲乎其似世乎，警乎其未可制也，**厲，嚴毅貌。警，遠大貌。嚴毅似世之飾威儀者，實則不可以繩墨拘束也。蓋嚴毅之人多爲禮法縛制，未免規模狹隘，故着此句。**連乎其似閉也，悗乎忘其言也。**連，綿長貌。閉，從容不迫也。悗，門上音，心昏忘也。似乎性情舒緩，而實得意忘言一般。**以刑爲體，**立治之楨幹。**以禮爲翼，**行世之羽儀。**以知爲時，**因應之妙用。**以德爲循。**自然之率循。**以刑爲體者，綽乎**寬貌。**其殺也；**無心作威。**以禮爲翼者，所以行於世也；**順世之所行，故無不行也。**以知爲時者，不得已於事也；**因時而起，非我好事。**以德爲循者，言其與有足者至於邱也。**邱，譬道岸。德之所在，人人可循，我亦循之。如邱之所在，凡有足者皆可至，我亦與之同至耳，非自立異也。**而人真以爲勤行者也。**人謂真人真是勤於修行，豈知其毫不以有心與乎？○以上乃詠歎真人不可形容摹擬之妙。所謂狀也，全在「若」字、「似」字、「乎」字，及末句見意，否則與上三段重複拖沓，不成文法矣。○此亦餘波，均非正文。正文只是說真人不知悦生惡死耳，故下文緊緊接入。

故其好之也一，其弗好之也一。故字遙接上文「不悦生，不惡死」說下。生，其好者也；

死，其弗好者也。真人不悦生、不惡死，則視生死爲一矣。**其一也一，**生死本一，理是其一也，故一以視之。此句以生死之理言。**其不一也一。**理雖無二，然明明有生有死，是其不一也。然生者氣之聚，死者氣之散，此天地之氣之往來耳，猶水凍爲冰，冰釋復爲水，豈真不一哉？故亦一以視之。此句以生死之事言。**其一與天爲徒，**於理之一者而順之，是與天爲徒也。然則何用知天之所爲哉？**其不一與人爲徒。**於生死之不一者而與物同盡，是與人爲徒也。然則何用知人之所爲哉？**天與人不相勝也，是之謂真人。**「不相勝」句，重不以人勝天意，蓋攝生者皆欲以人勝天也。真人豈若是哉？○一説「真人」當作「真知」。此數句方結到真知。○此篇註脚，惟《莊子故》最妙，故因其説而損益之。

死生，命也；其有夜旦之常，有生必有死，猶有旦必有夜，常理也。**天也。人之有所不得與，皆物之情也。**

彼特以天爲父，倒裝句法。言人以父生我，而戴之爲天也。**而身猶愛之，而況其卓乎？**大宗師也。○一喻。

人特以有君爲愈乎己，勢分勝乎己。**而身猶死之，而況其真乎？**大宗師，真君也。單用「真」字，承上面「君」字來也。○二喻。

泉涸，魚相與處於陸，相呴以溼，相濡以沫，不如相忘於江湖。三喻。○呴溼濡沫，喻養生之術。言貪生怕死，不如相忘於宗師也。○此節就養生者説。下節就「人以善養者爲是，不善養者爲非」說。

與其譽堯而非桀也，不如兩忘而化其道。四喻。○此「道」字輕，不過是非之道耳。○以善養而不夭折者爲是，以不善養而中道夭折者爲非，此譽堯而非桀之謂也。豈若兩忘而化其是非之爲愈哉？**夫大塊載我以形，勞我以生，佚我以老，息我以死。故善吾生者，乃所以善吾死也。**息我以死，豈非善吾死？諸解不是。○此處夾一正論。

夫藏舟於壑，猶之**藏山於澤，謂之固矣。然而夜半**猶云暗地。**有力者負之**指舟。**而走，昧者不知也。**又一喻。○「昧者不知」，妙。所云「知之至」、「知之盛」者，乃是如此一色人。○宣曰：「導養家，時刻保守，自謂養於不朽之宅，却不知造化推移，明抽暗換，未幾之間，頭童齒豁，老矣死矣。且其至於老死者，不在於既老既死也。當其時刻保守，正時刻抽換，後息之我，已非前息故我，而彼方懵然。謂之有知乎，無知乎？文之微妙警策，令衛生者毛寒骨竦，旁觀者啞然大笑。」

藏小大有宜，猶有所遯。凡藏物不論大小，而得其宜藏之處，似乎甚固矣，而不知猶有遯失。蓋藏物之處，此外尚有餘地也。**若夫藏天下於天下而不得所遯，是恒物之大情也。**藏天下於天下，則外更無餘地可遯。喻生死總是一理，生固常存，死亦終古不敝。精神常存宇宙之間，初無去此適彼之别也。○此節只言人當順理，下節乃言聖人順理而常存也。

特但也。**犯人之形**犯，猶云撞着也。陰陽變化，氣機所到，或生人，或生物，我乃偶然撞着得成人形也。**而猶喜之。若**似也。**人之形者，**異類之物，其似人形者，如猩猩、猿猴之類也。**萬化而**

未始有極也，言多也。其爲樂可勝計邪？言世人於二氣化生之時，但偶然撞着成箇人形，便自歡喜，不知形何足喜？彼宇宙間形類之似人者不少，其可喜將不可勝計矣，所以甚言徒有人形之不足可貴也。故聖人將遊於物之所不得遯而皆存。形有生死，而此理已與天地同流，皆存之義微矣。善夭天由於天，非自戕，故曰善。○夭，一作「少」，當從之。善老，善始善終，人猶效之，又況萬物之所係，而一化之所待乎？二句皆指大宗師也。○化，氣化也。萬物總是一箇變化，故曰一化。○萬物皆係屬乎道，氣化亦本乎道，故曰待。○自「死生命也」節逗出「天」字，以下「卓」字、「真」字及「物所不得遯」、「萬物之所係」、「一化之所待」，皆指大宗師也。大宗師，道也。但俱未明言，下乃詳言之。

夫道，重提「道」字，明道之爲大宗師也。有情非寂滅者。有信，實理也。非虛無也。無爲無形；然而不落人爲，不落形象。可傳而不可受，師雖可傳，而不能必弟子之可受。可得而不可見；可自得於心，而無跡可見。自本自根，道爲事物根本，更無有爲道之根本者。未有天地，自古以固存；未有天地，先有道。神鬼神帝，鬼神上帝之所以能神靈者，皆道之神之也。生天生地；在太極之先愚謂當作「六極之上」。而不爲高，在六一作「太」，便費解。極之下而不爲深，先天地生而不爲久，長上聲。於上古而不爲老。此明道之爲大宗師也。

狶韋氏古聖帝。得之，以挈天地；整頓乾坤。伏羲氏一無「氏」字。得之，以襲氣母；襲，繼嗣也。氣母，謂氣之所自出也，言元氣也。維斗北斗爲天綱維，故曰維斗。得之，終古不忒；不易其度。日月得之，終古不息；堪坏崑崙山神。得之，以襲崑崙；馮夷神水。得之，以遊大川；肩吾泰山之神。得之，以處泰山；黄帝得之，以登雲天；鼎湖上升。顓頊得之，以處元宫；恭默思道。禺强北斗之神，卽真武也。得之，立乎北極；西王母西方之神。得之，坐乎少廣，西方空虚之界。莫知其始，莫知其終；二句總頂禺强、西王母。彭祖得之，上及有虞，下及五伯；傅説得之，以相武丁，奄有天下，乘東維，箕尾閒也。騎箕尾，尾星旁有一星，名傅説。而比於列星。此節証得道者可以常存。

南伯子葵問乎女偊曰：「子之年長矣，而色若孺子，何也？」曰：「吾聞道矣。」南伯子葵曰：「道可得學邪？」曰：「惡，句。惡可。子非其人也。夫卜梁倚有聖人之才，而無聖人之道；我有聖人之道，而無聖人之才。吾欲以教之，庶幾其果爲聖人乎？不然，以聖人之道告聖人之才，亦易矣。吾猶守而告之，三日而後能外天下；不知有世界。已外天下矣，吾又守之，七日而後能外物；不知有人世事。已外物矣，吾又守之，九日而後能外生；不知有己身。○由天下而物而生，愈近則愈難外也。已外生矣，而後能朝徹；如平旦之清明也。○宣曰：「外生者，忘我也。學道人止是這一關難透，透此一關，則見無不明矣。自此以下，止是遞將去，如『定而後静』數句也。」朝徹，而後能見獨；獨，卽一也。夫道，一而已矣。能見及此，又何有古今之别，生死之異哉？此乃爲親見大宗師也。見獨，而後能無古今；古今一也。

無古今，而後能入於不死不生。生死一也。至此，則道在我矣。**殺生者不死，生生者不生。**此二句，「不死不生」實義也。「殺生」「生」字，「生生」下「生」字，皆指知覺運動言，如告子「生之謂性」之生也，最是不受大宗師之命者，故殺其生，則不能知覺運動，似是死矣，而神理常活，是未嘗死也；生其生，則能知覺運動，似是生矣，而神理已死，是未嘗生也。〇殺生，猶云死耳，不限定刑殺之也。**其爲物，無不將**送也。**也，無不迎也；無不毁也，無不成也。其名爲攖寧。攖寧也者，攖而後成者也。」**此不生不死之物，於迎送之事，成毁之物，無不順應，有所攖觸，仍不傷寧謐。是經幾許磨鍊過，然後得成道，所以爲難也。

南伯子葵曰：「子獨惡乎聞之？」曰：「聞諸副墨之子，書籍文字也。文字是翰墨爲之，然文字非道也，不過傳道之助耳，故曰副墨。又對初作之文字言之，則凡後之文字皆其孳生者，故曰副墨之子也。**副墨之子聞諸洛誦之孫，**文字須誦讀之。洛誦者，樂誦也。對前輩讀書者言，則今其孫也。**洛誦之孫聞之瞻明，**讀書須見得徹。**瞻明聞之聶許，**見之徹，須聽之聰。聶，附耳小語也。許，與也。謂入耳而心許之者。**聶許聞之需役，**聽之聰，又須行之勤。需，待也。役，行也。待行之始爲實也。**需役聞之於謳，**於音烏，詠歎詞。行之勤，又須得游泳之趣，詠歎之，歌吟之，乃寄趣之深也。**於謳聞之玄冥，**游泳矣，又須至於寂默忘言也。玄冥，寂默之地。**玄冥聞之參寥，**忘言矣，又須至於悟空也。參，參悟。寥，虚空也。**參寥聞之疑始。」**悟虚矣，又須至於無端倪，乃聞道也。疑始者，似有始而未嘗有始也。

子祀、子輿、子犁、子來四人相與語曰：「孰能以無爲首，首者，始也。以生爲脊，脊者，中也。以死爲尻？考，平聲，脊骨盡處。尻者，終也。○三句「孰能」，指行事言。孰知死生存亡之一體者？譬如自首而脊而尻，總爲吾之一體也。○一句「孰知」，指見解言。吾與之友矣。」四人相視而笑，莫逆於心，遂相與爲友。

俄而子輿有病，子祀往問之。曰：「偉哉，夫造物者將以予爲此拘拘也。」子輿言止此一句。曲僂發背，背瘡。上有五管，瘡孔。頤隱於齊，同臍。肩高於頂，句贅指天。句音溝，曲也。贅，項脽骨。句曲其項脽，故指天。皆極寫其曲僂也。陰陽之氣有沴，氣戾故病。其心閒而無事，不以病攖心也。跰蹝而鑒於井，跰，並足貌。蹝，邪行貌。○「曲僂」八句三十六字，作一句讀。本是歎一句，卽來鑒井，卻夾敘八句於中，言如此形骸去鑒井也。○又此八句，爲上「爲此拘拘」註脚。曰：「嗟乎，夫造物者又將以予爲此拘拘也。」子祀曰：「女惡之乎？」曰：「亡，同無。予何惡。浸假而化予之左臂以爲雞，予因以求時夜；浸假而化予之右臂以爲彈，予因以求鴞炙；浸假而化予之尻以爲輪，以神爲馬，予因而乘之，豈更駕哉？「時夜」、「鴞炙」，註見《齊物論》。○三句「因以」，皆順乎大宗師也。且夫得生也。者，時也；失死也。者，順也。安時而處順，哀樂不能入也。此古之所謂縣解，懸而不能自解者，物有結之。無生死之累，則係縛都捐。結之，爲物情所累也。且夫物不勝天久矣，天者，宗師所在。

吾又何惡焉？」

俄而子來有病，喘喘然氣促貌。將死。其妻子環而泣之。子犁往問之，曰：「叱，句。避，句。○喝其妻子，令避去。無怛化。」怛，驚也。人死乃由變而化，不宜驚之也。倚其户與之語曰：「偉哉，造化，又將奚以汝爲？將奚以汝適？以汝爲鼠肝乎？以汝爲蟲臂乎？」爲此至微至賤，未可知也。子來曰：「父母於子，倒裝句法，言子於父母也。東西南北，惟命之從。陰陽於人，不翅於父母。彼近速也。吾死而我不聽，我則悍矣，彼何罪焉？夫大塊載我以形，勞我以生，佚我以老，息我以死。故善吾生者，乃所以善吾死也。注見前。今大冶鑄金，金踴躍曰：『我且必爲鏌鎁。』大冶必以爲不祥之金。今一犯人之形而曰：『人耳，人耳。』願世世爲人。夫造物者必以爲不祥之人。今一以天地爲大鑪，以造化爲大冶，惡乎往而不可哉？」成然寐，蘧然覺。時解俱以此二句通作子來之言，愚謂不然，蓋子來答子犁已畢而寐，寐而覺也。觀此景象，便有「安時處順，哀樂不能入」意思。

子桑户、孟子反、子琴張三人相與語曰：「孰能相與於無相與，無相與之心。相爲於無相爲？無相爲之跡。孰能登天遊霧，超於物外。撓挑戲弄。無極，至虛。相忘以生，無所終窮？」三人相視而笑，莫逆於心，遂相與爲友。莫然猶寂然。有閒，而子桑户死，未葬。孔子聞之，使子貢往待事焉。一作「侍事」，助治喪事也。或編曲，編次歌曲。或鼓琴，相和而歌曰：「嗟來，桑户乎。嗟來，桑户乎。而汝也。已反其真，而我猶爲人猗。」「真」、「人」韻。猗，語詞，卽「兮」字之類，或曰歎詞。子貢趨而進，曰：「敢問臨尸而歌，禮乎？」二人相視而笑曰：「是惡知禮意。」宣曰：「禮者，是天理之節文。禮以意言，則刊落節文，獨存天理矣。」○禮之意在反真。○「禮」字絶方，「意」字絶圓。不説破，且付之一笑，妙絶。子貢反，以告孔子，曰：「彼何人者邪？修行無有。」無檢修之事。而外其形骸，臨尸而歌，顔色不變，無以命名稱。之，彼何人者邪？」孔子曰：「彼，遊方之外者也；而丘，遊方之内者也。遊於方域之外，出世法也；遊於方域之内，入世法也。外内不相及，而丘使女往弔之，丘則陋矣。彼方且與造物者爲人，猶言爲友。而遊乎天地之一氣。彼以生爲附贅懸疣，以死爲決疣潰癰。夫若然，又惡知死生先後之所在？假於異物，託於同體；卽「地風水火四大合而同體」之説。忘其肝膽，遺其耳目，反覆終始，不知端倪；芒然彷徨乎塵垢之外，逍遙乎無爲之業。彼又惡能憒憒然昏亂貌。爲世俗之禮，以觀去聲，示也。衆人之耳目哉？子貢曰：「然則夫子何方之依？」孔子曰：「丘，天之戮民也。雖然，吾與汝共之。」自謙方内，然已有所得，不欲隱。子貢曰：「敢問其方。」孔子曰：「魚相造順適之意。乎水，人相造乎道。相造乎水者，穿池而養給；得水不多而養可給。相造乎道者，無事而生定。但隨分相安而生可定。故曰：「魚相忘乎江湖，人相忘乎道術。」江湖不止穿池，道術不止無事，相忘不但養給生定，蓋愈大則愈適也。○言外見雖未能超出世法之外，亦庶幾忘生死於道中也。**子貢曰：「敢問畸人。」**承上言如此則爲獨行人矣，故問畸人。**曰：「畸人者，畸**異也。**於人而侔**合也。**於天。故曰：天之小人，人之君子；人之君子，天之小人也。」**

顔回問仲尼曰：「孟孫才，其母死，哭泣無涕，心中不慼，居喪不哀。無是三者，以善喪蓋魯國。固有無其實而得其名者乎？回一怪之。」仲尼曰：「夫孟孫氏盡之矣，盡道。**進於知矣。**知者未必能盡，盡則不止於知，故曰「進於知」。**惟簡之而不得，夫已有所簡矣。**言喪禮不尚繁文，以簡爲貴。但母喪大倫所關，非他喪可比，欲太簡而不得，故不免有居喪哭泣之事。然無涕不慼不哀，已得其簡之道矣，所以謂之「善喪」。**孟孫氏不知所以生，不知所以死；不知就先，不知就後；**「就」字疑「孰」字之誤。先後，死之先後，謂壽夭也。言孟孫不知如何而生，如何而死；不知孰者爲先死，孰者爲後死也。舊説：「就，『避就』之就。先，生也。後，死也。言不求生，亦不求死也。」然愚按，前節「死」、「生」、「先」、「後」四字連用，又何説耶？**若化爲物，以待其所不知之化已乎？**一若我本無形，從虛無中已化爲此物，將來不知又化爲何物，惟有待之而已。**且方將化，惡知不化哉？方將不化，惡知已化哉？**四句正「不知之化」也。言方將化，烏知此理之皆存？方將不化，烏知形骸之倏易？寫得化不化，如風馳電掣，閃爍不定，才見造物運用之神。○「方將化」二句，即東坡「逝者如斯，而未嘗往；盈虛者如彼，卒莫消長」意。「方將不化」二句，即上「藏舟於壑，夜半有力者負之而走」意。**吾特與汝，其夢未始覺者邪？**此段就生死之理言，下節方貼其母說。

且彼有駭形而無損心，有旦宅而無情死。「彼」字指孟孫之母，管兩句。駭形，形既死而可駭也。無損心，神常存也。「旦」字乃「神」字之誤。古「神」字可作「禶」，脱上半存「旦」也。《郊特牲》「交於旦明」，鄭注讀「神」可証。宅，安存之意。情，實也。謂母之神常存，雖死而實非死也。**孟孫氏特覺，人哭亦哭，是自其所以乃。**乃，猶言「如此」也。言世人母死則哭，孟孫亦隨俗而哭耳，此所以如此無涕不慼不哀也。○此段言生不必過爲分别，人雖死而神常存。孟孫氏之哭，不過隨俗耳。**且也相與吾之耳矣，庸詎知吾所謂吾之乎？**且世人之哭其母，不過曰「此吾母耳」。然不特母之爲吾母未足爲據，卽吾之爲吾尚不足爲據矣。詳下文。○張本以「吾爲哭聲」，未知何據。**且汝夢爲鳥而厲**同戾。**乎天，夢爲魚而没於淵。不識今之言者，其覺者乎？其夢者乎？**夢爲魚鳥，儼然魚鳥而實非魚鳥。安知今在此講話者，非夢爲吾而認以爲真吾乎？是則吾之爲吾，總未可據，則吾母之爲吾母，其可據耶？○此段言吾實非吾，何知母爲吾母？此所以「無涕不慼不哀」也。**造適不及笑，獻笑不及排，**笑，適意事也。然當忽然造到適意之境，心中儘自快活，不待笑也。及至忽發爲笑，又是天機自動，不待安排也。是適與笑，自己毫不能主也。**安排而去化，**「排」字，綴上「排」字來。言此觀之，可見凡事皆非己所及排，冥冥中自有排之者，今但當安於所排，而忘去死化之悲。○按，此三句頗費解，惟此條最好。但上下兩「排」字不得一律，又多一層轉折矣。「去化」二字，愚欲作「併去夫化之」之見。○一説：「造，造作之意。造作爲適意之事而適，不及心中快樂而笑者之自然而適也。待獻笑之人而後笑，不及當可笑之時，天機自動，爲其所推排而笑之自然也。」如此兩「排」字承接極佳，但「造適」、「獻笑」四字亦欠自然。乃入於寥天一。如此，乃入於虛空之天之至一者。

意而子見許由，許由曰：「堯何以資教益也。汝？」意而子曰：「堯謂我：『汝必躬服仁義而明言是非。』」許由曰：「而汝也。奚來爲軹？與只同，語助詞。言汝受損已多，來此何益。夫堯既已黥汝以仁義，而劓汝以是非矣，汝將何以遊夫遙蕩閒放。恣睢自得。轉徙變化。之塗乎？」意而子曰：「雖然，吾願遊於其藩。」不能遵其途，願涉其藩籬。許由曰：「不然。夫盲者無以與乎眉目顔色之好，瞽者無以與乎青黄黼黻之觀。」意而子曰：「夫無莊美人。之失其美，據梁力士。之失其力，黄帝之亡其知，「失」與「亡」，皆言不自據也。皆在鑪錘之閒耳。皆在教者之變化鍛鍊耳。庸詎知夫造物者之不息生也。我黥而補我劓，使我乘載也。成以隨先生邪？」成者，形體完成不殘缺也。因「黥」、「劓」字來。言息之補之，依然完成，然則天今使我得遇先生，安知不載一完成之體以相隨耶？許由曰：「噫，未可知也。我爲汝言其大略：吾師乎，吾師乎。直呼宗師。韲音齎，制也。萬物而不爲義，澤及萬世而不爲仁，長於上古而不爲老，覆載天地刻雕衆形而不爲巧。此所遊已。」應轉「遊」字。○「不爲仁」、「不爲義」，將堯舜「仁義」二字打落，「是非」兩字更不必言。「不爲老」、「不爲巧」，又陪説兩句。○此段承上言，不獨生死當忘，卽仁義是非亦當忘。

顏回曰：「回益矣。」仲尼曰：「何謂也？」曰：「回忘仁義矣。」曰：「可矣，猶未也。」它日，復見，曰：「回益矣。」曰：「何謂也？」曰：「回忘禮樂矣。」孫月峰曰：「忘仁義只是去是非心，忘禮樂則全然不拘束矣，故忘禮樂在忘仁義之後。」曰：「可矣，猶未也。」它日，復見，曰：「回益矣。」曰：「何謂也？」曰：「回坐忘矣。」仲尼蹵然曰：「何謂坐忘？」顏回曰：「墮枝體，黜聰明，離形去知，總上二句。同於大通，猶太虛之無礙。此謂坐忘。」仲尼曰：「同則無好也，無私心。化則無常也。無滯理。而果其賢乎。果如是之賢。丘也請從而汝也。後也。」宣曰：「仲尼贊顏子語，無一字是顏子口中語，妙，妙。『同』字、『化』字乃所謂大通也，『同』字是橫說大通，『化』字是豎說大通。」○林西仲以「同」字指大通，以「化」字指離形去知。○大道不在仁義，不在禮樂，並不在形知。蓋此二段，又恐人誤認宗師，特爲辨之。

子輿與子桑友，而淋雨十日，子輿曰：「子桑殆病矣。」裹飯而往食之。至子桑之門，則若歌若哭，鼓琴曰：「父邪，母邪。天乎，人乎。」有不任其聲而趨音促。舉其詩焉。飢不能成聲，而其詞促也。子輿入，曰：「子之歌詩，何故若是？」曰：「吾思夫使我至此極者而弗得也。父母豈欲吾貧哉？天無私覆，地無私載，天地豈私貧我哉？求其爲之者而不得也。然而至此極者，命也夫。」點出「命」字，以結通篇，安命即順道也。

宗者何？人之生必有所自始，繼別之祖則宗也。師者何？人之學必有所從受，成我之德則師也。然皆其小者也，大宗師則道也。道，至大無外。張子曰：「乾稱父，坤稱母。」可以知大宗矣。老子曰：「人法地，地法天，天法道，道法自然。」可以知大師矣。然篇中多説生死，何也？人之不能盡道者，皆貪生畏死一念誤之。於是有挾養生之術者，欲與造物爭衡，而妄冀長生。詎知世無常存之人，而有不敝之理？苟能遵道而行，與道爲體，則天地之氣卽吾之氣，天地之理卽吾之理。道常存，我亦常存，無所用其導養也已。此篇宣茂公總評甚佳，然詞多不能載，僅取其大意而損益之。

應帝王應，平聲。言治天下之道在於無爲，能無爲，乃應帝應王也。上篇言內聖，此篇言外王。

齧缺問於王倪，四問而四不知。四問未詳，當是問治天下之道。元默不可思議，無可容吾知也。**齧缺因躍而大喜，行以告蒲衣子。蒲衣子曰：「而乃今知之乎？有虞氏不及泰氏。**古帝。**有虞氏其猶藏仁**一有「義」字。**以要人，亦得人矣，而未始出於非人。**非人者，洪荒之世，民如野鹿之謂。有虞氏雖得人，然醇性已漓，未能超出於上古之民也。**泰氏其臥徐徐，**安舒貌。**其覺于于。**自得貌。**一以己爲馬，一以己爲牛。**不知己爲何物，「馬」、「牛」應「非人」字。**其知情信，**人有知，每多詐僞。泰氏則心知信實無僞。**其德甚真，而未始入於非人。」**民雖喬野，而天性常存，視後世牛馬而襟裾者不同。○宣曰：「非人者，物也。有虞氏有心要人，雖得人矣，然猶繫於物，未能超然出於物之外也。泰氏渾同自然，毫無物累，是未始陷入於物之中也。」亦通。

肩吾見狂接輿。狂接輿曰：「日中始人名。**何以語女？」肩吾曰：「告我：君人者，以己出經式義度，**經常之法式，義理之制度也。或乃於「經」字句，下「人」字句。**人孰敢不聽而化諸？」狂接輿曰：「是欺德也。其於治天下也，猶涉海鑿河而使蚉負山也。夫聖**

人之治也，治外乎？」詰一句。○經式義度正是治外。正而後行，必自正其性命之理，而後可行。言治內也，與欺德不同。確乎能其事者而已矣。素能其事，事不難而民易從，與「鑿海」、「負山」二句不同。且鳥高飛以避矰弋之害，鼷鼠深穴乎神丘之下以避熏鑿之患，物各有知如此。而曾二蟲之無知？」曾謂人反無知，可以欺德驅之乎？

天根人名。遊於殷陽，至蓼水之上，適遭無名人而問焉，曰：「請問爲天下。」無名人曰：「去，女鄙人也，何問之不豫也？豫，一作「預」。言無預於我之事也。下止言不與於我。予方將與造物者爲人，猶爲友。厭則又乘夫莽眇之鳥，虛無之氣。以出六極之外，而遊無何有之鄉，太虛之地。以處壙埌猶曠浪。之野。汝又何帠音藝，法也。崔本作「爲」，更妥。以治天下感予之心爲？」又復問，無名人曰：「汝遊心於淡，合氣於漠，順物自然而無容私焉，而天下治矣。」

陽子居見老聃，曰：「有人於此，嚮疾彊梁，敏於向道，勇於行事。物徹疏明，物情透徹，理解通明。學道不勸，如是者，可比明王乎？」老聃曰：「是此人。於聖人也，胥易如胥役之番易直事。技係，如技藝之係累此身。勞形怵心者也。且也虎豹之文來田，二獸因有文彩，致人來獵。猨狙之便、執斄之狗來藉。便，捷也。斄，牛名，一作「狸」。狗，一作「狗」，熊虎子，能執斄。藉，繩也，以繩繫縛之也。三獸因有技巧，故來繩縛。如是者，可比明王乎？」陽子居蹵然曰：「敢問明王之治。」老聃曰：「明王之治，功蓋天下而似不自己，已忘其功。化貸施也。萬物而民弗恃。民忘其化。有莫舉名，似有而無能名。使物自喜。但使物欣欣自得而已。立乎不測，所存者神。而遊於無有者也。」行所無事。○下段正証明此二句也。

鄭有神巫曰季咸，知人之死生、存亡、禍福、壽夭，期以歲月旬日，若神。鄭人見之，皆棄而走。恐指摘其不吉。列子見之而心醉，歸，以告壺子，原作「壺邱子」，列子之師也。曰：「始吾以夫子之道爲至矣，則又有至焉者矣。」便似已既其實聲口。壺子曰：「吾與汝既盡也。其文，未既其實。而固得道與？衆雌而無雄，而又奚卵焉？此一層斥列子未能得道，言吾之與汝者，盡其文耳，未盡其實，如衆雌無雄，何能成卵？而以道與世亢，必信，如字。一作「伸」，亦通。夫故使人得而相汝。此一層斥列子道之淺露，故人得而相之也。○此「道」字，就列子所能言之。言汝揚其能以取信於人，故人得而窺測之。○兩層意實一串。嘗試與來，以予示之。」宣曰：「從來聖王皆是暴其所長，期民信從，故天下得窺其志向以爲趨避。」

明日，列子與之見壺子。出而謂列子曰：「嘻，子之先生死矣，弗活矣，不以旬數矣。吾見怪焉，見溼灰焉。」言其毫無氣燄。列子入，泣涕沾襟以告壺子。壺子曰：「鄉吾示之以地文，藏文理於至靜之中，若潛九地之下也。萌乎不震不正。原文作「不誫不止」。誫，疑卽震字。是殆見吾杜德機也。震，動也。正，定也。杜，閉藏也。德機，生機也。天地之大德曰生，非無生意之萌而不動，蓋閉藏之也。然曰不定，則非終於寂滅可知，但杜之則不見耳。嘗又與來。」

明日，又與之見壺子。出而謂列子曰：「幸矣，子之先生遇我也，有瘳矣，全然有生矣。吾見其杜權矣。」權，稱錘，喻應物之活動。○閉藏之中，稍露變動端倪，所以爲有瘳必生之象。列子入，以告壺子。壺子曰：「鄉吾示之以天壤，遊心於虚，在天下地上之間。名實不入，而機發於踵。無名象可言，而一段生氣自下而上。是殆見吾善者機也。善機，卽上「德機」，向不見而今見矣。嘗又與來。」

明日，又與之見壺子。出而謂列子曰：「子之先生不齊，變化無定。吾無得而相焉。試齊，且復相之。」列子入，以告壺子。壺子曰：「鄉吾示之以太冲莫勝，冲和之氣，無所偏勝。○《列子》作「莫眹」，猶言無眹也，更好。是殆見吾衡氣機也。持平不可擬以一端。鯢桓之審爲淵，桓，盤桓也。審，原作「潘」，音盤，水所盤聚處。言鯢所盤桓之審也。止水之審爲淵，流水之審爲淵。淵有九名，此處三焉。九淵，詳《列子》。○鯢桓，況天壤有鯢在焉，靜中有動也。止水，況地文也，純乎止水則靜矣。流水，況太冲莫勝也，半流半審，得平衡之意。皆取乎淵者，不離乎渾藏不測之地也。○忽插三句，奇妙不測。嘗又與來。」

明日，又與之見壺子。立未定，自失而走。壺子曰：「追之。」列子追之不及。反，以報壺子曰：「已滅矣，已失矣，吾弗及矣。」壺子曰：「鄉吾示之以未始出吾宗。宗，性初也，一絲未兆、萬象清空之境界也。**吾與之虚而委蛇，**心如太虚，順其自然。**不知其誰何，**宣曰：「無已也。」《莊子故》云：「彼捉摸不定。」按，惟其無已，所以捉摸不定。**因以爲弟靡，**弟音頽。弟靡，困窮貌。○笠山曰：「弟，草字之誤。一本作弟，同頽，未知何據。今依《列子》『草靡』，如草從風，與下『波流』相合成義。」愚按，《列子》原作「茅靡」，今云「草靡」，亦誤。**因以爲波流，**不定意。○二句正言彼捉摸不定。**故逃也。」然後列子自以爲未始學**不敢謂自得道。**而歸。三年不出，爲其妻爨，食豕如食人，於事無與親。雕琢復樸，**歸於真也。**塊然獨以其形立。紛而封哉，**雖處紛紜而內念不出，若有所封閉者然。○此則不復以道與世抗，人無得而相之矣。紛，《列子》作「怮」，然疑是形容「封」字之貌。**一以是終。**此段喻帝王當退藏於密，不可使人窺測，正詳明上「立乎不測」二句意。○宣曰：「帝王以一身立天下之上，下而百官萬民人人皆季咸也。何則？意指一有所向，其覘候之審，應驗之速，雖神巫弗若也。若聖帝明王，所存者神，所过者化，旋轉天下而無端，甄陶天下而無迹，孰得而相之哉？故君道如壺子可也。」

無爲名尸，無爲謀府，無爲事任，無爲知主。體盡無窮，無所不該。**而遊無眹。**一毫不着。**盡其所受於天而無見得，亦虚而已。**以一「虚」字總括之。**至人之用心若鏡，不將不迎，應而不藏，故能勝**平聲。**物而不傷。**此段言帝王之道在虚己無爲，以通結上文。

南海之帝爲儵，音叔。**北海之帝爲忽，中央之帝爲渾沌。儵與忽時相與遇於渾沌之地，渾沌待之甚善。儵與忽謀報渾沌之德，曰：「人皆有七竅以視**竅二。**聽**竅一。**食**竅一。

息，竅二。**此獨無有，嘗試鑿之。」日鑿一竅，七日而渾沌死。**宣茂公曰：「天下，一混沌之天下也；古今，一混沌之古今也。今日立一法，明日設一政，機智豁盡，元氣消亡矣。從來帝王，除去幾人，其餘皆儵也、忽也，皆鑿渾沌之竅而致之死者也。」○何以取名「儵」、「忽」，而言其鑿竅？帝王相禪，一事儵造而有，一事忽廢而無，數番因革之後，淳樸琢盡矣。解此方知帝儵、帝忽取義之妙。

莊子未定稿卷一終

莊子未定稿卷之二目録

外篇上

莊子未定稿卷之二

南海何如瀍建則甫註
曾孫　曰璧編
受業族孫　松校

外篇上

駢拇 此篇言行仁義則失其性，就傷於己説。

駢拇枝指，駢，連也。拇，足大趾，與次趾連爲一也。枝指，多出一指，如枝然。**出乎性哉，**性，猶生也。**而侈乎德。**比於人所同得，則爲剩餘。○按，侈於性，侈於德，皆無用者，故曰剩餘。**附贅縣疣，出乎形哉，而侈於性。**比於生初則爲剩餘。**多方乎仁義而用之者，列於五藏**「臟」仝。**哉，**五性列於五藏，以配五行。**而非道德之正也。**宣曰：「老莊之見，從來是尚道德而卑仁義。故此篇非鄙仁義，便提出『道德』二字，爲一篇之主。」○「道德」二字一點。

是故駢於足者，連無用之肉也；枝於手者，樹無用之指也；減贅疣邊。多方二字疑衍。駢枝於五藏之情者，淫僻於仁義之行，而多方於聰明之用也。申明上意，引出「聰明」二字。蓋言仁言義，皆自逞聰明者也。

是故駢於明者，亂五色，淫文章，青黄黼黻之煌煌非乎？而離朱是已。言這箇不是駢者乎？下仝。多於聰者，亂五聲，淫六律，金石絲竹黄鐘大呂之聲非乎？而師曠是已。枝於仁者，義在其中。擢德塞性標顯其德，充塞其性。以收名聲，使天下簧鼓喧攘。以奉不及不可從。之法非乎？而曾、史是已。駢於辯者，添出「辯」字。纍瓦結繩、言聚無用之語，如瓦之纍；堆砌成文，如繩之結，紛糾不清。竄句，點竄字句。遊心游蕩心思。於堅白同異之間，而敝跬譽無用之言非乎？而楊、墨是已。按，《字典》：「敝跬，音埤屑，用力貌。」然則是用力以稱譽無用之言也。或謂「跬」當作「毀」，以跬字爲訛，未穩。故此皆多駢旁枝之道，非天下之至正也。承上意而暢言之，以見其非至正也。○應「非道德之正」，一束。

彼至正一作「正正」。者，不失其性命之情。實也。故合者不爲駢，而枝者不爲跂；長者不爲有餘，短者不爲不足。是故鳧脛雖短，續之則憂；鶴脛雖長，斷之則悲。故性長非所斷，性短非所續，無所去憂也。率其本然，則自無憂，何待於去？○駢枝上之所有，此又添出「長短」二字，獨申一譬。意仁義其非人情乎。彼仁義何其多憂也？詳下文。

且夫駢於拇者，決之剔開。則泣；枝於手者，齕之則啼。二者或有餘於數，或不足於數，其於憂一也。《莊子故》曰：「此上四句，卽鳧脛、鶴脛意，因篇首言駢枝，卽借替用耳，故下句仍用『有餘』、『不足』字。然篇首所言駢枝，乃添設意，當削去者；此所言駢枝，乃生成意，不當削去者，勿一例看去也。替換亦有意，蓋謂鳧短鶴長，自然之生成，固不可增損；卽駢枝本非自然，亦不可增損也。喻人性不能盡善而無惡，亦當聽之。」○按，此條分析最精，然語氣須渾融。下乃詳之。今世之仁人，蒿目而憂世之患；世之患，所包甚廣，如堯舜之所憂皆是。不仁之人，決性命之情而饕富貴。世以仁義可以富貴，於是戕賊人性以爲仁義也。故意仁義其非人情乎？自三代以下者，天下何其囂囂也？此段承上段而暢言之，言駢拇枝手，或有餘，或不足，而以決齕爲憂，人情乃然。乃憂世之患者，饕富貴者，不啻決駢拇矣，齕枝手矣，而不以爲憂，意者非人情耶？

且夫待鉤繩規矩而正者，是削其性也；待繩約膠漆而固者，是侵其德也；屈折禮樂，呴俞仁義，以慰天下之心者，此失其常然也。天下有常然。常然者，曲者不以鉤，直者不以繩，圓者不以規，方者不以矩，附離同麗。不以膠漆，約束不以纆索。故天下誘然皆生，若有導之以生者。而不知其所以生；同焉皆得，而不知其所以得。故古今不二，不可虧也。不可以人爲損之也。則仁義又奚連連相續貌。如膠漆纆索，而遊乎道德之間爲哉？使天下惑矣。此卽告子以人性爲仁義之意。○「道德」字又一點。

夫小惑易方，迷於東西南北。大惑易性。迷於天命之情。何以知其然邪？自虞氏招音喬，揭也。仁義以撓天下也，天下莫不奔命於仁義，是非以仁義易其性與？故嘗試論之，自三代以下者，天下莫不以物外物。易其性矣。小人則以身殉利，以利易性。士則以身殉名，以名易性。大夫則以身殉家，以家易性。聖人則以身殉天下。是以天下易性。故此數子者，事業不同，名聲異號，其於傷性以身爲殉，一也。臧與穀，二人相與牧羊，而俱亡其羊。問臧奚事，則挾筴卽方策。讀書；問穀奚事，則博塞以遊。二人者，事業不同，其於亡羊一也。伯夷死名於首陽之下，盜跖死利於東陵之上。二人者，所死不同，其於殘生傷性均也。奚必伯夷之是，而盜跖之非乎？天下盡殉也，彼其所殉仁義也，則俗謂之君子；其所殉貨財也，則俗謂之小人。其殉一也，則有君子焉，有小人焉。若其殘生損性，則盜跖亦伯夷已，又惡取君子小人於其間哉？

且夫屬强合。其性乎仁義者，雖通如曾、史，非吾所謂臧也；屬其性於五味，雖通如俞兒，黃帝時人，能別淄澠之水。非吾所謂臧也；添味一條。屬其性乎五聲，雖通如師曠，非吾所謂聰也；屬其性乎五色，雖通如離朱，非吾所謂明也。減辯一條。吾所謂臧者，非仁義之謂也，臧於其德而已矣；吾所謂臧者，非所謂仁義之謂也，按，宣註疑此是言味之訛，非也，不過疊句以點出性命之情耳。任其性命之情而已矣；吾所謂聰者，非謂其聞彼也，自聞而已矣；吾所謂明者，非謂其見彼也，自見而已矣。夫不自見而見彼，不自得而得彼者，是得人之得而不自得其得者也，適人之適而不自適其適者也。夫適人之適而不自適其適，雖盜跖與伯夷，是同爲淫僻也。余愧乎道德，是以上不敢爲仁義之操，而下不敢爲淫僻之行也。結歸道德，通篇章法。

老莊尊道德而卑仁義，因渠原不識仁義，故言仁義爲駢枝、爲多方，言決性命以饕富貴，言伯夷死名，言殉，言屬，皆謂性中本無仁義，爲仁義者，不過殉名饕富貴，必致決性命而殘形傷性。此正戕賊人以爲仁義之説也。善乎昌黎之論曰：彼所謂道德，離仁義而言之。「彼以煦煦爲仁，孑孑爲義，其小之也則宜。」足以洞中其病根矣。世乃偏爲迴護，過矣。吾取其文而已。

馬蹄 註闕

馬，蹄可以踐霜雪，毛可以禦風寒，齕草飲水，翹足而陸，此馬之真性也。雖有義臺路寢，無所用之。及至伯樂，曰：「我善治馬。」燒之，剔之，刻之，雒之，連之以羈馽，編之以皁棧，馬之死者十二三矣；饑之渴之，馳之驟之，整之齊之，前有橛飾之患，而後有鞭策之威，而馬之死者已過半矣。陶者曰：「我善治埴。圓者中規，方者中矩。」匠人曰：「我善治木，曲者中鉤，直者應繩。」夫埴木之性，豈欲中規矩鉤繩哉？然且世世稱之曰：「伯樂善治馬，而陶匠善治埴木。」此亦治天下者之過也。吾意善治天下者不然。彼民有常性，織而衣，耕而食，是謂同德；一而不黨，命曰天放。故至德之世，其行填填，其視顛顛。當是時也，山無蹊隧，澤無舟梁；萬物群生，連屬其鄉；禽獸成群，草木遂長。是故禽獸可係羈而遊，烏鵲之巢可攀援而闚。夫至德之世，國與禽獸居，族與萬物並，惡乎知君子小人哉？同乎無知，其德不離；同乎無欲，是謂素樸。素樸而民性得矣。及至聖人，蹩躠爲仁，踶跂爲義，而天下始疑矣；澶漫爲樂，摘擗爲禮，而天下始分矣。故純樸不殘，孰爲犧樽？白玉不毀，孰爲珪璋？道德不廢，安取仁義？性情不離，安用禮樂？五色不亂，孰爲文采？五聲不亂，孰應六律？夫殘樸以爲器，工匠之罪也；毁道德以爲仁義，聖人之過也。夫馬，陸居則食草飲水，喜則交頸相靡，怒則分背相踶。馬知已此矣。加之以衡扼，齊之以月題，而馬知介倪、闉扼、鷙曼、詭銜、竊轡。故馬之知而能至盜者，伯樂之罪也。夫赫胥氏之時，民居不知所爲，行不知所之，含哺而熙，鼓腹而遊，民能已此矣。及至聖人，屈折禮樂以匡天下之形，縣跂仁義以慰天下之心，而民乃始踶跂好知，爭歸於利，不可止也。此亦聖人之過也。

胠篋

上二篇言仁義有害於人己，此篇言仁義反以教民爲盜，比前二篇又推進一層。

將爲胠音區，腋下也，又旁開物也，如從腋下取之也。篋探囊發匱俗作櫃。之盜而爲守備，則必攝整飭。緘縢，所以約囊。固扃鐍，同鍑，音決，環舌也，所以鎖篋匱。此世俗之所謂知也。然而巨盜至，則負匱揭舉也。篋擔囊而趨，唯恐緘縢扃鐍之不固也。然則鄉之所謂知者，不乃爲大盜積者也？也，當作「乎」。

故嘗試論之：世俗所謂知者，有不爲大盜積者乎？所謂聖者，有不爲大盜守者乎？上是小事，只用得「知」字。此下論天下國家，須兼用「聖」字，故用疊句引出「聖」字來。何以知其然邪？昔者齊國鄰邑相望，雞狗之音相聞，罔罟之所布，耒耜之所刺，方二千餘里。闔四境之内，所以立宗廟社稷，治邑屋州閭鄉曲者，曷嘗不法聖人哉？然而田成子一旦殺齊君簡公。而盜其國，所盜者豈獨其國邪？并與其聖知之法而盜之。故田成子有乎「乎」字可删。盜賊之名，而身處堯舜之安，小國不敢非，大國不敢誅，十二世有齊國，則是不乃竊齊國，并與其聖知之法以守其盜賊之身乎？嘗試論之：世俗之所謂至知者，有不爲大盜積者乎？所謂至聖者，有不爲大盜守者乎？「守」字比「積」字自是深一步，然上節已有「守」字，此節不過承上暢言之耳。何以知其然邪？昔者龍逢斬，比干剖，萇宏胣，音以，刳腸也。子胥靡，爛也，爛於江中。○四句言聖人之道無益於善人也。故四子之賢而身不免於戮。故跖之徒問於跖曰：「盜亦有道乎？」跖曰：「何適而無有道邪？夫妄意室中之藏，聖也；入先，勇也；出後，義也；知可否，知也；分均，仁也。五者不備而能成大盜者，天下未之有也。」此言聖人之道有利於不善人也。由是觀之，善人不得聖人之道不立，此句陪。跖不得聖人之道不行。主句。○頂「聖」、「勇」、「知」、「仁」五句。天下之善人少而不善人多，則聖人之利天下也少，而害天下也多。此段宣茂公謂聖知爲天下之害，愚謂仍是暢發守盜賊之身意，蓋惟其利於盜賊，故有害於天下也。故曰：脣竭則齒寒，脣竭，非以寒齒也，而齒寒。魯酒薄而邯鄲圍，魯酒薄，非以圍邯鄲也，而邯鄲圍。○《淮南子》：楚會諸侯，魯獻酒於楚。魯酒薄而趙酒厚，楚之主酒吏求酒於趙，趙不與。吏怒，乃以趙厚酒易魯薄酒，奏之，楚王以趙酒薄圍邯鄲。聖人生而大盜起。聖人生，非以起大盜也，而大盜起。皆言事有相致也。掊擊聖人，縱舍盜賊，而天下始治矣。夫川竭而谷虛，丘夷而淵實。聖人已死，則大盜不起，天下平而無故矣。言事有相成也。聖人不死，大盜不止。雖重聖人而治天下，則是重利盜跖也。爲之斗斛以量之，則并與斗斛而竊之；爲之權衡以稱之，則并與權衡而竊之；爲之符璽以信之，則并與符璽而竊之；爲之仁義以矯之，矯揉之。則并與仁義而竊之。何以知其然邪？彼竊鉤者誅，竊國者爲諸侯，諸侯之門而仁義存焉，諸侯之門所爲者，人便稱爲仁義。則是非竊仁義聖知邪？故逐趨逐。於大盜，揭舉而奪之。諸侯，竊仁義并斗斛權衡符璽之利者，廿一字作一句。雖有軒冕之賞弗能勸，斧鉞之威弗能禁。此重利盜跖而使不可禁者，是乃聖人之過也。此段歸過於聖人也。

故曰：「魚不可脱於淵，國之利器不可以示人。」彼聖知者，天下之利器也，非所以明示也。天下也。故絶聖棄知，大盜乃止；擿俗作擲。玉毁珠，小盜不起；焚符破璽，而民樸鄙；掊斗折衡，而民不爭；殫殘盡毁也。天下之聖法，而民始可與論議。論議道德。擢亂六律，鑠絶竽瑟，塞瞽曠之耳，而天下始人含其聰矣；滅文章，散五采，膠粘合之。離朱之目，而天下始人含其明矣；毁絶鉤繩而棄規矩，攦音例，折也。工倕之指，而天下始人有其巧矣。故曰：大巧若拙。獨找一句，板處皆活。削曾、史之行，鉗楊朱之口，攘除也。棄仁義，而天下之德始佉同矣。彼人含其明，則天下不鑠矣；人含其聰，則天下不累矣；人含其知，則天下不惑矣；人含其德，則天下不僻矣。彼曾、史、楊、墨、師曠、工倕、離朱者，皆外立其德而以爚亂天下者也，法之所無用也。

子獨不知至德之世乎？昔者容成氏、大庭氏、伯皇氏、中央氏、栗陸氏、驪畜氏、軒轅氏、赫胥氏、尊盧氏、祝融氏、伏羲氏、神農氏，當是時也，民結繩而用之，甘其食，美其服，樂其俗，安其居，鄰國相望，雞狗之音相聞，民至老死而不相往來。若此之時，則至治已。

今遂至三字惕然。使民延頸舉踵，曰「某所有賢者」，贏糧而趣之，則內棄其親，而外去其主之事，足跡接乎諸侯之境，車軌結乎千里之外，則是上好知之過也。上言聖人之過，此言過在好知，以申明上意。

上誠好知而無道，則天下大亂矣。何以知其然邪？夫弓弩畢弋機變之知多，則鳥亂於上矣；鉤餌網罟罾笱之知多，則魚亂於水矣；削音峭。格植柵施網羅也。羅落鳥罟。罝兔罟。罘翻車。之知多，則獸亂於澤矣；澤，疑作「山」。知詐漸毒、漸音尖，浸也。漸毒，猶言深害也。頡滑舊注：難料理也。按，《詩》「頡之頏之」，飛而上下也。滑，往來通利也。蓋取上下往來遊走不定，難以尋其端緒之意。堅白、解垢詭褻之詞。同異之變多，則俗惑於辯矣。故天下每每大亂，罪在於好知。故天下皆知求其所不知，而莫知求其所已知者；務外以求多知，而不知求其固然而易曉者。皆知非其所不善，而莫知非其所已善者，知非人之非，而不知素所謂善者亦非也。是以大亂。故上悖日月之明，下鑠山川之精，中墮四時之施；惴耎之蟲，無足者。肖翹之物，翻飛者。莫不失其性。甚矣夫好知之亂天下也。此段言好知，則人心陷溺而致亂。極言流禍。

自三代以下者是已，舍夫種種謹愨貌。之民，而悅夫役役之佞；「脅肩諂笑，病於夏畦」之意。釋夫恬淡無爲，而悅夫啍啍同諄，煩絮也。之意。啍啍已亂天下矣。此段慨歎末俗作結。

在宥

聞在宥天下，不聞治天下也。在，存也，聽其自存，不亂之也。宥，寬也，容之寬然，不驅之也。若治則以有心爲之。○按，下「遷」字固是容之於內，更兼囿之於外，不使遷徙。然已有大德，自能宥之，非用力也。在之也者，恐天下之淫淫蕩。其性也；宥之也者，恐天下之遷遷徙而失之也。其德也。在宥如是。天下不淫其性，不遷其德，有治天下者哉？

昔堯之治天下也，「治」字受病。使天下欣欣焉人樂其性，是不恬靜也。也；桀之治天下也，使天下瘁瘁焉人苦其性，是不愉悦也。也。夫不恬不愉，非德也。非德也，而可以長久者，天下無之。其故下文明之。人大音泰。喜邪，毗偏倚也。於陽；大怒邪，毗於陰。陰陽并毗，四時不至，不調。寒暑之和不成，其反傷人之形乎？「大喜」以下，申言傷人之形，而不可以長久也。「喜怒」二字，卽「苦樂」二字替身，以其於毗陰毗陽更切，故用之耳。「四時不至」等句，皆就人身心言之。傷人之形，卽不可長久意，或乃以爲喻，不可從。使人喜怒失位，居處無常，思慮不自得，中道不成章。於是乎天下始喬自高。詰責人。卓卓異。鷙，猛疾。而後有盜跖、曾、史之行。故舉天下以賞其善者不足，舉天下以罰其惡者不給，故天下之大，不足以賞罰。自三代以下者，匈匈焉終以賞罰爲事，彼何暇安其性命之情哉？治天下之弊如是。○「何暇」字妙。

而且説明邪，是淫於色也；説聰邪，是淫於聲也；説仁邪，是亂於德也；説義邪，是悖於理也；説禮邪，是相去聲，助也。於技也；説樂邪，是相於淫也；説聖邪，是相於藝也；説知邪，是相於疵也。天下將安其性命之情，之八者，存可也，亡可也；天下將不安其性命之情，之八者，乃始臠卷拘束貌。傖囊猶搶攘。而亂天下也。而天下乃始尊之惜之，甚矣，天下之惑也。豈直過也而去之邪？句是起下，蓋尊之惜之，當時已大惑矣。然天下之惑，不但當時尊惜，過後便棄去，乃奕世欣奉之而不忘也。○「齊戒」三句，正言過後之事。乃齊戒以言之，跪坐以進之，鼓歌以儛之，吾若是何哉？此段言天下之弊更如是，乃承上段而悉言之。○「説明」等，皆治天下者致之。

故君子不得已而臨涖天下，莫若無爲。無爲也，而後安其性命之情。故「貴以以，猶「其」也。身爲天下，則可以託天下；愛以身爲天下，則可以寄天下。」故君子苟能無解支離。其五藏，無擢顯耀。其聰明；尸居不動。而龍見，神采隱躍。淵默不言。而雷聲，聲名洋溢。神動而天隨，精神方動，天機自赴。從容無爲而萬物炊累焉。至德薰人，如炊者之層累自熟，此所以可以寄託天下也。吾又何暇治天下哉？君子本無心於天下，故曰「不得已而臨涖天下」。「無爲」二字，卽在宥之訣也。究所謂無爲者，君子乃於身内着精神，而萬物自化，則又何暇計及於治哉？

崔瞿問於老聃曰：「不治天下，安藏善也。人心？」老聃曰：「女慎無攖人心。人心以下形容人心。排下而進上，上下囚殺，淖約柔乎剛强。廉劌雕琢，其熱焦火，其寒凝冰。其疾俛仰之間而再撫四海之外，其居也淵而靜，其動也縣而天。僨驕而不可係者，其唯人心乎？《莊子故》曰：「人心或爲人所排，則失志銷魂而下；或進之，則希高望遠而上。上下無常，或係縛如囚，搆鬭如殺。方其囚，若處子淖約而柔服乎剛强；及其殺，若刀劍廉利劌割，可以雕琢。焦火，喻其躁；凝冰，喻其堅；俛仰四海，喻其速；淵靜縣天，喻其動靜各殊。而總以『僨驕不可係』斷之，此人心不可攖也。」

昔者黃帝始以仁義攖人之心，黃帝作俑。堯舜於是乎股無胈，脛無毛，以養天下之形，愁其五藏以爲仁義，矜鉗束。其血氣以規法度。然猶有不勝也，堯於是放讙兜於崇山，投三苗於三危，流共工於幽都，此不勝天下也夫。二帝加甚。

施及三王，而天下大駭矣。三代愈趨愈下。下有桀、跖，上有曾、史，上下以人品言。而儒墨畢起。於是乎喜怒相疑，愚知相欺，善否相非，誕信相譏，而天下衰矣；大德不同，德本大而岐別之。而性命爛漫靡喪支離。矣；天下好知，而百姓求竭矣。殫盡思慮，不能供上之求也。〇四「矣」字，寫大駭後變態百出，是一層。於是乎釿斤。鋸制焉，繩墨殺焉，椎鑿決焉。三「焉」字，寫繁刑隨之，又一層。天下脊脊繁碎不平。大亂，罪在攖人心。故賢者伏處大山嵁巖之下，避世。而萬乘之君憂慄乎廟堂之上。

今世愈不堪言。殊死者相枕也，已誅斬者如是。桁楊者相推也，方械繫者如是。刑戮者相望也，被笞辱者又如是。○三代設繁刑，尚不若今世犯刑者之日益衆。而儒墨乃始離跂企足。攘臂舉臂。乎桎梏之間。意，仝噫。甚矣哉，其無愧而不知恥也甚矣。吾未知聖知之不爲桁楊椄槢桁楊之管。也，仁義之不爲桎梏鑿枘桎梏之筍。也，焉知曾史之不爲桀跖嚆矢響箭，响馬賊之先聲也。也？故曰：絶聖棄知，而天下大治。形容攖人心之害，如江河日下，至于今世，乃不忍置口，於是不得不追罪於致此之由。然則天下宜在宥之乎，抑宜治之乎？讀老子之言，可深省已。

黄帝立爲天子十九年，令行天下，四字是不滿之詞。聞廣成子在於空同之上，故往見之，曰：「我聞吾子達於至道，敢問至道之精。此句問得是，而下之所欲者，却又非至道之精。吾欲取天地之精，精氣。以佐五穀，使年豐熟。以養民人，使疾不作。吾又欲官陰陽，使二氣各得其職。以遂群生。育及萬物，不特養民人而已。爲之奈何？」問至道之精，而所欲却純是治天下，是帝之病處。

廣成子曰：「而汝也，下仝。所欲問者，物之質也；猶云「未散之朴」，蓋初問「道之精」

也。**而所欲官者，物之殘也。**猶云「朴散之餘」。○「官」字并該取「天地之精」二句。**自而治天下，**揭明他治天下三字。**雲氣不待族而雨，草木不待黄而落，日月之光益以荒矣。而佞人之心翦翦者，又奚足以語至道？」**翦翦，瑣碎也。言汝一味瑣碎以求媚於天下，已將天下元氣全然凋喪，尚言至道之精乎？

黄帝退，捐天下，築特室，席白茅，閒居三月，復往邀之。强相見也。**廣成子南首而卧，黄帝順下風膝行而進，再拜稽首而問曰：「聞吾子之達於至道，敢問治身奈何而可以長久？」廣成子蹷然而起，曰：「善哉，問乎。來，吾語汝至道。至道之精，窈窈冥冥；至道之極，昏昏默默。**四句言至道，以下言體道。**無視無聽，**安外。**抱神以静，**全内。**形將自正。**此三句言遺耳目則神静，神静則天君既泰，而五官從令，言内外交爲功也。○三句又是總冒。**必静必清，無勞汝形，無摇汝精，乃可以長生。**神乃全也。此頂「無視無聽」句來，言安外以養内也。**目無所見，耳無所聞，心無所知，女神將守形，形乃長生。**形乃固也。此頂「抱神以静」句來，言全内以養外也。**慎女内，閉女外，多知爲敗。**三句總上作過脈語以起下，如「言寡尤，行寡悔」二句文法一般。○此言體道功夫。**我爲女遂**往而徑至。**於大明之上矣，至彼至陽之原也；**原發乎天。**天地有官，**此言兩儀分職。**陰陽有藏，**此言互爲其根。**慎守女身，物將自壯。**物即道也。○此言内外交養之效。

言能内外交養如是，則可以直到陰陽交會之原頭處也。「天地有官」二句，又言陰陽二氣如此，汝能慎守汝身如上文云云，則物將自壯，而可以長生也。○一説「内外交養矣，然道有陰陽，不可不知」，則「遂於大明之上」四句，仍就工夫説，便多層折，且於兩「矣」字語氣不合，故不敢用。**我守其一而處其和，**我，廣成子自謂也。一，即所謂「原」也。和，則二氣之和也。二句起下，言我如是，故千二百歲而未嘗衰也。**故我修身千二百歲矣，吾形未嘗衰。」黄帝再拜稽首曰：「廣成子之謂天矣。」**按，此即貴愛其身也，即「無解其五藏」云云也。能如是，則從容無爲，而萬物炊累矣。在宥之妙如此，何用治天下哉？○宣曰：「本爲發明『在宥天下』，引此却説修身之要，細細尋味，分明是『致中和』三箇字。天地位，萬物育，這便自然，更不消説。」○須知莊叟引此，全不是説長生的事。

廣成子曰：「來，余語女。彼其物道也。**無窮，**循環不已。**而人皆以爲終；**謂死則已。**彼其物無測，**變化無端。**而人皆以爲極。**謂迹可拘。**得吾道者，上爲皇而下爲王；失吾道者，上見光**生則見光。**而下爲土。**死爲腐土。**今夫百昌**物也。**皆生於土而反於土，**人若不得道，則與物何異？**故吾將去女，入無窮之門，以遊無極之野。**無窮，跟上「無窮」。「無極」，即上「無測」。**吾與日月參光，吾與天地爲常。當我，緡乎；**同脗，合一而無分別也。有當我而來者，我不知其來也。**遠我，昏乎。**遠我而去者，我昏然不知其去。皆不與物攖也。**人其盡死，而我獨存乎。」**

雲將東遊，過扶搖之枝，東海神木。而適遭鴻蒙。鴻蒙方將拊髀雀躍而遊。雲將見之，倘然自失貌。止，贄然拱立貌。立，曰：「叟何人邪？叟何爲此？」鴻蒙拊髀雀躍不輟，對雲將曰：「遊。」雲將曰：「朕願有問也。」鴻蒙仰而視雲將曰：「吁。」雲將曰：「天氣不和，地氣鬱結，六氣不調，四時不節。今我願合六氣之精以育群生，爲之奈何？」與黄帝初問之意同。鴻蒙拊髀雀躍，掉頭曰：「吾弗知，吾弗知。」

雲將不得問。又三年，東遊，過有宋之野，而適遭鴻蒙。雲將大喜，行趨而進曰：「天忘朕邪？天忘朕邪？」再拜稽首，願聞於鴻蒙。鴻蒙曰：「浮遊，不知所求；自得而已。猖狂，不知所往；自適而已。遊者鞅掌，以觀無妄。朕又何知？」按，《詩傳》「鞅掌，失容也」，言勞瘁不暇爲容儀也，蓋鞅掌只訓失容。北山所云，則勞瘁不暇爲容，非單訓「勞瘁」也。此處只當以不爲容儀解之，舊註誤。言鞅掌以觀化，舉目間但見真機自動而已，此外無有知也。雲將曰：「朕也自以爲猖狂，而民隨予所往；朕也不得已於民，今則民之放也。不能自在，如被放之民不得去。○一説「放，效也，爲民所效法也」。願聞一言。」鴻蒙曰：「亂天之經，逆物之情，伭天靜默之天也。弗成；解獸之群，而鳥皆夜鳴；災及草木，禍及昆蟲。意，噫。治人之過也。」結到「治人之過」，與廣成子言「自而治天下」云云一樣，皆莊子引來點睛處。雲將曰：「然則吾奈何？」鴻蒙曰：「意，噫。毒哉。言害已深。僊僊乎歸矣。」僊僊，輕舉貌，言將棄雲將而去。雲將曰：「吾遇天難，願聞一言。」鴻蒙曰：「意，噫。心養。言心當養也。汝徒但也。處無爲，而物自化。此句總領。墮爾形體，吐爾聰明，倫與物忘；倫者，一味平等也。大同乎涬溟，與浩氣同體。解心釋神，莫然無魂。解心之係，釋神之縛。莫然，坐忘之象。無魂，言如槁木死灰，全無動念也。六句乃無爲之妙。萬物云云，多貌。各復其根，各復其根而不知；渾渾沌沌，終身不離；五句所謂物自化也。若彼知之，乃是離之。無問其名，無闚其情，物固自生。」五句又一反一正以收束之。雲將曰：「天降朕以德，示朕以默；躬身求之，乃今也得。」再拜稽首，起辭而行。問答意，與前段大略皆同。

世俗之人，是言治天下之人。皆喜人之同乎己，而惡人之異於己也。同於己而欲之，異於己而不欲者，以出乎衆爲心也。夫以出乎衆爲心者，曷常出乎衆哉？因衆以寧，「以寧」爲句，「所聞」屬下句。所聞不如衆技衆矣。此二句頗費解。按下文謂獨往獨來，是謂至貴，至貴則出衆矣；而曰獨往獨來，則於人之同異，何庸吾之好惡哉？今以出衆爲心，而時時有一「衆」字在心中，衆同則寧，不同則不寧，是則實藉衆力耳，故曰不如衆技。此即下文「有大物者不可以物物」之意，亦即《易·象》「憧憧往來，未光大」之意。○「所聞」二字不必泥。而欲爲人之國者，此攬乎三王之利，而不見其患者也。此以人之國僥倖也。幾何僥倖而不喪人之國乎？其存人之國也，無萬分之一；而喪人之國也，一不成而萬有餘喪矣。悲夫，有土者之不知也。夫有土者，有大物也。有天下之見橫於胸中。有大物者，不可以物物，既有物累，不可以主宰乎物矣。而不物，故能物物。明乎物物者之非物也，有物，卽上面以出衆爲心。宣謂「又是一層病根」，誤。豈獨治天下百姓而已哉？出入六合，遊乎九州，獨往獨來，是謂獨有。獨有之人，是之謂至貴。此乃真能出衆者。

大人之教，若形之於影，聲之於響。有問而應之，盡其所懷，爲天下配。對也。問者爲主，應者爲配。處乎無響，寂以待物。行乎無方。感而遂通。挈汝適復來也。之往也。撓撓，來往之貌。以遊無端；挈汝以往，或來或去，以遊於無端倪之所。出入無旁，去聲。與日無始；無倚傍，無終始。頌論形軀，又總形容擬議其體也。合乎大同，大同而無己。無己，惡乎得有有？何況有物。覩有者，昔之君子；三代以下之所謂聖明也。覩無者，天地之友。宣曰：「此段言大人一味因應，句句與上段相對，一路逼出『無』字。『無』字卽上段『物物者非物』之謂也，特特留在此處點破。無則無爲矣，無爲則在宥而已矣。」〇通篇正文，到此已完。

賤而不可不任者，物也；卑而不可不因者，民也；匿禍福隱伏難知。而不可不爲者，事也；麤而不可不陳者，法也；遠而不可不居者，義也；親而不可不廣者，仁也；節而不可不積者，禮也；中而不可不高者，德也；一而不可不易者，道也；神而不可不爲者，天也。故聖人觀於天而不助，成於德而不累，出於道而不謀，會於仁而不恃，薄於義而不積，應於禮而不諱，接於事而不辭，齊於法而不亂，恃於民而不輕，因於物而不去。物者莫足爲也，而不可不爲。不明於天者，不純於德；不通於道者，無自而可；不明於道者，悲夫。何謂道？有天道，有人道。無爲而尊者，天道也；有爲而累者，人道也。主者，天道也；臣者，人道也。天道之與人道也，相去遠矣，不可不察也。此段意膚詞雜，斷是僞作。

天地

天地雖大，其化均也；覆載萬物，均之一氣之化也。○陪句。**萬物雖多，其治一也；**飛潛動植，只是一元之氣主宰綱維之而已。○陪句。**人卒雖衆，其主君也。**主句。○六句言「天下之衆，皆受治於君」，以起下。**君原於德而成於天。**上古之君，皆有德者居之，而德本於天。**故曰玄**德出於天，幽深不測，故曰元德。**古之君天下，無爲也，天德而已矣。**天德卽盡道者，故下言道。**以道觀**猶衡論也。**名，**稱名也，君之名也。**而天下之君正；**以道衡論，名爲君者，能盡道則可以爲君。**以道觀分，**君臣之職守。**而君臣之義明；**既各盡其道，則君臣之義明。**以道觀能，**服官之才能。**而天下之官治；**能盡道則官治。**以道泛觀，而天下之應備。**能盡道，則泛應曲當。○以上八句，各開説，言君也，君臣也，百官也，萬事也，皆要盡道。是就理上論之。**故通於天地者，德也；**此句言君。天地之道，皆備於我，而與天地爲一者，德也。通於天地，則君道盡，而天下之君正矣。**行於萬物者，道**當作「義」。**也；**此句言君臣。行於萬物，則能盡道而義明矣。**上治人者，事也；**此句言百官。上能治人，則能盡道而官治矣。**能有所藝者，技也。**此句言萬事。能有所藝，則盡道而應備矣。○此四句，亦各開説，以申明上一層。**技兼於事，事兼於義，義兼於**

德，德兼於道，道兼於天。此五句始串説。○兼者，統攝之意。天下之應，皆官治之，是技兼于事。官之治，由君臣之義明，是事兼於義。義明由于君正，是義兼于德。至于德，君德也；道，天道也。是德兼于道，道兼于天矣。由此觀之，可見本天德以出治，則能盡天道，而君自正，義自明，官自治，應自備，豈不是無爲而治邪？故曰：人卒雖衆，其主一也。○上「以道觀名」八句，言要盡道；「通于天地」四句，正言如是則爲盡道。技兼于事，則歸統于天道也。故曰：古之畜天下者，無欲而天下足，無爲而萬物化，淵靜而百姓定。記曰：「通於一一者，天道也。卽上「通于天地」意。而萬事畢，無心得而鬼神服。」此節言君德在無爲，無爲者，天道也。故下皆言道。

夫子孔子曰：「夫道，覆載萬物者也，洋洋乎大哉。君子不可以不刳心焉。有心則累其自然，故當刳而去之。無爲爲之之謂天，無爲言之之謂德，愛人利物之謂仁，老莊説仁義原淺，不足深論。但平日掊擊仁義，此又欲明此十者，不可解。不同同之物本不同，而我同之。之謂大，行不崖異之謂寬，有萬不同有此萬不同者。之謂富。故執德之謂紀，爲萬物記。德成之謂立，卓然自立。循於道之謂備，衆善悉有。不以物挫志之謂完。外物不損其心，則天德完全。君子明於此十者，則韜乎包括無遺之意。其事心之大也，沛乎其爲萬物逝也。爲萬物所歸往。若然者，藏金於山，藏珠於淵，不利貨財，不近富貴；一層。不樂壽，不哀夭；一層。不榮通，不醜窮；一層。不拘一世之利以爲己私分，去聲。此申「藏金」四句。不以王

天下爲己處顯。顯則明，此申「不榮通」二句。○《莊子故》以「處顯則」三字爲衍，從之。**萬物一府，死生同狀。」**申「不樂壽」二句。○此言道包涵衆有，體道者不可不寬洪廣大也。即上「通於一」意。

夫子曰：「夫道，淵乎其居也，漻乎其清也。二句，道之寂然不動時形容也。**金石不得，無以鳴。故金石有聲，不考不鳴。萬物孰能定之？**猶云孰能知之。言道當靜時，固寂然不動也，而道存焉，但不感則不應耳。如金石之能鳴，亦道也，非道則無以鳴矣。然不考不鳴，誰能知之？若考則鳴矣。然則觀於金石，而道之感而必通可知矣。**夫王德之人，**盛德能盡道者。**素逝**任素而往。**而恥通於事，**即「淵乎」二句意。**立之本原而知通乎神。**即金石有聲意。**故其德廣，其心之出，有物採之。**即考而後鳴意。**故形非道不生，**有道而後有形。**生非德不明。**有德於己，然後生理著明。**存形窮生，**窮其所由生之理也。**立德明道，非王德者邪？蕩蕩乎，忽然出，勃然動，而萬物從之乎，此謂王德之人。視乎冥冥，聽乎無聲。**道不在形聲故。**冥冥之中，獨見曉焉；無聲之中，獨聞和焉。**道又非寂滅故。**故深之又深而能物焉，**物物皆從此出。**神之又神**至無方矣。**而能精焉；**事事皆盡精微。**故其與物接也，至無而供其求，**虛而能應。**時騁而要其宿。**歸宿也。通而能復。**大小、長短、脩遠。」**一作「遠近、大而小、長而短、遠而近也」。一說，無所不宜，似歇下語矣。○此節言「道寂然不動，感而遂通」也。

黃帝遊乎赤水之北，赤者，南方明色。其北，則玄境也。登乎崑崙之丘玄之極境。而南望。還歸，遺其玄珠。南方，明察之方也。已入玄境，不能久守，復望明處而反，所以失其玄珠。玄者，幽深不可色象之名。珠者，體圓而光，圓轉不滯，深藏淵海之寶，以擬性靈也。使知知識。索之而不得，使離朱更加明察。索之而不得，使喫詬更加言辯。索之而不得也。乃使象罔，象則非無，罔則非有。象罔得之。非有非無，不皦不昧，此玄珠之所以得也。黃帝曰：「異哉，象罔乃可以得之乎？」大悟矣。知、離朱、喫詬，皆曰索；象罔不言索，以其無待於索也。○此節言求道不在知識、明察、言辯也。

堯之師曰許由，許由之師曰齧缺，齧缺之師曰王倪，王倪之師曰被衣。堯問於許由曰：《莊子故》謂「弟子無毀師之理，『許由』當作『被衣』」。下同。「齧缺可以配天乎？言為君也。堯蓋欲讓天下。吾藉王倪以要之。」許由曰：「殆哉，圾同岌。乎天下。倒句法。齧缺之爲人也，聰明叡知，給數以敏，能以給捷應煩數也。其性過人，而又乃以人受天。彼審乎禁過，而不知過之所由生。與之配天乎？方且乘人而無天，人心用事，不能任天。方且本身而異形，肝腸楚越也。方且尊知而火馳，機謀急速也。方且爲緒使，爲細物所役使。方且爲物絯，音該，束也。爲物束，甚於爲物使。方且四顧而應物，酬接不暇。○一作「物應」，言物未能忘我；下「應衆宜」言我未能忘物，甚好，但嫌于「四顧」二字欠妥。方且應衆宜，事事求合其宜。○上「應物」不過物來則應之耳，此則有心求合于事物之宜，比上又甚矣。方且與物化而未始有恒。爲物所變而不能定。○應衆宜，猶我爲政也，此則爲物所化，較上又甚矣。夫何足以配天乎？以上全抑之。雖然，有族，有祖，可以爲衆父，而不可以爲衆父父。一轉半抑之。治，亂之率也，治亦倡於此，亂亦倡於此。北面之禍也，不可爲人臣。南面之賊也。」不可爲人君。○又全抑之。○此節言任人而不任天者，不可以治天下，與上節正相反。

堯觀乎華。地名。華封人曰：「嘻，聖人。請祝聖人，使聖人壽。」堯曰：「辭。」「使聖人富。」堯曰：「辭。」「使聖人多男子。」堯曰：「辭。」封人曰：「壽、富、多男子，人之所欲也，女獨不欲，何邪？」堯曰：「多男子則多懼，富則多事，壽則多辱。無稽之言。是三者，非所以養德也，故辭。」封人曰：「始也我以女爲聖人邪，今然君子也。穉拙不堪讀。天生萬民，必授之職，多男子而授之職，則何懼之有？富而使人分之，則何事之有？夫聖人，鶉居鶉無常居，言不求安也。而鷇食，鷇待母哺，言不求飽也。鳥行行於虛際而無跡，皆無心自然之意。而無彰，不自顯暴。天下有道則與物皆昌，天下無道則修德就閒；千歲厭世，去而上僊，乘彼白雲，至於帝鄉。三患莫至，老、病、死也。或謂水、風、火，固非，更有以多懼、多事言者，不知自「鶉居」以下，皆言壽之無辱耳，何得牽扯到多懼多事邪？身常無殃，則何辱之有？」封人去之。堯隨之，曰：「請問。」曰：「退已。」此節引來，取聖人一段，得無心無爲之意。然意膚詞拙，僞作無疑。

堯治天下，伯成子高立爲諸侯。堯授舜，舜授禹，伯成子高辭爲諸侯而耕。禹往見之，則耕在野。禹趨就下風，立而問焉，曰：「昔堯治天下，吾子立爲諸侯。堯授舜，舜授予，而吾子辭爲諸侯而耕。敢問其故何也？」子高曰：「昔堯治天下，不賞而民勸，不罰而民畏。今子賞罰而民且不仁，德自此衰，刑自此立，後世之亂自此始矣。夫子闔同盍。行邪？無落荒也。吾事。」俋俋乎低首貌。耕而不顧。此亦淺率無味，斷是僞作。

泰初有無無，併「無」字亦無。此句宋儒不道。有無名；這方是無，即老子「無名，天地之始」是也。一之所起，有一而未形。物得以生，謂之德；三句連讀，是就理上預註一句，尚未說到賦予於物上。○無之下，方有一者，太極也。然太極尚未着物，得此未形之一以生，則性中各有一太極。未形者有分，且然無間，謂之命；二句連讀，言分陰分陽，猶且陰變陽合，流行無間，是乃天之所以爲命也。留動而生物，動，卽造化之流行也。少留於此，便生出物來。物成生理，謂之形；物既生矣，而造化之生理隨物而各足，如動植胎卵巨細之不同，要皆一成而不可易。○此生理只就形體邊說，下句乃說到性。形體保神，各有儀則，謂之性。形體保合其神，所謂精氣爲物也，而視聽言動莫不各有當然之則，乃所謂性也。○「物成生理」三句，卽氣以成形而理亦賦焉。上所謂「物得以生謂之德」，此也。或單以理言，雖好而未全。性修反德，德至同於初。性既修，而復其所賦予之德，至德之極，而同於泰初。此極至之詣矣。○無無、無名，無極也。一，太極也。物得以生，一物一太極也。有分者，分陰分陽也；無間者，互根也；生物者，化生萬物也。「物成」句，成形也；「保神」句，理亦賦也；「性修」句，盡人合天也。**同乃虛，虛乃大。**二句形容同於初之妙境。**合喙鳴；**如鳥之合喙而鳴，渾然爲一也。**喙鳴合，與天地爲合。**渾然爲一，則與天地合矣。**其合緡緡，**與脗同，脗合無間也。**若愚若昏，是謂玄德，同乎大順。**此節言道體也。精理微言，可與《中庸》、《繫辭》相發明。○「玄德」字，照應首節。

夫子問於老聃曰：「有人治道若相放，同倣，效法成規也。**可不可，然不然。辯者有言曰：『離堅白若縣寓。』**同宇。○於法治之中，有可與不可，有然與不然。其言曰：「離堅白若縣宇。」謂分析堅白之論，若縣之天宇，明顯易見也。**若是則可謂聖人乎？」老聃曰：「是胥易技係，勞形怵心者也。執狸之狗成思，猨狙之便自山林來。**成思，被繫而愁思也。○按，此數句，與《應帝王》篇大同小異，則「成思」二字乃「來田」之誤。魏晉人行草「成」字類「來」，「思」字類「田」也。○「自山林來」，爲人所捕而出山林也。**丘，予告若，而所不能聞，與而所不能言，**不能聞、不能言者，道也。**凡有首有趾、**具體爲人。**無心無耳**實則無知無聞。**者衆，**世盡此輩。**有形者與無形無狀而皆存者盡無。**無形無狀，道也。能形與道皆存者，世所希有。**其動止也，其死生也，其廢起也，此又非其所以也。**道不在此。**有治在人，**有道以治之，在於人之身也，則當聽夫自然之道可矣，何用勞形怵心也？**忘乎物，忘乎天，其名爲忘己，忘己之人，是**

之謂入於天。」入於天，與天爲一也。無適而非道矣，何用妄生辯别哉？

蔣閭葂見季徹曰：「魯君謂葂也曰：『請受教。』辭不獲命。既已告矣，未知中否，請嘗薦之。試陳所言以就正。吾謂魯君曰：『必服恭儉，拔出公忠之屬而無阿私，民孰敢不輯？』」季徹局局然笑貌。笑曰：「若夫子之言，於帝王之德，猶螳螂之怒臂以當車軼，同逸。一作「轍」。則必不勝任矣。且若是，則其自爲處危，其臺觀多物，猶云衆民。將往投迹者衆。」《莊子故》曰：「帝王之德，貴無爲而賤有爲。以若所爲，猶人之高其臺觀以自處，以標示于人。人皆往而歸之，投迹者衆矣。此驩虞之習，非皞皞之風也。」○一説「多物」二字爲句，「將往」連下爲句，言高其臺觀，多其景物，則往而投迹者衆也。蔣閭葂覤覤同虩。然驚曰：「葂也汒同茫。若於夫子之所言矣。雖然，願先生之言其風也。」季徹曰：「大聖之治天下也，搖蕩鼓舞。民心，使之成教易俗，舉滅其賊心，害道之心。而皆進其獨志，純一之志。若性之自爲，而民不知其所由然。若然者，豈兄堯舜之教民，溟涬然弟之哉？言不肯讓堯舜居先而己後之也。「兄弟」二字，奇創。○溟涬，自然氣也。然此處恐當作渾淪無所據之貌。欲同乎德而心居矣。」欲同天下於一德，而心安處於不用矣。○此段亦言聖人無心無爲而治。

子貢南遊於楚，反於晉，過漢陰，見一丈人方將爲圃畦，鑿隧而入井，抱甕而出灌，搰搰然用力貌。用力甚多，而見功寡。子貢曰：「有械於此，一日浸百畦，用力甚寡而見功多，夫子不欲乎？」爲圃者卬同仰。而視之曰：「奈何？」曰：「鑿木爲機，後重前輕，挈水若抽，數音朔。如泆同溢。湯，如湯之沸溢。其名爲槔。」爲圃者忿然作色而笑曰：「吾聞之吾師，有機械者必有機事，有機事者必有機心。機心存於胸中，則純白不備；純白不備，則神生不定；神生不定者，道之所不載也。居也。吾非不知，羞而不爲也。」子貢瞞然目無精采貌。慚，俯而不對。有閒，爲圃者曰：「子奚爲者邪？」曰：「孔丘之徒也。」爲圃者曰：「子非夫博學以擬聖，於于夸誕貌。以蓋衆，獨弦哀歌以賣名聲於天下者乎？汝方將忘汝神氣，墮汝形骸，而庶幾乎？而身之不能治，而何暇治天下乎？子往矣，無乏猶落也。吾事。」

子貢卑陬愧恧貌。失色，頊頊然自失貌。不自得，行三十里而後愈。其弟子曰：「向之人何爲者邪？夫子何故見之變容失色，終日不自反邪？」曰：「始吾以爲天下一人指孔子。耳，不知復有夫人也。吾聞之夫子，事求可，功求成。用力少，見功多者，聖人之道。今徒疑當作「彼」。不然。執道者德全，德全者形全，形全者神全。神全者，聖人之道也。託生與民並行，而不知其所之，汒乎淳備哉。功利機巧必忘夫人之心。若夫人者，非其志不之，非其心不爲。雖以天下譽之，得其所謂，謷然不顧；以天下非之，失其所謂，儻然不受。天下之非譽，無益損焉，是謂全德之人哉。我之謂風波之民。」言易爲是非所動。反於魯，以告孔子。孔子曰：「彼假修渾沌氏之術者也。識其一，不知其二；一，專一也，二則雜矣。治其內，而不治其外。夫明白入素，無爲復樸，體性抱神，以遊世俗之間者，汝將固驚邪？且渾沌氏之術，予與汝何足以識之哉？」此一節似緩慢，欠緊切。

諄芒將東之大壑，卽東海。適遇苑風於東海之濱。苑風曰：「子將奚之？」曰：「將之大壑。」曰：「奚爲焉？」曰：「夫大壑之爲物也，注焉而不滿，酌焉而不竭，吾將遊焉。」苑風曰：「夫子無意於横目之民乎？願聞聖治。」諄芒曰：「聖治乎？官施而不失其宜，拔舉而不失其能，畢見其情事而行其所爲，行言自爲所行所言，自爲而已。而天下化，手撓顧指，四方之民莫不俱至，此之謂聖治。」「願聞德人。」曰：「德人者，居無思，行無慮，不藏是非美惡。四海之内共利之之謂悦，共給之之爲安。怊乎若嬰兒之失其母也，不知所恃也。儻乎迷惑之貌。若行而失其道也。不知所歸也。財用有餘而不知其所自來，衣食取足而不知其所從，此謂德人之容。」「願聞神人。」曰：「上神乘光，與形滅亡，此謂昭曠。上神者神上，而日月之光反爲所乘也。「與形滅亡」，不留形跡也。昭，一作「照」。昭曠，昭徹空曠，無復形拘也。致命盡情，致極天命，克盡實理。天地樂而萬事銷亡，與天地同樂，而萬累皆捐。萬物復情，皆歸于實。此之謂混冥。」

門無鬼與赤張滿稽觀於武王之師。赤張滿稽曰：「不及有虞氏乎？故離「麗」仝。

此患也。」門無鬼曰：「天下均治而有虞氏治之邪？其亂而後治之與？」赤張滿稽曰：「天下均治之爲願，而何計以有虞氏爲？滿稽悟無鬼之言，而亦進一解。下暢發之。有虞氏之藥瘍也，禿而施髢，病而求醫。孝子操藥以修進也。慈父，其色憔然，聖人羞之。按，瘍，頭瘡也。瘍則禿矣，未能於無瘍之先治之；及既禿而後施髢，則後事矣。此二句喻有虞氏亂而後治之也，下三句則言其事之可羞也。藥瘍醫病，是一類事，故以此譏之。

至德之世，不尚賢，不使能，上如標枝，挺直上聳。故舊注謂「處高而無臨下之心」。民如野鹿，放適而無拘忌之苦。端正而不知以爲義，相愛而不知以爲仁，實而不知以爲忠，當而不知以爲信，蠢動而相使互相役使。不以爲賜。是故行而無迹，事而無傳。

孝子不諛其親，忠臣不諂其君，臣子之盛也。親之所言而然，所行而善，則世俗謂之不肖子；阿意曲從也。君之所言而然，所行而善，則世俗謂之不肖臣。唯諾媕娿也。而未知此其必然邪？此必然之理，難道不知耶？世俗之所謂然而然之，所謂善而善之，則不謂之道「導」仝。諛之人也。乃反不以爲導諛。然則俗固嚴於親而尊於君邪？此極言導諛世俗之不是。謂己道人，則勃然作色；謂己諛人，則佛然作色。而終身道人也，終身諛人也，合譬廣喻令人易曉。飾辭修辭令人好聽。聚衆也，聚衆使人附己。是終始本末不相坐。坐，如坐罪之坐。言此三者皆道諛之作用而不肯居其名，是始終本末不相合也。○上言道諛之非，此承言明知其非而偏躬自蹈之也。○以上兩段，皆泛論人情大抵如此。**垂衣裳，設采色，動容貌，以媚一世，而不自謂道諛；與夫人之爲徒，通是非，而不自謂衆人，愚之至也。**世人以爲是爲非者，而有虞氏亦從而是非之，是與衆人通是非也，是亦一衆人而已，不亦愚耶？○按，此方落到正意，前半段皆波瀾耳。○煞出「愚」字，拖起下文。

知其愚者，非大愚也；知其惑者，愚則惑。**非大惑也。大惑者，終身不解；大愚者，終身不靈。三人行而一人惑，所適者猶可致也，惑者少也；二人惑則勞而不至，惑者勝也。**插一喻。**而今也以天下惑，予雖有祈嚮，**神往至德之世。**不可得也。不亦悲乎。大聲不入於里耳，《折楊》、《皇荂》，則嗑然而笑。**《折楊》、《皇荂》，二俗曲名。○又插一喻。**是故高言不止於衆人之心，至言不出，俗言勝也。以二缶鐘惑，而所適不得矣。**鍾，正音也。缶，土缶，俗音也。以二缶惑一鍾，則正音爲所混矣。○又插一喻。**而今也以天下惑，予雖有祈嚮，其庸可得邪？**此段言天下皆惑，己雖有言，亦無益也。**知其不可得也而强之，又一惑也，故莫若釋之而不推。**究也。**不推，誰其比憂？**此言言既無益，而又强聒之，是又一惑矣。不若置之，而不替他擔憂爲妙。○上段已是文字餘波，此更是餘波。**厲之人，夜半生其子，遽取火而視之，汲汲然惟恐其似己也。**醜人生子，惟恐似己。而已乃欲强所不可得，而又成一惑，獨不慮其相似耶？故不若釋之而不推也。○又帶一喻作結，峭甚。全篇似止於此。

百年之木，破爲犧樽，青黄而文之，其斷在溝中。比犧樽於溝中之斷，則美惡有間矣，其於失性一也。蹠與曾、史，行義有間矣，然其失性均也。且夫失性有五：一曰五色亂目，使目不明；二曰五聲亂耳，使耳不聰；三曰五臭熏鼻，困惾音潄。困惾，氣逆衝也。中顙；氣從鼻上中於顙。四曰五味濁口，使口厲爽；乖厲爽失。五曰趣舍滑心，使性飛揚。滑，汩亂也。此五者，皆生之害也。而楊、墨乃始離跂自以爲得，非吾所謂得也。夫得者困，所得者乃是困苦耳。可以爲得乎？則鳩鴞之在於籠也，亦可以爲得矣。且夫趣舍聲色以柴其內，舉三者以包其餘。皮弁鷸冠搢笏紳修長也。以約其外。添出外面衣冠一層。內支盈支柱充塞。於柴柵，外重纆繳，睆睆然窮視貌。在纆繳之中，而自以爲得，則是罪人交臂縛手。歷指，而虎豹在於囊檻，亦可以爲得矣。上節結住全篇極峭，而有不盡之味。此節意與通篇不合。○又按，兩「纆繳」字，上句單貼皮弁搢紳，下句則雙頂内外，用字似雜。「虎豹」句與「鳩鴞」句意重，况煞筆亦收拾全篇不住，或是僞作。附記。

天道

天道運而無所積，故萬物成；帝道運而無所積，故天下歸；聖道運而無所積，故海内服。明於天，通於聖，六通四辟明也。於帝王之德者，六通四辟，猶云無所不通不明也。其自爲也，昧然混溟之義。無不靜者矣。運而無積，則是動而不止，却反説是靜。可知靜字不是寂滅之謂。

聖人之靜也，非曰靜也善，句。故靜也；以靜爲善而圖靜，則是有心便非靜矣。莊子恐人有意求靜，故急以一筆掃之。萬物無足以鐃同撓。心者，故靜也。

水靜則明燭鬚眉，平中準，大匠取法焉。水靜猶明，而況精神？其明更不待言。聖人之心靜乎，句起下。言聖人之心苟既靜矣乎，天地之鑒也，萬物之鏡也。則其明也如此。○又在「靜」字推出「明」字，見靜中妙用，知天地萬物。秋水澄胸，更何勞須擾？此便是要落出無爲之胎也。夫虛靜恬淡、寂寞無爲者，將靜空演出八個字。天地之平，而道德之至，故帝王聖人休焉。息心於此。休則虛，虛則實，萬理俱涵。實則倫矣。其中井然有倫理。此層由「休」落出「虛」。虛則靜，靜則動，靜爲動根。動則得矣。由靜而動，自無不宜。○此層由「虛」落

「靜」。靜則無爲，無爲也則任事者責矣。上既無爲，則責在任事者矣。照下「臣子任事」說。○此層從「靜」落「無爲」。無爲則俞俞，卽愉愉。俞俞者，憂患不能處，不能居於其心。年壽長矣。提句八個字，下止從「虛」落「靜」，從「靜」落「無爲」。其「恬淡寂寞」四箇字只算「靜」字，下形容到「無爲」之字。○林西仲曰：「此言天地，不言萬物，靜時原未有物也。」

夫虛靜恬淡、寂寞無爲者，萬物之本也。何但天地之平？卽萬物之紛賾，亦本乎此。此處伏一「本」。○林西仲曰：「此又言萬物，就靜而能應時言之也。」明此以南鄉，堯之爲君也；主。明此以北面，舜之爲臣也。陪。以此處上，帝王天子之德也；主。以此處下，玄聖素王之道也。陪。以此退居而閒遊，江海山林之士服；事也。○陪。以此進爲而撫世，則功大名顯而天下一也。主。靜而聖，動而王，無爲也而尊，樸素而天下莫能與之爭美。此節極贊無爲之妙。

夫明白於天地之德者，虛靜無爲也。此之謂大本大宗，伏「本」字。與天和去聲。言與天爲徒也。者也；所以均調天下，與人和者也。此則有心於爲，不過與人爲徒。與人和者，謂之人樂；與天和者，謂之天樂。莊子曰：「吾師乎，吾師乎。整萬物而不爲戾，整制萬物，似非順其自然，然不爲戾。澤及萬世而不爲仁，長於上古而不爲壽，覆載天地、刻雕衆形而不爲巧，此之謂天樂。申明天樂。

故曰：『知天樂者，其生也天行，順理而行。其死也物化。隨物而化。靜而與陰同德，動而與陽同波。』波取「動」意。○一層。故知天樂者，無天怨，不怨天。無人非，不尤人。無物累，超然物外。無鬼責。合其吉凶。○二層。故曰：『其動也天，其靜也地，一心定而王天下；承第一層。其鬼不祟，无怨非故。其魂不疲，無責累故。一心定而萬物服。』承第二層。言以虛靜推於天地，應轉天地之平。通於萬物，應轉萬物之本。此之謂天樂。天樂者，聖人之心，以畜天下也。」以心畜天下，何用有爲？

夫帝王之德，以天地爲宗，以道德爲主，以無爲爲常。無爲也，則用天下而有餘；有爲也，則爲天下用而不足。故古之人貴夫無爲也。總收上文，無爲之妙如此。

上無爲也，下亦無爲也，是下與上同德，此「德」字以體統言。下與上同德則不臣；下有爲也，上亦有爲也，是上與下同道，此「道」字以設施言。上與下同道則不主。上必無爲而用天下，下必有爲爲天下用，此不易之道也。上文將無爲源頭處説到至精至微，此又轉筆，將無爲與有爲分別權衡，一直趕下，判出本末先後來。其議論不偏不泛，正大明確。

故古之王天下者，知雖落天地，落同絡，包絡也。不自慮也；辯雖雕萬物，不自説也；能雖窮四海，不自爲也。天不産而萬物化，地不長而萬物育，帝王無爲而天下功。故曰：莫神於天，莫富於地，莫大於帝王。故曰：帝王之德配天地。此乘天地，馳萬物，而用人群之道也。

本在於上，末在於下；要在於主，詳在於臣。三軍五兵之運，德之末也；賞罰利害，五刑之辟，法也。教之末也；禮法度數，刑名比比例。詳，治之末也；鐘鼓之音，羽毛之容，樂之末也；哭泣衰绖，隆殺之服，哀之末也。此五末者，須精神之運，心術之動，然後從之者也。就有爲、無爲判出「本末」二字來。

末學者，古人有之，而非所以先也。觀此二句，可見莊子不是把禮制一切屏绝了，止是要人知得緩急輕重耳。君先而臣從，父先而子從，兄先而弟從，長先而少從，男先而女從，夫先而婦從。六句以況本先而末從也。夫尊卑先後，天地之行也，故聖人取象焉。天尊地卑，神明之位也；春夏先，秋冬後，四時之序也。萬物化作，化育興作。萌區有狀，區同勾。《樂記》「區萌達」，鄭註：「區，屈生也。」盛衰之殺，變化之流也。氣機變化之流行也。○四句言萬物盛衰之殺有序也。夫天地至神，而有尊卑先後之序，而況人道乎？宗廟尚親，朝廷尚尊，鄉黨尚齒，行事尚賢，大道之序也。此言天地聖人皆有序，則本末之有先後可知。語道而非其序者，非其道也；語道而非其道者，安取道？從「本末」判出「先後」二字來。

是故古之明大道者，先明天，虛靜無爲是也。而道德次之；道德不過天所賦予。道德已明，而仁義次之；仁義不過道德之緒。仁義已明，而分守次之；職分官守也。分守不過行仁義之官。分守已明，而形名次之；物象名稱。○形名不過辯官守之事。形名已明，而因任次之；因材任職。因任不過寄形名之責。因任已明，而原省次之；原行省心。○原省不過考因任之實。原省已明，而是非次之；是非不過定原省之衡。是非已明，而賞罰次之；賞罰不過衡是非之報。賞罰已明，而愚知處宜，各處其宜。貴賤履位，各履其位。仁賢不肖襲情。襲，如「下襲水土」之「襲」，因也。情，誠實也，各因其實也。必分其能，分能任事。必由其名。循名責實。以此事上，以此畜下，以此治物，以此修身，知謀不用，必歸其天。復於虛靜無爲。此之謂太平，治之至也。

故書曰：「有形有名。」形名者，古人有之，而非所以先也。古之語大道者，五變而形名可舉，自「天」至「形名」，凡五變其説。九變而賞罰可言也。至「賞罰」凡九變。驟而語形名，不知其本也；驟而語賞罰，不知其始也。倒道而言，迕道而説者，人之所治也，止可受治于人。安能治人？驟而語形名賞罰，此有知治之具，非知治之道；可用於天下，不足以用天下，此之謂辯士，一曲之人也。禮法數度，形名比詳，古人有之，此下之所以事上，非上之所以畜下也。此節反繳上節意。○以上言無爲有爲、本末先後之辯如此。一篇之意已完，下止引數人語點證。

昔者舜問於堯曰：「天王之用心何如？」堯曰：「吾不敖同傲。無告，不廢窮民，苦憐也。死者，嘉孺子而哀婦人。寡婦。此吾所以用心已。」舜曰：「美則美矣，而未大也。」堯曰：「然則何如？」舜曰：「天德而出寧，本無爲以出治，物自安寧。日月照而四時行，若晝夜之有經，雲行而雨施矣。」皆本於自然者。「若」字安在中間，句便錯落。堯曰：「然則膠膠擾擾乎。自謙己之自事。子，天之合也；我，人之合也。」夫天地者，以下莊子之言。古之所大也，而黃帝、堯、舜之所共美也。故古之王天下者，奚爲哉？天地而已矣。非莊子手筆。

孔子西藏書於周室。當是欲觀藏書。子路謀曰：「由聞周之徵藏藏書室名。史官名。有老聃者，免而歸居，夫子欲藏書，則試往因焉。」孔子曰：「善。」往見老聃，而老聃不許，於是繙反覆言之。十二經六經六緯。以說。老聃中其說，曰：「太謾，同漫，汗漫也，與「要」字對。願聞其要。」孔子曰：「要在仁義。」老聃曰：「請問：仁義，人之性邪？」孔子曰：「然。君子不仁則不成，不義則不生。仁義，真人之性也，又將奚爲矣？」老聃曰：「請問：何謂仁義？」孔子曰：「中心物愷，兼愛無私，此仁義之情也。」老聃曰：「意，同噫。幾乎後言。猶言末後一層道理之言也。夫兼愛，不亦迂夫？無私焉，乃私也。有意无私即为私。夫子若欲使天下無失其牧養也。乎？則天地固有常矣，日月固有明矣，星辰固有列矣，禽獸固有群矣，樹木固有立矣。夫子亦放同倣。德而行，遁道而趨，已至矣;又何偈偈乎用力貌。揭仁義,若擊鼓而求亡子焉?亡子,亡失之子也。「天地有常」云云,是子未嘗亡也,何用用力揭仁義以求之哉?大意如此,舊注不是。意,噫。夫子亂人之性也。」數「固有」字妙,可見無爲不是不爲,乃本不消我爲也。

士成綺見老子而問曰:「吾聞夫子聖人也,吾固不辭遠道而來願見,百舍百日旅宿。重趼足跟皮厚。而不敢息。今吾觀子,非聖人也。鼠壤有餘蔬而棄妹,不仁也;此句難解。○林西仲曰:「食有餘而棄其妹不養,不能親親,故爲不仁。」生熟不盡於前,而積斂無崖。」生熟不盡於前,則與者可以無取,乃積斂而不知止,均可譏也。○宣曰:「皆言其不仁,却將不仁夾在中間。」老子漠然不應。士成綺明日復見,曰:「昔者,吾有刺於子,今吾心正卻矣,以私心議之,是不正也。今則卻其私心而心正矣。何故也?」不自知其何故。老子曰:「夫巧知神聖之人,吾自以爲脱不及。焉。昔者子呼我牛也而謂之牛,呼我馬也而謂之馬。我亦自謂之牛馬,不與辯也。苟有其實,人與之名而弗受,再受其殃。吾服也恆服,吾非以服有服。」服,事也。吾之行事,乃平日常常如是,但因物順應,非有心以爲事而事之也。何知人之譏刺?又何辯之有哉?士成綺雁行避影,履行踵步不前貌。遂進而問:「修身若何?」老子曰:「而容崖然,岸異。而目衝然,突目而視。而顙頯然,恢,上聲,直聳貌。而口闞然,虛張。而狀義然,嚴毅。似繫馬而止也。馬雖被繫而止,其心仍是動的。動而持,欲動而强持。發也機,發則其迅如機，而期必中。察而審，伺察而詳審之。知巧而覩於泰，恃知巧而驕泰之色可覩。凡以爲不信。凡此十者，皆不信之徵。邊竟有人焉，其名爲竊。」兩國交界處，所謂之邊竟，閒曠寂靜，不容有人。若有人，則是窺探鄰國事情，以啟釁端者，故名爲竊。今士成之狀貌志氣如此，是詭詐妄動，無事而生事之人，與邊竟之竊何異？○收筆峭勁。

夫子曰：「夫道，於大不終，於小不遺，故萬物備。廣廣乎其無不容也，淵乎其不可測也。形德仁義，形於外之德而爲仁義。神之末也，乃神明之緒餘。非至人孰能定之？中有主，故末學不能搖。夫至人有世，世字，即天下字。不亦大乎？而不足以爲之累。天下奮棅同柄。言天下之有柄者，皆自恃其柄而思奮也。而不與之偕，不與衆同也。審乎無假審，知之至也。無假，無妄之真也。而不與利遷，知之至，不爲利而遷移。極物之真，能守其本，故外天地，遺萬物，而神未嘗有所困也。通乎道，合乎德，退仁義，賓同擯。禮樂，至人之心有所定矣。」「定」字與上「定」字應。○本者，靜虛無爲也。守本則心定，而仁義禮樂之末不足以搖之矣。

世之所貴道者，書也，書不過語，語有貴也。語之所貴者，意也，意有所隨。向也。意之所隨者，不可以言傳也，而世因貴言傳書。世雖貴之哉，猶不足貴也，爲其貴非其貴也。故視而可見者，形與色也；聽而可聞者，名與聲也。書之言，同此類耳。悲夫，世人以形色名聲爲足以得彼指道。之情。實也。夫形色名聲，果不足以得彼之情，則知者不言，言者不知，而世豈識之哉？

桓公讀書於堂上，輪扁輪人，名扁。斲輪於堂下，釋椎鑿而上，問桓公曰：「敢問公之所讀爲何言邪？」公曰：「聖人之言也。」曰：「聖人在乎？」公曰：「已死矣。」曰：「然則君之所讀者，古人之糟粕已夫。」桓公曰：「寡人讀書，輪人安得議乎？有説則可，無説則死。」輪扁曰：「臣也以臣之事觀之。斲輪，徐則甘而不固，疾則苦而不入，疾徐，就輪筍言，徐寬疾緊也。寬則甘滑易入而不堅，緊則苦澀而難入。不徐不疾，得之於手而應於心，口不能言，有數存焉於其閒。臣不能以喻臣之子，臣之子亦不能受之於臣，是以行年七十而老斲輪。古之人與平聲。其不可傳也句。死矣，句。○以上三句，頓挫唱歎，神味無窮。或欲以「與」字讀上聲，「也」字作「者」字，便索然矣。然則君之所讀者，古人之糟粕已夫。」此二節言書以傳道，猶不足貴，況於有爲之迹，如「五末」、「九變」者乎？則道之在於虚也，静也，無爲也，王天下者可以深省矣。

宣茂公曰：「前面要説無爲，先托出『静』字一層；要説『静』字，先托出『運而無所積』一層。夫運而無所積，則純是動，何以言無不静？不知静非寂滅之謂，静中有動，雖動而實静。三句略改。動静一機，非達天德者孰能知之？既出『静』字，又添出『虚』字，静之功所由入也。夫然後從虚落静，從静落無爲，虚静無爲渾融一體，其精微有如此者。後面説無爲，又非掃却有爲。但無爲者，處上之道；有爲者，任下之道。上之所以自處者，本也；下所分任者，末也。迤運説去，只要明得『本末』二字。除却静虚無爲，凡一切有爲之迹，都是末學。本所當先，末所當後。蓋『末』非另有一物可與『本』相對，是從『本』上一層層落下去的，愈到下面，愈落得粗了。道之次序如此，雖曰古人不廢，奈何爲帝王者可舍所先而逐所後哉。其明劃的確有如此者。『舜問』以下，都是引証。」又按，《莊子故》謂「自起手至孔子西藏書節，都是僞筆」。亦自有見。

天運

「**天其運乎？**旋轉不已。**地其處乎？**寧靜不動。**日月其爭於所乎？**同道相逐。**孰主張是？孰綱維是？孰居無事推而行是？**連用三箇「居無事」，妙甚。蓋主張、綱維、隆施、噓吸猶屬有事，居無事則漠然無所爲矣。然非居無事，則不能有事也，意在言外。○問三句。**意者其有機緘而不得已邪？意者其運轉而不能自止邪？**猜二句。**雲者爲雨乎？**雲解而爲雨。**雨者爲雲乎？**雨升而爲雲。**孰隆**興也，興雲。**施**施雨。**是？孰居無事淫樂而勸是？**雲雨乃陰陽交和之氣所成，故以爲造化之淫樂。○問二句。**風起北方，一西一東，有上彷徨，**北方土高陽亢而戰，故多風。風起北方，從而西東，又上而彷徨也。彷徨，猶言徘徊。○言起於北，則自北而南矣，故不言南；言上，則自上而下矣，故不言下。**孰噓吸是？孰居無事而披拂是？**問二句。○此二條，不用猜者，猜之仍須用前語，故省也。**敢問何故？」巫咸袑**巫名。**曰：**宣註謂「『袑』字乃『招』字之訛。古來只有巫咸，並無巫咸袑」。其説固矣。莊子本是寓言，一書之中，託名者多矣，何必定有其人耶？「**來，吾語女。天有六極五常，**卽六氣五運也。○答語只此一句，下又及帝王，是餘意。言天惟有此，故居無事而有功也。然六極五常果足承當上文五「孰」字乎？蓋六極五常又必有主之者，姑隱約其詞，使人自遇之耳。帝王順之則治，逆之則凶。九洛之事，九疇、洛書之事。治成德備，監照下土，天下戴之，此謂上皇。」

商宋也。太宰蕩問仁於莊子。莊子曰：「虎狼，仁也。」曰：「何謂也？」莊子曰：「父子相親，何爲不仁？」此仁之一端，非至仁也。故下問至仁。曰：「請問至仁。」莊子曰：「至仁無親。」太宰曰：「蕩聞之，無親則不愛，不愛則不孝。謂至仁不孝，可乎？」莊子曰：「不然。夫至仁，尚矣，孝固不足以言之。尊仁抑孝。此非過孝猶云極孝。之言也，不及孝猶云小孝。之言也。轉筆又特顯出孝來。蓋子所言之孝，非大孝，乃小孝，故不足以言仁也。夫南行者至於郢，北面而不見冥山，北海山名。是何也？則去之遠也。喻俗所謂孝，與至仁相去極遠。故曰：以敬孝易，以愛孝難；以愛孝易，而忘親難；忘親易，使親忘我難；使親忘我易，兼忘天下難；我能忘天下爲難也。兼忘天下易，使天下兼忘我難。「故曰」以下，乃逐層推出極孝來。然則太宰所言之孝，乃愛敬之小孝耳，何足以言孝？卽何足以言仁耶？夫德此德字，乃至德者，卽有道者。遺堯舜而不爲也，利澤施於萬世，天下莫知也，豈直太息而言仁孝乎哉？言仁孝則膚淺。夫孝悌仁義，忠信貞廉，此皆自勉以役其猶「於」。德者也，皆爲修德之名所役。不足多也。故曰：至貴，國爵并焉；并，猶「棄」也。至貴在我，何有於爵？至富，國財并焉；至富在我，何有於財？至願，名譽并焉。至願在我，何有於名？○

三句以明上八者之不足多也。**是以道不渝。」**可并者皆有變滅，道不變滅，此其至貴也、至富也、至願也。○一說：「并者，兼而有之也；渝作踰，言道能并包孝弟八者，故他物不得而踰之也。」亦通。○此節忽而尊仁抑孝，忽而特顯孝字，忽而脱去孝字，末又將仁孝抹去，又於仁孝外添六個字，以見一節之名，俱不足多，止要提出「道」字也。

北門成問於黄帝曰：「帝張作也。**《咸池》之樂於洞庭之野，吾始聞之懼，復聞之怠，卒聞之而惑，蕩蕩默默，乃不自得。」**二句形容惑。○懼者駭聽，怠者息心，惑者忘己，真深於聞樂者。**帝曰：「女殆其然哉。吾奏之以人，**宣曰：「聲音本乎人心。」愚謂樂以象人事，如始而北出之類。**徵之以天，**律與上天氣候相準。**行之以禮義，**禮節之義宜之。**建之以大清。**取聲氣之元爲主宰。○四句乃作樂本旨。**夫至樂者，先應之以人事，順之以天理，行之以五德，**五常之德。**應之以自然；**夾入「至樂者」一段，將所以如此作樂之故覆解一遍，乃層層相間之法。**然後調理四時，太和萬物。四時迭起，**五聲配四時而賡奏。**萬物循生；**衆器象萬物而環生。**一盛一衰，文武倫經；**有條理也。**一清一濁，陰陽調和，流光其聲；**陰陽相得，如二氣和合，當其交動，光輝盈溢也。○此七句，乃始作之時，衆音齊奏，紆徐悠揚光景，尚未説到使人聞而懼意。**蟄蟲始作，吾驚之以雷霆；**又如物方蠢動，因而震之，分外醒發。○此二句，宣註連上七句爲一層，以韻讀之，極是。然愚謂此卽昌黎「劃然變軒昂，勇士赴戰場」意，與下六句，皆所以使人聞之而懼也。**其卒無尾，**忽然而終。**其始無首；**忽然而起。**一死一生，**一聲死，則一聲生而繼之。**一僨一**

起；一音儨，則一音起而繼之。○上「一盛一衰」四「一」字，乃平列之詞；此四「一」字，乃相繼之詞，不得一例看也。**所常無窮，而一不可待。**如是者，常無窮盡，更無停留也。○六句又言其無端倪、無停滯，縱横變化，非復恆境。○愚按，以韻讀，「待」疑作「恃」。**女故懼也。**

「吾又奏之以陰陽之和，燭之以日月之明。其聲能短能長，能柔能剛，變化齊一，無不中節。**不主故常；**愈出愈新。**在谷滿谷，在阬滿阬；**隨處充滿。**塗郤**同隙，杜聰明也。**守神，**一心志也。**以物爲量。**去聲，叶平。○此言樂之盈滿，無所不周也。塗郤守神，言塞於人之耳目，而守於人之神明。以物爲量，言因物之大小，隨其所受也。滿谷滿阬，就地言；塗郤守神，就人言；以物爲量，就物言。**其聲揮綽，其名高明。**叶。○言盈滿之中，其聲又悠揚發越，其名又高明正大。名者，節奏之可名象者也。**是故鬼神守其幽，**安位。**日月星辰行其紀。**順軌。**吾止之於有窮，**止乎其所不得不止。**流之於無止。**行乎其所不得不行。**子欲慮之而不能知也，望之而不能見也，逐之而不能及也，**三句是鑽頭不及。**儻然**無依貌。**立於四虚之道，倚於槁梧而吟：**無所用吾慮也。**『目知**「知」字疑衍。**窮乎所欲見，**無所用吾望也。**力屈乎所欲逐，**無所用吾逐也。**吾既不及已夫。』**即「欲從末由」意。○四句是反而頹然。**形充空虚，乃至委蛇。**汝形雖充然，而四虚無着，遂心醉形頹也。○愚按，《檀弓》「充充如有窮」註：「孝子心形充塞也。」似當從此解。**女委蛇，故怠。**

「吾又奏之以無怠之聲，調之以自然之命，林曰：「命，天命也。自然之命，天命之流行，有不容已。所謂『無怠之聲』者，此矣。」故若混逐叢生，混然相逐，叢然相生。林樂而無形，林然共樂，渾然無形。布揮而不曳，布散渾洒而不搖曳。幽昏而無聲。幽深昏默，寂然無聲。動於無方，用不可測。居於窈冥；體不可窺。皆形容其極神盡化。或謂之死，或謂之生；或謂之實，或謂之榮；人莫得而定之。行流散徙，不主常聲。世疑之，稽於聖人。世疑此樂，考於聖人則知之矣。聖也者，達於情達於樂之情。而遂順也。於命也。順於自然之命。天機不張而五官皆備，元神不動，而五官效職。以況不將機籟張設，而五聲之所司皆備具也。此之謂天樂，聖心自然之樂。無言而心説。不容言説而心自豫也。聖人如此，作樂之妙，正與此同。故有焱音標。氏爲之頌曰：『聽之不聞其聲，視之不見其形，充滿天地，包裹六極。』女欲聽之而無接焉，妙處無由承受。而故惑也。

「樂也者，始於懼，懼故祟；神爲之爽，如被祟然。吾又次之以怠，怠故遁；心力疲委，若避去之。卒之於惑，惑故愚；惝怳自失，若無知者。愚故道，無知則近道。道可載而與之俱也。」此段卽樂以明道，而併及求道之妙訣在於愚也。《中庸》明道，而言鬼神及鳶魚等項無非是道。《莊子》之書，正此意也。大約言道有倫有要，而實無端倪、無停滯，充滿擗塞，而欲從末由；無形無聲，而令人眩惑，故卽樂以形容之，不是忽然論樂也。宣茂公則專就求道者説，其言曰：「『懼』

之爲祟也，乍逢蕩滌，陡然一驚，是六根震動之第一鑪錘也。『怠』之爲遁也，天真躍如，妄力銷鑠，是宿習退捐之進步關鎖也。『惑』之爲愚也，深入廣漠，意識俱亡，是漸進自然之火候將到也。」又曰：「此段引來，止爲一箇『愚』字。何也？愚，故道也。求道者，無一知半解可自用也。道可載而與之俱，則順之而已。」按，此評絶妙，但單就求道説，則止取「懼」、「怠」、「惑」三句，又單重「愚」字，餘俱閒文矣。若以樂明道，則通段語無泛設，則以論道爲主，而併及求道之意可也。

孔子西遊於衛。顔淵問師金曰：「以夫子之行爲奚如？」師金曰：「惜乎，而夫子其窮哉。」顔淵曰：「何也？」師金曰：「夫芻狗縛草爲狗，祭行所用。之未陳也，盛以篋衍，笥也。巾以文繡，外包覆之。尸祝齋戒以將之。及其已陳也，行者踐其首脊，蘇者取草者。取而爨之而已。將復取而盛以篋衍，巾以文繡，遊居寢臥其下，卽齋宿之意。彼不得夢，必且數眯焉。言此人不是做夢，定是被魔也。今而夫子亦取先王已陳芻狗，取弟子遊居寢臥其下。故伐樹於宋，削迹於衛，窮於商周，是非其夢邪？圍於陳蔡之間，七日不火食，死生相與鄰，是非其眯邪？第一層，言陳迹不足用也。○一喻。夫水行莫如用舟，而陸行莫如用車。以舟之可行於水也，而求推之於陸，則没世不行尋常。古今非水陸與？周魯非舟車與？今蘄行周古之周道。於魯，今之魯國。是猶推舟於陸也，勞而無功，身必有殃。彼未知夫無方之傳，應物而不窮者也。二層，言陳迹不足用者，以古今時宜之異也。○二喻。且子獨不見夫桔槔者乎？引之則俯，舍之則仰。彼，人之所引，非引人也，故俯仰而不得罪於人。三層，言因時俯仰則無咎。○三喻。故夫三皇五帝之禮義法度，不矜尚也。於同而矜於治。故譬三皇五帝之禮義法度，其猶柤梨橘柚邪。其味相反而皆可於口。故禮義法度者，應時而變者也。四層，言古來帝王皆因時。○四喻。今取猿狙而衣以周公之服，彼必齕齧挽裂，盡去而後慊。觀古今之異，猶猿狙之異乎周公也。五層，言不順時宜，其弊必致毀裂也。○五喻。故西施病心而矉其里，矉同顰，蹙眉而視也。言矉於其里也。愚疑「其里」二字衍文，下同。其里之醜人見而美之，歸亦捧心而矉其里。其里之富人見之，堅閉門而不出；貧人見之，挈妻子而去之走。彼知美矉，而不知矉之所以美。六層，言先王法度之美，有所以美者，不在陳迹，而深歎人不知也。○六喻。惜乎，而夫子其窮哉。」此句應轉首句作總結，不是單頂第六層。○此段言道不在乎陳迹也。

孔子行年五十有一而不聞道，乃南之沛見老聃。老聃曰：「子來乎？吾聞子，北方之賢者也，子亦得道乎？」孔子曰：「未得也。」老子曰：「子惡乎求之哉？」曰：「吾求之於度數，五年而未得也。」數足於五，故云五年。老子曰：「子又惡乎求之哉？」曰：「吾求之於陰陽，十有二年而未得也。」陰陽歷十二辰而周，故云十二年。老子曰：「然。使道而可獻，則人莫不獻之於其君；使道而可進，則人莫不進之於其親；使道而可以告人，則人莫不告其兄弟；使道而可以與人，則人莫不與其子孫。然而不可者，無他也，中無主而不止，求道於陰陽度數，遂以一切粗迹爲道。問之中心，其實茫然無據，是中無主也。如是，則外人之理，不能止於其心。外無正而不行。中既無主，則無以爲正人之本，故施之於外而不可行。由中出者，不受於外，聖人不出；此申「外無正而不行」意。○不足以正人，故人不受。由外入者，無主於中，聖人不隱。此申「中無主而不止」意。○隱，藏也。聖人不以藏之於心也。名，公器也，不可多取。仁義，仁義跟於陰陽，而施之爲度數，皆道之粗迹，而招致名譽者也。先王之蘧廬也，止可以一宿而不可以久處，覯而多責。覯，見也。見之者，皆將吹求指摘於我也。古之至人，假道於仁，託宿於義，以遊逍遙之墟，食於苟簡之田，立於不貸無假借也。之圃。逍遙，無爲也；苟簡，易養也；不貸，無出也。不費。古者謂是采真之遊。採取其真，即取精遺粗意。○此則中有主者。以富爲是者，不能讓禄；陪。以顯爲是者，不能讓名；陪。親權者，主。不能與人柄。操之則慄，動心。舍之則悲，而一無所鑒，於理一無所見。以闚其所不休者，但明於逐物不止。是天之戮民也。與采真相反。恩怨取與諫教生殺八者，正之器也，正人之具耳。惟循大變無所湮者與變化相循，無所湮滯者。爲能用之。故曰：正者，正也。己正乃可以正人，此即上文「外無正」正字也，○此申明上文意。其心以爲不然者，以上所言爲不然。天門弗開矣。」全在形迹用事，靈府閉塞矣。○此是「外無正而不行」者。○此段言道不可以形迹求也。

孔子見老聃而語仁義。老聃曰：「夫播糠眯目，則天地四方易位矣；一喻，心亂也。蚊虻噆音咂。膚，則通昔同夕。不寐矣。二喻，心亂也。夫仁義憯同慘。然，乃憤憒也。吾心，亂莫大焉。使人亂心，更甚於眯目噆膚也。吾子使天下無失其朴，不失其本質。吾子亦放同倣。風而動，總德而立矣，同歸於自然也。又奚傑然用力貌。若負建鼓大鼓。而求亡子者邪？三喻。○言不須用力也。○以上言仁義徒苦於己。夫鵠不日浴而白，四喻。烏不日黔而黑。五喻。○本質自然如此。黑白之朴，不足以爲辨；本質之美惡，犂然明白，不用分辨。名譽之觀，不足以爲廣。譬之爲仁爲義，於性分亦無所加。泉涸，魚相與處於陸，相呴以溼，相濡以沫，不若相忘於江湖。」六喻。○承上言以仁義亂其本然，不若相忘於道也。○此段言仁義總屬形迹，不若相忘於本然也。

孔子見老聃歸，三日不談。弟子問曰：「夫子見老聃，亦將何規哉？」孔子曰：「吾乃今於是乎見龍。龍，合而成體，散而成章，乘乎雲氣而養乎陰陽。予口張而不能嗋，合也。予又何規老聃哉？」子貢曰：「然則人固有尸居而龍見，雷聲而淵默，發動如天地者乎？賜亦可得而觀乎？」遂以孔子聲見老聃。老聃方將倨箕坐也。堂而應，微曰：「予年運而往矣，子將何以戒我乎？」子貢曰：「夫三皇五帝之治天下不同，其係聲名一也。古今同稱之。而先生獨以爲非聖人，如何哉？」老聃曰：「小子少進，子何以謂不同？」

對曰：「堯授舜，舜授禹，禹用力而湯用兵，文王順紂而不敢逆，武王逆紂而不肯順，故曰不同。」老聃曰：「小子少進，余語女三皇五帝之治天下。黄帝之治天下，使民心一，純朴也。民有其親死不哭而民不非也。堯之治天下，使民心親，民有爲其親殺其殺殺，並去聲。隆其親，而殺其所當殺者。而民不非也。舜之治天下，使民心競，民孕婦十月生子，子生五月而能言，豈有此理。不至乎孩而始誰，兒三歲曰孩。不待三歲，而知問其人爲誰也。則人始有夭矣。禹之治天下，使民心變，人有心而兵有順，人有機心，且以殺伐爲應天順人。殺盜非殺謂爲當然。人，自爲種而當作「於」。天下耳，是以天下大駭，儒墨皆起。其作始有倫，作夫婦爲人道之始，原有倫序。而今乎婦女不待二十而嫁。何言哉？歎其言之無益也。余語女，三皇五帝之治天下，名曰治之，而亂莫甚焉。三皇之知，連三皇都加譏貶，其僞可知。上悖日月之明，下睽山川之精，中墮四時之施，其知憯於蠣音賴。蠆釵，去聲。皆毒蟲也。之尾，鮮規之獸，莫得安其性命之情者，而猶自以爲聖人，不可恥乎？其無恥也。」子貢蹵蹵然立不安。僞作。

孔子謂老聃曰：「丘治《詩》、《書》、《禮》、《樂》、《易》、《春秋》六經，「六經」字可疑。自以爲久矣，熟知其故矣；以奸同干。者七十二君，論先王之道而明周、召之迹，一君無所鉤取也。用。甚矣，夫人之難説也。道之難明邪？」抑亦道自難明耶？老子曰：

「幸矣，子之不遇治世之君也。夫六經，先王之陳迹也，豈其所以迹哉？今子之所言，猶迹也。夫迹，履之所出，而迹豈履哉？夫白鶂之相視，眸子不運定睛注視。而風化；生子也。鶂，水鳥，雌雄相視而孕。風，言其神速無迹，故三者皆言風化。蟲，雄鳴於上風，雌應於下風而風化；傳聲而孕。類自爲雌雄，故風化。《山海經》曰：「亶爰之山，有獸如狸，名曰類，自爲牝牡。」○此三者，皆以神遇，而不可以迹象拘者也。性不可易，命不可變，其真常者。時不可止，道不可壅。其變化者。苟得於道，無自而不可；何所不感通？失焉者，徒守其陳迹而不得其神。無自而可。」相對如面牆矣。○觀物化之以神，則道之不在迹可知矣。道不在迹，而徒守六經之陳迹，是於道茫乎未有得也，而欲奸主以鉤用，不亦難哉？

孔子不出三月，復見曰：「丘得之矣。烏鵲孺，孺，孚卵而生也。孚卵，卽抱卵。烏抱卵恆以爪，故字從爪。又孚，信也，烏孚卵常如期，不失信也。魚傅沫，魚不交，但仰吐沫而孕。細腰者化，蜾蠃祝螟蛉似我。有弟而兄啼。母孕弟，則兄失乳，有病而啼。此卽上三件而推類悟出者，皆神理轉移，不知其然而然，不得以形迹求之者也。久矣，丘不與化爲人。化，卽「白鶂相視」及「烏鵲孺」等是也。「不與化爲人」，言不能與造化合一而爲人，是無得於道也。不與化爲人，安能化人？」不能化人，卽奸七十二君無所鉤用也。老子曰：「可，丘得之矣。」此段亦言道不在形迹也。

此篇首段言天地、日月、風雲、雨澤，皆道主之。次段言道之大，仁孝不足以盡之。三段卽樂以明道，言道充滿𢫬塞，彌綸布濩，廣大精微，無聲無臭也。四段至末，則反覆言道不在陳迹也。惟第七段孔子見老聃節，淺俚悖謬，斷是僞作。

刻意

刻意尚行，離世異俗，高論怨誹，爲亢而已矣。俱是不足語氣。此山谷之士，非猶輕。世之人，枯槁自甘寂寞。赴淵沉淪不反。者之所好也。一樣人。語仁義忠信，恭儉推讓，爲修而已矣。此平世之士，教誨之人，遊居學者之所好也。又一樣人。語大功，立大名，禮君臣，正上下，爲治而已矣。此朝廷之士，尊主强國之人，致功并兼者之所好也。又一樣人。就藪澤，處閒曠，釣魚閒處，無爲而已矣。無爲，猶言閒散。此江海之士，避世之人，閒暇者之所好也。又一樣人。吹呴呼吸，吐故納新，熊經鳥伸，學熊之懸挂干枝，學鳥之伸縮其頸，皆導引之術。爲壽而已矣。此道同導。引之士，養形之人，彭祖壽考者之所好也。又一樣人。

若夫不刻意而高，無仁義而修，無功名而治，無江海而閒，不道引而壽，無不忘也，無不有也，澹然無極而衆美從之。此天地之道，聖人之德也。故曰：夫恬惔同淡。寂寞，虛無無爲，此天地之平而道德之質本也。也。此結証上文而演出「恬淡寂寞」八字。故曰：聖人休休焉，一作「焉休」。則平易矣，平易則恬淡矣。平易恬淡，則憂患不能入，邪氣不能襲，故其德全而神不虧。此節承言平易恬淡則神不虧。

故曰：聖人之生也天行，其死也物化；靜而與陰同德，動而與陽同波；不爲福先，不爲禍始；感而後應，迫而後動，不得已而後起。去知與故，已過之迹。遁天之理。歸于自然。故無天災，無物累，無人非，無鬼責。其生若浮，其死若休。不思慮，不豫謀。光矣而不耀，無心于自露。信矣而不期。無心于取必。其寢不夢，其覺無憂。其神純粹，其魂不罷。虚無恬淡，乃合天德。此節申言虚無恬淡，則德全而神不虧也。

故曰：悲樂者，德之邪；喜怒者，道之過；好惡者，德之失。故心不憂樂，德之至也；一而不變，靜之至也；無所於忤，虚之至也；不與物交，淡之至也；無所於逆，粹之至也。

故曰：形勞而不休則弊，精用而不已則勞，勞則竭。水之性，不雜則清，莫動則平；鬱閉而不流，亦不能清；又將腐濁。天德之象也。靜而日運。

故曰：純粹而不雜，靜一而不變，淡而無爲，動而以天行，四句約畧括上四節。此養神之道也。歸到養神。夫有干越之劍者，柙而藏之，不敢用也，寶之至也。劍猶知養，況神鋒乎？精神四達並流，無所不極，上際於天，下蟠於地，化育萬物，不可爲象，不可得而迹象之。其名爲同帝。與天帝同用也。神鋒之運如此。純素之道，惟神是守；守而勿失，與神爲一；一之精通，合於天倫。天倫，猶天載。○將上數節都歸養神，是一篇之主。野語有之曰：「衆人重利，廉士重名，賢士尚志，聖人貴精。」故素也者，謂其無所與雜也；純也者，謂其不虧其神也。能體純素，謂之真人。説聖人，結以真人，正是親切醒世語。

宣茂公曰：「先將五樣人排列，然後遞入聖人，五者乃更不足道。接連用六個『故曰』寫聖人之所以爲聖，末引野語作結，見凡人各有所尚，惟聖人爲得所宜尚耳。○恬淡寂寞、虚無無爲，是聖功要領；『養神』二字，則其主張也。貴精、體純素，止是『養神』二字之换面。」○按，此篇語多與《天道》篇同，而少波瀾色澤。或疑其僞作，不爲無見；而較之他篇之膚淺庸俗者，此猶爲勝之也。

莊子未定稿卷二終

莊子未定稿卷之三目録

外篇下

莊子未定稿卷之三

南海何如漋建則甫註
曾孫　曰璧編
受業族孫　松校

外篇下

繕性

繕修治也。**性於俗學，以求復其初；**欲復性之初也，性非學不復，而俗學反以障性。**滑**亂也。**欲於俗思，以求致其明：**明非思不致，而俗思反以亂明。○學、思二者不可偏廢。致明復初是一串事，所惡者俗學俗思耳。俗學俗思，卽下「附之以文，益之以博」也。**謂之蒙蔽之民。**此用反起。**古之治道者，**猶學道。**以恬養知；**恬，恬靜無爲也。從恬靜中養出知來，所謂定能生慧也。**生而無以知爲也，**生者，知覺運動也。以，用也。知，乃師心自用之知，與上「知」字有天人之別。

謂之以知養恬。承上言俗學俗思之失若此，是以古之學道者知私知之害事，故但從恬靜中養出知慧來。若後起之私知則不用之，則有知不如無知，而不失其恬，是慧又能生定也，如此便不是俗學俗思矣。○此三句爲上半篇提綱。**知與恬交相養而和理出其性。**和從恬靜之性生，理從靈慧之性出。○由體説到用，爲治天下張本。**夫德，和也；道，理也。**德則渾然和氣，道者條理分明。**德無不容，仁也；道無不理，義也；**和則無不愛，有條理則無不宜。**義明**義盡。**而物親，**仁至。**忠也；**實有諸己。**中純實**承忠字。**而反乎情，**得其本性。**樂也；信行容體**以此忠實行乎容體。**而順乎文，**而有自然節文。**禮也。**由知恬交養，而仁義忠禮樂之皆備，則以之治天下，而天下無不治矣。**禮樂偏行，則天下亂矣。**若止用禮樂則天下亂。**彼正而蒙己德，德則不冒，冒則物必失其性也。**申「天下亂」句，言彼有彼之德，己有己之德，彼之德本無不正，而偏行禮樂，强之使從我，是蒙以己德也。人各有德，不能相冒，豈有不失其性哉？○「冒」字从「蒙」字來。○此段論理當如是，是一篇總冒。

古之人，在混芒之中，不用知也。**與一世而得澹漠焉。**物我同安於恬也。**當是時也，陰陽和靜，鬼神不擾，四時得節，萬物不傷，群生不夭，人雖有知，無所用之，此之謂至一。當是時也，莫之爲而常自然。**天下之人皆復其性。○不用知，便非俗學俗思。○此段言古人不用知，而天下皆復其性。

逮德下衰，及燧人、伏羲燧人、伏羲概加譏貶，似誤。**始爲天下，**爲，治也。治之便不好，觀

《在宥》篇可見。是故順而不一。德又下衰，及神農、黃帝始爲天下，是故安而不順。德又下衰，及唐、虞始爲天下，興治化之流，失其源也。[氵梟]同澆。淳散樸，離道以善，險德以行，然後去性而從於心。舍天性，用人心。心與心識知，因而多知。而不足以定天下，然後附之以文，益之以博。此正俗學俗思之弊。文滅質，博溺心，然後民始惑亂，惑亂，便是不能致其明。無以反其情性而復其初。此段言後世用知，而天下皆失其性也。○結句雖似單言「無以反其性而復其初」，然不致明何以復初？二者原一串事，看始「惑亂」句便明，不得謂「以上單言俗學，下乃言俗思」，如宣茂公之謬也。詳見總注。

由是觀之，世喪道矣，世風愈蕩，喪大道矣。道喪世矣。以非道爲道，喪世風矣。世與道交相喪也，道之人何由興乎世，有道之人不見用于世。世亦何由興乎道哉？淳古之風不復。道無以興乎世，世無以興乎道，雖聖人不在山林之中，其德隱矣。隱，故不自隱。聖人卽栖栖皇皇，不肯伏處山林之中，而其德不顯，終無益于世。蓋凡隱非自隱，世不我知，不得不隱也。觀孔子之于春秋時可見。○此節承上轉下，文情絕妙。

古之所謂隱士者，非伏其身而弗見也，非閉其言而不出也，非藏其知而不發也，時命大謬也。當時命而大行乎天下，則反一無迹；一，卽上文「至一」。復於至一之世，而無形迹也。不當時命而大窮乎天下，則深根寧極而待。此存身之道也。

古之存身者，不以辨飾知，不以知窮天下，不以知窮德，窮德，言恃知則傷于德，與下

「不小識」相應。**危然處其所**獨立而安居也。**而反其性已，又何爲哉？道固不小行，德固不小識。**不是一知半解。**小識傷德，小行傷道。故曰：正己而已矣。樂全之謂得志。**此言古之隱居而存身者，蓋自有其樂也，其樂維何？反其性是也。

古之所謂得志者，非軒冕之謂也，謂無以益其樂而已矣。所性無加。**今之所謂得志者，軒冕之謂也。軒冕在身，非性命也，物之儻來，**句。**寄也。**句。**寄之，其來不可圉，**同禦，猶拒也。**其去不可止。故不爲軒冕肆志，不爲窮約趨俗，其樂彼與此同，故無憂而已矣。**○言適然而來也。**今既去則不樂。由是觀之，雖樂，**軒冕之乐。**未嘗不荒也。**志荒于外。○此言大行不加，正孟子「所樂不存」之意，以反明上文，乃宣茂公以縈情軒冕爲俗思。或因之謂「此等人人品太卑，不足挂齒。莊子未必臨深以爲高，疑爲僞作」，皆未細細玩味通篇之主意脈縷。**故曰：喪己於物，**結末段。**失性於俗**結首段。**者，**雖是分結，却是串説，不得平看。**謂之倒置之民。**惟其蒙蔽，是以倒置。

此篇言人不可失其性，而極言用知之害也。上曰「物必失其性」，曰「無以反其情性而復其初」，曰「反其性已」，曰「非性命也」，曰「失性於俗」，頻頻提唱，皆言性之不可失也。曰「在混茫之中」，曰「人雖有知，無所用之」，曰「心與心識知」，曰「不以辨飾知，不以知窮天下，不以知窮德」，亦頻頻提唱，皆言知之不可用也。然世之失其性者，皆由于用知。用知者，俗學俗思是也。俗學俗思，「附之以文，益之以博」是也。不能致其明，因以不能復其初，此所以失其性也。細分之，自起手至「物必失其性」为一段，是通篇總冒，言人當知恬交養，而致其明而復其性，則有體有用，盡其性卽能盡人之性也。「古之人」至「無以復其初」爲一段，乃引古人以証明上意，而歎後世之不然也。「由是觀之」至「未嘗不荒也」爲一段，言世道旣衰，賢人隱處，然身雖隱而至樂存焉，所性分定，雖大行不加也。末三句則總結全篇，脈絡井然。乃宣茂公則以上半爲俗學，下半篇爲俗思。夫俗思本欲致明，豈縈情軒冕者可以致明邪？其謬不待辯而自明矣。再分之，上截是治天下不用知，下截是隱處不用知。

秋水

秋水時至，百川灌河，百川皆灌注於河。涇濁也。流之大，兩涘渚崖之間，不辨牛馬。水濶岸遠，故望之不辨。故是河伯欣然自喜，以天下之美爲盡在己。自謂大觀無過此者。順流而東行，至於北海，東海之北。東面而視，不見水端。於是焉河伯始旋其面目，望洋向若海神。而歎曰：「野語有之曰：『聞道百，道理萬端，僅聞得百件。以爲莫己若者。』我之謂也。且夫我嘗聞少仲尼之聞而輕伯夷之義者，始吾弗信。今我睹子之難窮也，吾非至於子之門則殆矣，幾乎局于所見。吾長見笑於大方之家。」北海若曰：「井鼃不可以語於海者，拘於虛井中空穴。也；夏蟲不可以語於冰者，篤信也。於時也；曲士不可以語於道者，束於教也。今汝出於崖涘，觀於大海，乃知爾醜，爾將可與語大理矣。天下之水，莫大於海，萬川歸之，不知何時止而不盈；尾閭海水出處。泄之，不知何時已而不虛；春秋不變，水旱不知。此其過江河之流，不可爲量數。而吾未嘗以此自多者，自以比形於天地，而受氣於陰陽，吾在天地之間，猶小石小木之在大山也。方存乎見少，又奚以自多？計四海之在天地之間也，不似礨空同孔，礨石之小穴也。之在大澤乎？計中國之在海内，不似稊米之在大倉乎？號物之數謂之萬，人處一焉；此以人與萬物較論，人爲萬物之一。人卒盡也。九州，言九州盡人也。穀食之所生，舟車之所通，二句言九州之遼濶。人當作「己」字。處一焉。言九州之大，盡是人，我不過九州中之人之一人。此以己與九州之人並論也。此其比萬物也，不似毫末之在於馬體乎？五帝之所連，屬也。一作「运」。三王之所爭，仁人之所憂，任士任事之人。之所勞，盡此矣。伯夷辭之以爲名，仲尼語之以爲博，此其自多也，不似爾向之自多於水乎？」第一段，言學道人不可自足，須要見大。

河伯曰：「然則吾大天下而小毫末，可乎？」北海若曰：「否。夫物，二字提，包下四句。量無窮，時無止，分無常，終始無故。四句皆就物說。量，局量也。以爲大，更有大；以爲小，更有小也。時，物所值之時也。無止者，古往今來，無時無物也。下「生之時」二句，正明此意。分無常者，物有時而盈，有時而虛也。終始無故者，物忽而死，忽而生，變化無迹也。總是言物之難知。是故大知觀於遠近，遠近一視之也。故小而不寡，大而不多，知量無窮；證曏明也。今故，同古。故遙而不悶，不以遠不可致而悶。掇而不跂，不以近可掇取而跂。知時無止；察乎盈虛，故得而不喜，失而不憂，知分之無常也；明乎坦途，故生而不說，死而不禍，知終始之不可故也。計人之所知，不若其所不知；所知甚少，其不知者甚多。其生之時，不若未生之時；且人生不過百年，而開闢至今，不知幾千萬年，則目所未見者多，安能悉知之耶？以其至小，至少之知。求窮其至大之域，無窮之物量。是故迷亂而不能自得也。終無所得。由此觀之，又何以知毫末之足以定至細之倪？又何以知天地之足以窮至大之域？」二段言物量無窮，原是難知。況人之所知有限，未能定其孰爲大，孰爲細。則天地未必是至大，毫末未必是至細也。

河伯曰：「世之議者皆曰：『至精無形，毫末不足以言至細，則是至精必極於無形也。至大不可圍。』天地不足以窮至大，則是至大必極於不可圍也。是信情實理。乎？」北海若曰：「夫自細視大者不盡，蚊目不見泰山之盡。自大視細者不明。人目不見蚊睫。夫精，即上「至精」。小之微也；小之至。垺，同郛，即上「至大」。大之殷也。大之極。故異便，惟其小之至，故大不便於視小，遂以爲無形，實則猶有形也。惟其大之極，故小不便於視大，遂以爲不可圍，實則猶可圍也。此勢之有也。此事勢之常者。夫精粗者，即「小」、「大」字，因上「精小之微」句，故易之。且下云物之精粗，不可言物之大小。期於有形者也；以其猶在形迹上論也。蓋有精粗，即落形迹，而非無形不可圍。無形者，數之所不能分也；不可圍者，數之所不能窮也。所謂「無形」、「不可圍」者，必極之數所不能分、不能窮乃是。分，即《中庸》「破」字；窮，即「載」字。可以言論者，物之粗也；既可以言論，便是物之粗。可以意致者，物之精也。即不可以言論，而尚可以意致，亦不過物之精者而已。言之所不能論，意之所不能察致者，不期精粗焉。是故大人之行，不出於害人，不多仁恩；雖不害人，亦不以仁恩自多。動不爲利，

不賤門隸；雖不求利，亦不以求利之厮役爲賤。**貨財弗爭，不多辭讓；**不爭財，亦不以辭讓爲美。**事焉不借人，不多食乎力；**事不假力於人，亦不以自食其力者爲貴，不自食其力者爲鄙。**行殊乎俗，不多辟異；**不苟同，亦不苟異。**爲在從衆，不賤諂佞；**自處大同，亦不以阿附者爲可惡。**世之爵禄不足以爲勸，戮恥不足以爲辱；知是非之不可爲分，細大之不可爲倪。聞曰：『道人不聞，**不著聲聞。**至德不得，**不見有得。**大人無己。』約分之至也。」**收斂性分到極處也。○凡此二十餘句，皆自不期精粗詳細言之，蓋道總不在端倪處也。○中間詳寫大人，只是兩邊俱掃，空中無相也。○三段言物之大小精粗皆有形迹，若道則無形，「小」、「大」兩字都用不着，故大人斂吾性分于太虚之表，所謂「不顯之德，無聲無臭」也。

河伯曰：「若物之外，若物之內，惡至而倪貴賤？惡至而倪小大？」問既不期精粗，何至又有此貴賤大小之端倪？**北海若曰：「以道觀之，物無貴賤；以物觀之，自貴而相賤；以俗觀之，貴賤不在己。**即「趙孟所貴，趙孟能賤」意，可見貴賤之無常也。**以差觀之，**凡物大小差等之數。**因其所大而大之，則萬物莫不大；因其所小而小之，則萬物莫不小；知天地之爲稊米也，知毫末之爲丘山也，則差數睹矣。**可見小大之無常也。**以功觀之，因其所有而有之，則萬物莫不有；因其所無而無之，則萬物莫不無；**因其有功，而遂以爲有功，則萬物莫不有；因其無功，而遂以爲無功，則萬物莫不無。可見功用之無常也。**知東西之相反而不可以**

相無，則功分定矣。言功分之無常，定於東西相反而不可相無之言，非謂功分有一定也。○有東不可無西，有西不可無東。有有功者，不可無無功者，是則有功者未必貴，無功者未必賤矣。故曰「功分無常」。○上云貴賤大小之無定，又恐人以物之有功者爲貴，無功者爲賤，是果有貴賤矣，故又添此一層。以趣觀之，趣向就人於物之情言。因其所然而然之，則萬物莫不然；因其所非而非之，則萬物莫不非；知堯、桀之自然而相非，堯以桀爲非，桀亦以堯爲非。則趣操睹矣。可見趣操之無常也。又恐人各以意之所向爲貴，所不向爲賤，故又找此一層。昔者堯、舜讓而帝，之、噲讓而絕；湯、武爭而王，白公爭而滅。由此觀之，爭讓之禮，堯、桀之行，貴賤有時，未可以爲常也。收歸貴賤有時，未可以爲常也，則小大可知。○下文又廣言之。梁麗屋棟。可以衝城，而不可以窒穴，言殊器也；騏驥驊騮一日而馳千里，捕鼠不如狸狌，言殊技也；鴟鵂夜撮蚤，蝨也。察毫末，晝出瞋目張目。而不見丘山，言殊性也。三項皆言物各有所長，各有所短，以況貴賤有時也。故曰：蓋同盍。師是而無非，師治而無亂乎？俗語如此。是未明天地之理，萬物之情者也。原無貴賤，烏有是非？是猶師天而無地，師陰而無陽，其不可行明矣。然且語而不舍，非愚則誣也。帝皇殊禪，三代殊繼。差其時，逆其俗者，謂之篡夫；當其時，順其俗者，謂之義之徒。默默乎，河伯。女惡知貴賤之門、小大之家？」四段言道體原無小大貴賤，其有小大貴賤之倪者，世俗之見，非道體之本然也。

河伯曰：「然則我何爲乎？何不爲乎？吾辭受趨舍，吾終奈何？」問既無貴賤小大，則何所適從？**北海若曰：「以道觀之，何貴何賤，是謂反衍；**猶汎衍。**無拘而志，與道大蹇。**拘則蹇滯。**何少何多，是謂謝施；**更謝而施，言無定也。**無一而行，與道參差。**執一則參差。**嚴乎若國之有君，其無私德；**繇繇同油。**乎若祭之有社，其無私福；泛泛乎其若四方之無窮，其無所畛域。兼懷萬物，其孰承翼？**無所偏用其承接扶翼。**是謂無方。萬物一齊，孰短孰長？**無拘無一，無方之德也。「嚴乎」三段，言乎其無方也。「兼懷」三句，總束上文。惟其無方，故「萬物一齊」云云也。**道無終始，物有死生，不恃其成；**現成之形，不可恃也。惟道無終始，故物雖有死生，而其成不可恃。**一虛一滿，不位乎其形。**道固無終始，乃物雖有死生，而其現在者不可恃。一虛一滿，其形本無定位也。**年不可舉，時不可止；消息盈虛，終則有始。**何也？去而不可追者，年也；流而不可止者，時也。天地之化，消息盈虛，如環無端，終則有始也。**是所以語大義之方，論萬物之理也。物之生也，若驟若馳，無動而不變，無時而不移。何爲乎？何不爲乎？夫固將自化。」**道本無方，與爲無方，將自化矣。尚何辭謝趨舍之足云？○五段言道既無大小貴賤，則爲不爲一齊放下，止是無方自化可也。

河伯曰：「然則何貴於道邪？」疑既無方，則可任意而行，何用學道？**北海若曰：「知道者必達於理，達於理者必明於權，明於權者不以物害己。至德者，火弗能熱，水不能溺，**

寒暑弗能害，禽獸弗能賊。非謂其薄犯也。之也，非犯物而物不害也。言察乎安危，未至則明其理。寧於禍福，已至則安其分。謹於去就，將至未至則慎其行。莫之能害也。乃自全於物之表也。故曰：『天在內，天機藏於不見。人在外，人事著於作爲。德在于天。』德在此，不在彼。知天一作「乎」。愚謂此字疑衍。人之行，本乎天，位乎德，蹢躅而屈伸，與時俯仰。反要而語極。」此段言無方者以天道之自然而言，乃學道乃能之，非任意而行之謂也。何言道不足貴？

曰：「何謂天？何謂人？」北海若曰：「牛馬四足，是謂天；自然。落同「絡」。馬頭，穿牛鼻，是謂人。造作。故曰：無以人滅天，無以故有心。滅命，天理。無以得天德。殉名。謹守守此三言。而勿失，是謂反其真。」七段言自然者是天，作爲者是人，故不可以人滅天也。○故滅命得殉名，皆以人滅天也。命卽天理，得卽天德，故卽是人心，名卽是人事。蓋本節只明「天」、「人」二字，而下文夔蚿皆天機之自動，魚樂亦然，與牛馬四足正同。

夔憐蚿，蚿憐蛇，蛇憐風，風憐目，目憐心。憐，愛也。蚿，百足蟲。夔謂蚿曰：「吾以一足跉踔音審綽，行不常貌。而行，予無如矣。倒句。言無如我者矣。今子之使萬足，獨奈何？」蚿曰：「不然。子不見夫唾者乎？噴則大者如珠，小者如霧，雜而下者不可勝數也。皆天然如此。今予動吾天機，而不知其所以然。」蚿謂蛇曰：「吾以衆足行，而不及子之無足，何也？」蛇曰：「夫天機之所動，何可易邪？吾安用足哉？」衆足、無足，皆天機之動，何可易耶？蛇謂風曰：「予動吾脊脅而行，則有似也。有形似。今子蓬蓬然起於北海，蓬蓬然入於南海，而似無有，何也？」風曰：「然。予蓬蓬然起於北海而入於南海也，然而指我則勝我，䲡我亦勝我。䲡音秋，同蹈，蹴也。風所吹之物，爲指所按、足所踐，則不能吹之使去，故皆曰「勝我」也。雖然，夫折大木，蜚大屋者，唯我能也，故以衆小不勝爲大勝也。天機莫禦也。爲大勝者，惟聖人能之。」心、目二喻，不着疏解。林西仲謂「如半身美人圖，正於未畫處傳神」，其論固甚妙，然莊子意在發明天機自動之意，心與目固無煩贅説也。

孔子遊於匡，宋人圍之數匝，而弦歌不輟。子路入見，曰：「何夫子之娱也？」問便拙。孔子曰：「來，吾語女。我諱窮久矣，而不免，命也；求通久矣，而不得，時也。當堯舜，而天下無窮人，非知得也；當桀紂，而天下無通人，非知失也，時勢適然。夫水行不避蛟龍者，漁父之勇也；陸行不避兕虎者，獵夫之勇也；白刃交於前，視死若生者，烈士之勇也；知窮之有命，知通之有時，臨大難而不懼者，聖人之勇也。由，處矣。吾命有所制矣。」無幾何，將甲者進，辭曰：「以爲陽虎也，故圍之；今非也，請辭而退。」僞作。

公孫龍問於魏牟曰：「龍少學先生之道，長而明仁義之行；合同異，離堅白；然不然，可不可；困百家之知，窮衆口之辯；吾自以爲至達已。今吾聞莊子之言，汒焉異之。

不知論之不及與?知之弗若與?今吾無所開吾喙,敢問其方。」公子牟隱几太息,仰天而笑曰:「子獨不聞夫埳音坎,壞也。井之鼃乎?謂東海之鱉曰:『吾樂與?吾跳梁乎井幹井欄。之上,入休乎缺甃之崖;井隙。赴水則接腋水承兩腋。持頤,水浮兩頤。蹶泥則没足滅跗。足背。還音旋,回顧也。虷音寒,井中赤蟲。蟹與科斗,莫吾能若也。且夫擅一壑之水,而跨跱埳井之樂,此亦至矣,夫子奚不時來入觀乎?』東海之鱉左足未入,而右足已縶矣。於是逡巡而却,告之海曰:告鼃以海之大。『夫千里之遠,不足以舉其大;千仞之高,不足以極其深。禹之時,十年九潦,而水弗爲加益;湯之時,八年七旱,而崖不爲加損。夫不爲頃久推移,不以多少進退者,此亦東海之大樂也。』於是埳井之鼃聞之,適適音惕,驚貌。然驚,規規然自失也。且夫知不知是非之境,而猶欲觀於莊子之言,是猶使蚊負山,商蚷蟲名。馳河也,必不勝任矣。且夫知不知論極妙之言,而自適一時之利利口。者,是非埳井之鼃與?且彼莊子。方跐初買切,蹈也。黄泉地。而登大皇,天。無南無北,奭然猶釋。四解,四達。淪於不測;深也。無西無東,始於玄冥,反於大通。子乃規規然小貌。而求之以察,索之以辯,是直用管闚天,用錐指地也,不亦小乎?子往矣。且子獨不聞夫壽陵邑名。餘子未成夫者。之學行於邯鄲赵國。與?未得國能,邯鄲所能。又失其故行矣,直匍匐而歸耳。今子不去,將忘子之故,失子之業。」公孫龍口呿張口貌。而不合，舌舉而不下，乃逸而遁。此段亦無佳勝。況自譽而抑人，此豈有道者之言？又與上下文意義不屬，恐亦是僞作也。

莊子釣於濮水。楚王使大夫二人往先焉，曰：「願以竟内累矣。」莊子持竿不顧，曰：「吾聞楚有神龜，死已三千歲矣，王巾笥而藏之廟堂之上。此龜者，寧其死爲留骨而貴乎？寧其生而曳尾於塗中乎？」二大夫曰：「寧生而曳尾塗中。」莊子曰：「往矣。吾將曳尾於塗中。」此段亦淺。且持竿不顧，而又與言，何也？兼與上下文義不屬，亦是僞作。

惠子相梁，莊子往見之。或謂惠子曰：「莊子來，欲代子相。」於是惠子恐，搜於國中三日三夜。現在往見，何用搜焉？莊子往見之，曰：「南方有鳥，其名爲鵷鶵，子知之乎？夫鵷鶵，發於南海而飛於北海，非梧桐不止，非練實不食，非醴泉不飲。於是鴟得腐鼠，鵷鶵過之，仰而視之曰：『嚇。』怒聲，恐奪其食也。今子欲以子之梁國而嚇我邪？」此亦淺。四段疑皆後人添入耳。

莊子與惠子遊於濠梁濠水橋梁。之上。莊子曰：「鯈魚出遊從容，是魚樂也。」惠子曰：「子非魚，安知魚之樂？」莊子曰：「子非我，安知我不知魚之樂？」惠子曰：「我非子，固不知子矣；子固非魚也，子之不知魚之樂，全矣。」莊子曰：「請循其本。言當反汝問我之本意也。**子曰『汝安知魚樂』云者，既已知吾知之而問我。我知之濠上也。」**言女之所云，是明明知我之知魚之樂，而問我安從知之耳。若我，則於濠上親見其出遊從容而知之也。此正答其「安知」安字。○惠子「安知」二字連讀，謂莊子之不知也。莊子則以「知魚之樂」四字連讀，而以「安」字另讀。舌鋒犀利，奇妙極矣。○此段亦言天機自動，故樂。○結到天機自動，正上文「何爲何不爲，夫故將自化」之意。

此篇第一段，言學道最忌識卑，要見大。第二段，言物量無窮，人之所知有限，不能定其爲大爲細，不可大天下而小毫末。第三段，又進一層，言不獨毫末非小，卽無形亦非小；不獨天地非大，卽不可圍亦非大，以其有形也。若道則無聲無臭，不期精粗焉。四段言道無精粗，則無貴賤。其有貴賤，皆物情世俗之見耳。五段言道既無精粗貴賤，則學道者爲不爲一齊放下，無方自化可也。六段言無方自化乃天道之自然，非任意而行之謂，故必學道乃能之，故道足貴也。七段明天人之辨，「夔憐蚿」及末「濠梁」二節，則天機自動之樂也。若「圍匡」四節，愚心不能無疑焉，故別之爲僞，以質高明。

至樂

天下有至樂無有哉？反喚言有也。有可以活身者無有哉？活身止就至樂卸出，故下只用帶説。今奚爲奚據？奚避奚處？奚就奚去？奚樂奚惡？言至樂活身之理俱有，但不知人之趣舍何如耳。○虚提至樂，以待下文分别。

夫天下之所尊者，富貴壽善也；以此能招所樂，故尊之。所樂者，身安、厚味、美服、好色、音聲也；所下者，貧賤夭惡也；以此能招所苦，故下之。所苦者，身不得安逸，口不得厚味，形不得美服，目不得好色，耳不得音聲。若不得者，則大憂以懼，其爲去聲。形也亦愚哉。

夫富者，苦身疾作，勤也。多積財而不得盡用，其爲形也亦外矣。夫貴者，夜以繼日，思慮善否，爲固位計。其爲形也亦疏矣。人之生也，與憂俱生，壽者惽惽，久憂句。不死，何之猶「其」。苦也。其爲形也亦遠矣。烈士爲天下見善矣，人稱其善。未足以活身。爲名受禍。吾未知善之誠善邪？誠不善邪？若以爲善矣，不足活身；似乎不善。以爲不善矣，足以活人。能救人之危，又似是善。故曰：「忠諫不聽，蹲循勿爭。」蹲，卑身也。

言諫君而君不聽，當卑身循君，勿與爭善。故夫子胥爭之，以殘其形；不爭，名亦不成。誠有善無有哉？然則到底不足爲善。○此條文法又變。○尊此四者，原爲圖樂而活身，不知反以苦其形，不足爲樂。

今俗之所爲與其所樂，吾又未知樂之果樂邪，果不樂邪？吾觀夫俗之所樂，舉群趨者，誙誙然專確貌。如將不得已，而皆曰樂者，吾未之樂也，亦未之不樂也。言並不足經意。果有樂無有哉？俗之所樂，無可樂也。吾以無爲誠樂矣，又俗之所大苦也。轉筆疾妙。故曰：「至樂無樂，至譽無譽。」上句主，下句陪。同是成語，故並引之。天下是非果未可定也。吾以爲樂者，俗又以爲苦。雖然，無爲可以定是非。畢竟無爲的是。下言其故。至樂活身，唯無爲幾存。俗樂皆傷生，至樂則活身。無爲幾存，則無爲之爲至樂，信矣。下又言其故。請嘗試言之：天無爲以之清，地無爲以之寧，故兩無爲相合，天地。萬物皆化。芒乎芴乎，音荒惚。而無從出乎？芴乎芒乎，而無有象乎？萬物職職，並育並行，不相害悖也。皆從無爲殖。故曰：「天地無爲也，而無不爲也。」人也孰能得無爲哉？轉入無爲，方是至樂。○無爲直與天地同體。「幾存」之云，猶婉言之耳。須知莊子説至樂無爲，是天地不朽之真理。活身幾存，乃對世俗之傷生者言，故下此字面耳，不是説以此長生也。看下文純是打破死生便知。

莊子妻死，惠子弔之，莊子則方箕踞鼓盆鼓之以節音。而歌。惠子曰：「與人居，長育也。子、句。老、句。身死，句。不哭句。亦足矣，又鼓盆而歌，不亦甚乎？」莊子曰：「不然。是其始死也，我獨何能無概然？概，平斗斛木。概然者，一物横於胸中，如斗斛之概也。《史記》：「臣愚不概於王心。」《淮南子》：「勢位爵禄不足以概志。」解作感觸經心，其意亦同。或改作「慨」，而以「然」字屬下句，誤。察其始，而本無生；知覺運動。非徒無生也，而本無形；非徒無形也，而本無氣。雜乎芒芴之間，變而有氣，氣變而有形，形變而有生，今又變而之死，是相與爲春秋冬夏四時行也。人且偃然寢於巨室，而我噭噭然隨而哭之，噭音叫。《公羊傳》：「噭然而哭。」自以爲不通乎命，故止也。」

支離叔與滑介叔觀於冥伯死者之稱。之丘，崑崙之虚，墟也。墓在崑崙之墟。黄帝之所休。黄帝曾休息處。俄而柳生其左肘，柳，瘍癤也。柳多癰腫，故以爲瘍癤之喻。其意當作「意其」。蹶蹶然不安貌。惡之。支離叔曰：「子惡之乎？」滑介叔曰：「亡，予何惡？生者，假借也。假之而生生者，塵垢也。假借，卽佛經所謂「地水火風四大假合」是也。生既爲假，又假之而生生焉，如塵垢之集耳。生生，謂身之所生，如瘍癤之類是也。死生爲晝夜。且吾與子觀化觀冥伯之物化。而化及我，我又何惡焉？」柳生不必死，卽死亦大化之及耳。

莊子之楚，見空髑髏，音獨樓，死人首骨。髐然有形。髐，白骨貌。撽以馬錘，撽音竅，旁擊也。因而問之，曰：「夫子貪生失理，而爲此乎？將子有亡國之事，斧鉞之誅，而爲此乎？將子有不善之行，愧遺父母妻子之醜，而爲此乎？將子有凍餒之患，而爲此乎？將子之春秋故及此乎？」於是語卒，援髑髏，枕而卧。無理。夜半，髑髏見夢曰：「子之談者似辯士。諸凡也。子所言，皆生人之累也，死則無此矣。子欲聞死之説乎？」莊子曰：「然。」髑髏曰：「死，無君於上，無臣於下，亦無四時之事，從然縱逸貌。一作「泛然」，好。以天地爲春秋，雖南面王樂，不能過也。」莊子不信，曰：「吾將一無「將」字。使司命復生子形，爲子骨肉肌膚，反子父母、妻子、閭里知識，子欲之乎？」髑髏深矉蹙頞曰：「吾安能棄南面王樂，而復爲人間之勞乎？」此二節，皆看破生死者也。○郭註：「生時安生，死時安死。生時之情既盡，則無爲當生而憂死耳。此莊生之旨也。」時説莊生樂死惡生，誤矣。

○按，此段無甚意味，疑亦僞作。

顔淵東之齊，孔子有憂色。子貢下席而問曰：「小子敢問：回東之齊，夫子有憂色，何邪？」孔子曰：「善哉，女問。昔者管子有言，丘甚善之，曰：『褚布袋。小者不可以懷大，綆井繩。短者不可以汲深。』夫若是者，以爲命有所成，而形有所適也，夫不可損益。吾恐回與齊侯言黄帝、堯、舜之道，而重以燧人、神農之言。彼將内求於己而不得，不得則惑，人疑惑人之所言。惑則死。將加人以刑。且汝獨不聞邪？昔者海鳥止於魯郊，魯侯御迓。而觴之於廟，奏《九韶》以爲樂，具太牢以爲膳。鳥乃眩視憂悲，不敢食一臠，不

敢飲一杯，三日而死。此以己養養鳥也，非以鳥養養鳥也。夫以鳥養養鳥者，宜栖之深林，遊之壇陸，浮之江湖，食之鰌鰷，隨行列而止，委蛇而處。彼惟人言之惡聞，奚以夫譊譊爲乎？《咸池》、《九韶》之樂，張之洞庭之野，鳥聞之而飛，獸聞之而走，魚聞之而下入，人卒猝。**聞之，相與還而觀之。魚處水而生，人處水而死。彼必相與異，**句。**其好惡故**猶「本」。**異也。故先聖不一其能，**人之能不同，不能强之使一。**不同其事。**能不能一，故事不能同。**名止於實，**各隨其情。**義設於適，**投人所安。**是之謂條達**無所不通。**而福持。」**受福堅固。○此段言生死之當看破者，以命不可損益也。取意全不在遊説人主上。○此段疑僞作。

列子行食於道從，按，原文作「從者見」云云，今删去「者」字，猶存「從」字，蓋所删不盡，今當衍文矣。解作「道旁」，可笑。**見百歲髑髏，攓**音搴。**蓬而指之曰：「惟予與汝知而汝未嘗生，未嘗死也。**十三字作一句讀。言此不死不生之理，惟予與汝兩人知之耳。**若果養乎？予果歡乎？」**若，汝也。宣茂公註：「養，即『中心養養』之養，憂也。」此説正與下「歡」字相對，言汝死不足憂，予生不足歡也。以起下文。**種有幾，**原本下有「若鼃爲鶉」四字。○將言人遞死遞生之理，先活提此句以發端，猶云所知有幾種，故舉以例其餘也。**得水則爲㡭，**音繼。言人死而化爲塵土，塵浮水面，塵塵相牽，如絲如縷者，蓋水苔欲生之朕。**得水土之際則爲鼃蠙之衣，**㡭在水土相交之際，得土氣凝爲體質。其色沉緑則爲鼃蠙之衣，即水舄也。生於水爲水舄，《詩》

所云「言采其藚」是也。鼃與蠙依其下，故曰衣。○按，此卽水苔也。生於陵屯則爲陵舄，《詩》註：「芣、苡一物，而有水土之異。」蓋水苔延生於岸上，而化爲草也。陵舄得鬱棲糞壤。則爲烏足。草名。烏足之根爲蠐螬，根所化。其葉爲蝴蝶。葉所化。蝴蝶胥也蝴蝶又名胥。化而爲蟲，生於竈下，其狀若脱，其名爲鴝掇。草又化爲蟲，質多蠕弱，生于竈下，得人之氣，無皮無殼，其狀如剥脱，名爲鴝掇。鴝掇千日爲鳥，其名爲乾餘骨。鴝掇伏土千日，化而爲鳥，其名乾餘骨。乾餘骨之沫爲斯彌，乾餘骨吐沫化爲斯彌。斯彌爲食醯。蠛蠓也，喜食醯，故名。頤輅生乎食醯，食醯生頤輅也，頤輅又生九猷。黄軦音況。生乎九猷，九猷生黄軦也，黄軦又生腐蠸。瞀芮生乎腐蠸。腐蠸生瞀芮也。以上遞生皆蟲類。羊奚草名。比乎不箰，久竹生青寧，羊奚之根，合乎久不生箰之竹，則生青寧。青寧，竹根之蟲也。青寧生程，豹之別名。○一云：青寧形似刺蝟。若青寧果爲蟲，則生程之説似難信。程生馬，馬生人，人又反入於機。萬物皆出生也。於機，皆入死也。於機。氣機也。循環不窮，則死無足憂，生無足樂可知。

宣茂公曰：「『樂』之一字，學道人與世俗人所同尚也。但俗所爲樂者，形骸之享受，勞擾圖之，而不知其未足爲樂也。學道人所爲樂者，性情之恬愉，無爲逍遥，不言樂而至樂存焉。吾獨怪吾以勞攘爲困者，俗亦以無爲爲苦，何也？則『有生』

一念爲之累也。『莊子妻死』三段，將生死關看破；『顔淵』一段，命與形不可損益，則生死關亦不得不看破也。末段將生死説得一氣轉换，方生方死，方死方生，竟未嘗有生死也。如此，則『有生』一念可淨盡矣。生且不有，尚何一切享受之足云？莊生蓋欲急醒迷途，與之至樂歟？」

達生

達生之情實理。者，不務生之所無以爲；以，用也。無益之養，生之所無以爲也。達命之情者，不務知之所無奈何。數之不可强者，知之所無奈何也。明明待盡，無計暫留，故曰無奈何。養形必先之物，物有餘而形不養者有之矣；有生必先無離形，形不離而生亡者有之矣。生之來不能却，其去不能止。悲夫。世之人以爲養形足以存生；而養形果不足以存生，則世世人之養。奚足爲哉？命，卽生之命也。故起筆達生、達命並言，而下單言生字。○起用正筆，次用反筆以明之。

雖不足爲，而不可不爲者，其爲不免矣。既在世中，習俗難廢。夫欲免爲去聲。形者，莫如棄世。棄事遺生是也。棄世則無累，無累則正平，遊於坦途。正平則與彼造化。更生，更生則幾矣。一層。○與造化同其循環推移，則近於道。事奚足棄而生奚足遺？二句詰問之詞。棄事則形不勞，遺生則精不虧。夫形全精復，與天爲一。二層。天地者，萬物之父母也，合則成體，二氣合，則生物形。散則成始。散於此，爲生於彼之始。形精不虧，是謂能移；精而又精，反以相天。化育賴其參贊。○三層。三層只是一意，特反覆發明之耳。

子列子問關尹曰：「至人潛行不窒，行地中無礙也。蹈火不熱，行乎萬物之上而不慄。如伯昏無人登高山，履危石，臨百仞之深淵是也。請問何以至於此？」關尹曰：「是純氣之守也，純氣者，先天之精，塵滓不容者也。非知巧果敢之列。此則意見用事之輩。居，吾語女。凡有貌象聲音者，皆物也，有迹相者皆物。物何以相遠？夫奚足以至乎先？先者，未始有物之際。是色而已。終爲迹相而已。○此知巧果敢之所務者。則物之造乎不形，而止乎無所化，此所謂先也。夫得是而窮窮究。之者，物焉得而止焉？所以不窒不熱不慄。○此純氣之守者。彼將處乎不淫之度，守中不過。而藏乎無端之紀，動靜莫測。遊乎萬物之所終始，靜攬化機。壹其性，養其氣，合其德，與天地合也。以通乎物之所造。求至乎先也。○守氣工夫如此。夫若是者，其天守全，其神無郤，同隙。物奚自入焉？神全效驗如此。○從純守功夫落「神全」，從「神全」落「物不能入」。夫醉者之墜車，雖疾不死。骨節與人同，而犯害與人異，其神全也。乘亦不知也，墜亦不知也，死生驚懼不入乎其胸中，是故遻同忤。物而不慴。彼得全於酒而猶若是，而況得全於天乎？聖人藏於天，藏神於天。故莫之能傷也。復讎者不折鏌干，雖有忮心者不怨飄瓦，無心故不招怨。是以天下平均。故無攻戰之亂，無殺戮之刑者，由此道也。無心故不致傷。不開人之天，知巧果敢，皆開人之天者。而開天之天，但由其自然之門，純氣之守是也。開天者德生，有德於生。開人者賊生。物入害之。不厭其天，常依天德。不忽於人，慎防人心。民幾乎以其真。」庶幾神全而反真。○此言養神之妙也。神載於氣，而汨神者亦卽氣，故開口便説純氣之守。知巧果敢，乃與純氣相反者，既將兩項人分别了然，彼將下從純守工夫落「神全」，由「神全」落「不能入」，又用醉者一喻，襯明神全物不能入之故。「復讎」一節，言無心而循自然之天，則天下均平，各安其天真矣。開口「知巧果敢」四字，正開人之天也；純氣之守，則開天之天也。

仲尼適楚，出於林中，見痀僂者曲背人也。承蜩，持竿粘蜩。猶掇之也。如手拾物之易。仲尼曰：「子巧乎，有道邪？」曰：「我有道也。五六月累丸二而不墜，則失者錙銖；累三而不墜，則失者十一；累五而不墜，猶掇之也。累丸於竿首，自二至五而不墜，則神定而視審可知矣。此言承蜩前一截功夫。吾處身也，若橛株枸；橛，樹也；株枸，枯木也。處身若樹枯木。吾執臂也，若槁木之枝；雖天地之大，萬物之多，而唯蜩翼之知。志專如此。吾不反不側，不以萬物易蜩之翼，又覆明之。何爲而不得？」孔子顧謂弟子曰：「用志不分，乃疑於神，其痀僂丈人之謂乎？」東坡定爲「疑於神」，妙甚。然考今本《列子》亦作「疑」。○宣曰：「用志不分，止是存神之入路，苟至於神，則『志』字用不着矣。上段言純氣，『純』字已是精細，然也是入手功夫。若到神化地位，便連『氣』字也用不着。」

顔淵問仲尼曰：「吾嘗濟乎觴深之淵，津人操舟若神。吾問焉，曰：『操舟可學邪？』曰：『可。善游者數能。若乃夫没人，則未嘗見舟而便操之也。』」游者善泅於水面，没者善汨於水中，猶諺云「聾人不聞雷聲」也。吾問焉而不吾告，敢問何謂也？」仲尼曰：「善游者數能，忘水也。若乃夫没人之未嘗見舟而便操之也，彼視淵若陵，視舟之覆，猶其車却也。覆却萬方陳乎前而不得入其舍，心者，神明之舍。惡往而不暇？神定則隨在暇豫。以瓦注者巧，以鉤注者憚，以黄金注者殙。注，博者之注，如「孤注」之注也。鉤，帶鉤。殙同惛。其巧一也，而有所矜，矜持愛惜也。則重外也。凡外重者内拙。」此言養生者，當重内輕外。

田開之見周威公。威公曰：「吾聞祝腎學生，學養生也。吾子與祝腎遊，亦何聞焉？」田開之曰：「開之操拔同拂，拂塵具也。篲帚也。以侍門庭，亦何聞於夫子？」威公曰：「田子無讓，寡人願聞之。」開之曰：「聞之夫子曰：『善養生者，若牧羊然，視其後者而鞭之。』」威公曰：「何謂也？」田開之曰：「魯有單豹者，巖居而水飲，不與民共利，行年七十而猶有嬰兒之色；不幸遇餓虎，餓虎殺而食之。有張毅者，高門大家。懸薄懸簾薄以蔽門，小家也。無不走也，行年四十而有内熱之病以死。豹養其内而虎食其外，毅養其外而病攻其内，此二子者，皆不鞭其後者也。」不鞭其後，不能勉其所不足也。不足者何？徒知養形而不知養神也。或乃以内外兼養爲言，恐未然也。○引二人只是借箇影子。仲尼曰：「無入而藏，無出而陽，無偏於顯晦也。柴如槁木然。立其中央。不動不靜之間。三者若得，其名必極。可稱至人。夫畏途者，十殺一人，則父子兄弟相戒也，必盛卒徒而後敢出焉，不亦知乎？人之所取畏者，衽席之上，飲食之間，而不知爲之戒者，過也。」此言嗜欲足以傷生而人不覺。

祝宗人端冕以臨牢筴音策，豕牢柵也。說彘，曰：「女奚惡死？吾將三月犧女，十日戒，三日齊，藉白茅，加女肩尻乎彫俎之上，則女爲之乎？」爲彘謀，曰：「不如食以糟糠，而錯之牢筴之中。」自爲謀，不着「曰」字，妙有神味。則苟生有軒冕之尊，死得於腞楯之上、聚僂之中則爲之。腞音篆。腞楯，彫俎也。聚僂，曲薄也。腞楯聚僂，從「彘」字借用，言謀生不計死也。或乃謂，雖被戮而尸之，亦樂爲之，恐非人情，且於「得於」二字不妥協。爲彘謀則去之，自爲謀則取之，所異彘者何也？此言養形者徒知其利，不知其害也。

齐桓公田於澤，管仲御，見鬼焉。公撫管仲之手曰：「仲父何見？」對曰：「臣無所見。」公反，誒詒音希怡，失魂魄貌。爲病，數日不出。齊士有皇子告敖者，曰：「公則自傷，鬼惡能傷公？夫忿滀鬱結也。之氣，散而不反，則爲不足；上而不下，則使人善怒；下而不上，則使人善忘；不上不下，中身當心，則爲病。」桓公曰：「然則有鬼乎？」曰：「有。沉水污處。有履，鬼名。竈有髻。竈神著赤衣，狀如美女。户内之煩壤，掃除所積之糞。雷霆鬼名。處之；東北方之下者，陪阿鮭蠪躍之；陪阿，狀如小兒，長尺四，黑衣赤幘，大冠，帶劍持戟。龔音龍，狀如小兒，長一尺四寸，黑衣赤幘，大冠，帶劍持戟。○按，此二神形狀冠佩皆同，豈即一神耶？西北方之下者，則泆陽處之。泆陽，獸名，一曰神名，大約神形如獸也，豹頭馬尾。水有罔象，水怪，狀如小兒，黑色，赤爪，大耳長臂。丘有峷，臻。○丘神，狀如狗而有角，文身五采。山有夔，山神，狀如鼓而一足。野有彷徨，蟲名，如蛇，兩頭，五采文，或曰野神。澤有委蛇。」公曰：「請問委蛇之狀何如？」皇子曰：「委蛇，其大如轂，其長如轅，紫衣而朱冠。其爲物也，惡聞雷車之聲，則捧其首而立。見之者殆乎霸。」桓公辴音軫。然而笑曰：「此寡人之所見者也。」於是正衣冠與之坐，不終日而不知病之去也。此段言物累皆起於心之自傷，故神寧則自無病也。

紀渻子爲王養鬭雞。十日而問：「雞已乎？」《列子》作「雞可鬭已乎」，此脱文耳，當從《列子》。曰：「未也，方虛憍而恃氣。」十日又問，曰：「未也，猶應嚮景。」聞聲覩景猶動心也。十日又問，曰：「未也，猶疾視而盛氣。」餘悍未消。十日又問，曰：「幾矣。雞他雞。雖有鳴者，已此雞。無變矣，望之似木雞矣，其德全矣。異雞無敢應者，反走矣。」養鬭雞猶以神全爲至，而況於人之養生乎？

孔子觀於呂梁，縣水三十仞，流沫四十里，黿鼉魚鼈之所不能游也。水至急故。見一丈夫游之，以爲有苦而欲死也，使弟子並音傍。流而拯之。數百步而出，被髮行歌而游於塘下。堤岸之下。孔子從而問焉，曰：「吾以子爲鬼，察子則人也。請問，蹈水有道乎？」曰：「亡，吾無道。吾始乎故，長乎性，成乎命。與齊俱入，齊同臍，水漩入處似臍。與汨俱出，汨，水湧出處。從水之道而不爲私焉。此吾所以蹈之也。」孔子曰：「何謂始乎故，長乎性，成乎命？」曰：「吾生於陵而安於陵，故也；長於水而安於水，性也；不知吾所以然而然，命也。」從水之道而不爲私，此神全之秘密義也。養神者須知之。

梓慶削木爲鐻，音據，樂器，形似夾鐘，削木爲之。鐻成，見者驚猶鬼神。精巧似鬼斧神工，非人所能爲。魯侯見而問焉，曰：「子何術以爲焉？」對曰：「臣工人，何術之有？雖然，有一焉。臣將爲鐻，未嘗敢以耗氣也，必齊以靜心。氣全則心靜，原是一層功夫。齊三日，而不敢懷慶賞爵禄；忘利。齊五日而一無「而」字。不敢懷非譽巧拙；忘名。輒然忘吾有四肢形骸也。忘我。當是時也，無公朝，忘其爲公家削之也。其巧專而外滑消；外面滑心之事盡消。齊七日，然後入山林，觀天性；觀木之生質。形軀具一作「至」。矣，木形可爲鐻。然後成見鐻，宛然一成鐻在目。然後加手焉；不然則已。則以天合天，因物付物，不離其自然也。器之所以疑神者，其是與？」用數「然後」字，揣摩神會如畫。○一技也，猶不敢耗氣，而齊以靜心，則其神全矣，養生可知。

東野稷以御見莊公，進退中繩，左右旋中矩。莊公以爲文弗過也，組織之文，不過如是。使之鉤百而反。因使之圓驅之如鉤，百遍而後反。顏闔遇之，入見曰：「稷之馬將敗。」公密默也。不應。少焉，果敗而反。公曰：「子何以知之？」曰：「其馬力竭矣，而猶求焉，故曰敗。」勞其形，虧其精，則傷其神，豈獨馬哉？

工倕旋而蓋過也。規矩，但以手運旋，而巧勝規矩，精之至也。指與物化而不以心稽，再足一句，言其指與物化之自然，不待心之稽考而始合也。故其靈臺神舍。一而不桎。神凝而無拘束之苦。忘足，屨之適也；忘腰，帶之適也；知一無「知」字。忘是非，心之適也；不內變，不外從，事會猶境遇。之適也。內外俱忘，境遇之適。始乎適而未嘗不適者，忘適之適也。知有適，尚有所不適。惟忘適之適，方能入於化，自無往而不適矣。○此言工倕之用指，不藉規矩，不費心思，惝然獨造，境會自符，斯其恰適，非復色相矣。養生者亦猶是也。

有孫休者，踵門而詫子扁慶子曰：「休居鄉不見謂不修，臨難不見謂不勇；然而田原不遇歲，事君不遇世，賓同擯。於鄉里，逐於州郡，一作「部」。則胡罪乎天哉？休惡遇此命也？」扁子曰：「子獨不聞夫至人之自行邪？忘其肝膽，遺其耳目，芒然彷徨乎塵垢之外，逍遙乎無事之業，是故爲而不恃，長而不宰。長物而不居功。今汝飾知以驚愚，修身以明汙，修身以明人之污。昭昭乎若揭日月而行也。過於炫露。汝得全而形軀，具而九竅，無中道夭於聾盲跛蹇而比於人數，亦幸矣，又何暇乎天之怨哉？子往矣。」孫子出。

扁子入，坐有間，仰天而歎。弟子問曰：「先生何爲歎乎？」扁子曰：「向者休來，吾告之以至人之德，吾恐其驚而遂至於惑也。」弟子曰：「不然。孫子之所言是邪，先生之所言非邪？非固不能惑是。孫子所言非邪？先生所言是邪？彼固惑而來矣，又奚罪焉？」扁子曰：「不然。昔者有鳥止於魯郊，魯君説之，爲具太牢以饗之，奏《九韶》以樂之，鳥乃始憂悲眩視，不敢飲食。此之謂以己養養鳥也。若夫以鳥養養鳥者，宜棲之深林，浮之江湖，食之以委蛇言使之從容自得而食也。則平陸而已矣。此數行詞意多與《至樂》篇同。今休，款啟寡聞之人也，款，小竅也。言開竅至小，所見者小也。吾告以至人之德，譬之若載鼷以車馬，樂鴳以鐘鼓也。彼又惡能無驚乎哉？」通篇以微言至論提醒世人，至此恐鑿柄未必相入，特借扁子之歎孫休，爲之加一警策。但此節筆意平淺，與通篇不類。

此篇承上篇，而暢言養生之道不在乎養形，而當全其神也。層引疊証，精義無窮，是《内篇·養生主》意疏。

山木

莊子行於山中，見大木，枝葉盛茂，伐木者止其旁而不取也。問其故，曰：「無所可用。」莊子曰：「此木以不材得終其天年。」夫子（卽莊子。）出於山，舍於故人之家。故人喜，命豎子殺鴈而烹之。豎子請曰：「其一能鳴，其一不能鳴，請奚殺？」主人曰：「殺不能鳴者。」明日，弟子問於莊子曰：「昨日山中之木，以不材得終其天年；今主人之鴈，以不材死。先生將何處？」莊子笑曰：「周將處夫材與不材之閒。（將者，懸度之辭。）材與不材之閒，似之而非也，（隨卽一轉。）故未免乎累。若夫乘道德而浮游者則不然。（又進一層，言道德則更着不得材不材字面矣。○主意。）無譽無訾，一龍一蛇，與時俱化，而無肯專爲；一上一下，以和爲量，浮游乎萬物之祖；（未始有物之先。）物物（主宰乎物。）而不物於物，（不自滯於物。）則胡可得而累邪？此神農、黃帝之法則也。若夫萬物之情，人倫之傳則不然。合則離，成則毁；廉則挫，尊則議；（居尊則有人議其得失。）有爲則虧，賢則謀，（謀議也，卽上尊則議意。）不肖則欺，（不肖則人欺之。）胡可得而必乎哉？（不能免於累也。）悲夫。弟子志之，其惟道德之鄉乎？」

市南宜僚見魯侯，魯侯有憂色。市南子曰：「君有憂色，何也？」魯侯曰：「吾學先王之道，修先君之業；吾敬鬼尊賢，親而行之，無須臾離居。然不免於患，吾是以憂。」敬鬼尊賢都爲有國起見，其所患卽在所行之中。市南子曰：「君之除患之術淺矣。夫豐狐文豹，棲於山林，伏於巖穴，靜也；夜行晝居，戒也；雖饑渴隱約，猶且胥疏相遠也。於江湖之上而求食焉，定也。然且不免於網羅機辟之患，是何罪之有哉？其皮爲之災也。今魯國獨非君之皮邪？吾願君刳形去皮，洒心去欲，而遊於無人之野。不有其國也。南越有邑焉，寓言去魯之遠。名爲建德之國。寓言立德。其民愚而朴，少私而寡欲；知作耕作。而不知藏，蓋藏。○無私蓄。與而不求其報；無人我。○二句跟上「少私寡欲」。不知義之所適，不知禮之所將；二句起下「猖狂妄行」。猖狂妄行，乃蹈乎大方；動而合道。其生可樂，其死可葬。其生可樂，所以解其憂；其死可葬，沒吾寧也。吾願君去國捐俗，與道相輔而行。」君曰：「彼其道遠而險，又有江山，我無舟車，奈何？」寓言道德高遠難至，己又無進造之資也。市南子曰：「君無形倨，無使形骸倨傲。無留居，無沉溺於所安。以爲君車。」人君撫有一國，尊居臣民之上，最易怠傲倨肆，而崇高富厚又最難割捨，此哀公頂門針也。否則進造之資，何以單說此二件？君曰：「彼其道幽遠而無人，吾誰與爲鄰？吾無糧，我無食，安得而至焉？」寓言道德孤寂。市南子曰：「少君之費，寡君之欲，雖無糧而乃足。此先答後一層。

君其涉於江而浮於海，望之而不見其崖，愈往而不知其所窮。送君者皆自崖而反，君自此遠矣。到此境地，人固不能與我爲鄰，我亦不必要與人爲鄰矣。陳白沙詩：「試問十洲三島外，是誰更伴老仙居？」亦此意也。此答前一層意。故有人者累，得衆而有國，則有有國之累。見有於人者憂。見有於人而爲君，則當憂人之憂。故堯非有人，有天下而不與。非見有於人也。忘帝力於何有。○所以無憂無累。吾願去君之累，除君之憂，而獨與道遊於大莫之國。方舟而濟於河，有虛船來觸舟，雖有惼同褊。心之人不怒；有一人在其上，則呼張歙之；張，撑開。歙，收斂。一呼而不聞，再呼而不聞，於是三呼邪，則必以惡聲隨之。向也不怒而今也怒，此何故？向也虛而今也實。人能虛己以遊世，其孰能害之？」人不怒，則己無憂矣。○上節言乘道德而浮游，則物不得而累。此正申明上節之意，道德之鄉不外虛己，不是兩意。

北宮奢爲衛靈公賦斂以爲鐘，宣謂看下文，則賦斂似即今募緣之類。然諸侯而募緣，恐未必然，姑闕疑可也。爲壇乎郭門之外，於郭外爲壇以賦斂也。三月而成上下之縣。設架懸鐘，上下各六，所謂編鐘也。三月而成，言其速。王子慶忌見而問焉，曰：「子何術之設？」奢曰：「一之間，無敢設也。純一而已，不敢有所雜也。奢聞之：『既雕既琢，復歸於朴。』去華反朴也。侗乎其無識，儻乎其怠疑；萃乎芒乎，隨波逐浪，混俗和光。其送往而迎來，來者勿禁，往者勿止；從其彊梁，不罪其背我者。隨其曲傅，曲傅我者，聽其自然。因其自窮。因其力所自盡，不强其所不堪也。○以上皆無心而任物之意。故朝夕賦斂而毫毛不挫，無損吾心。而況有大塗者乎？」賦斂且然，況處世有大通之塗者乎？其順應更可知矣。此句是莊子就北宮奢之言而推廣言之。有若斷若續之妙。

孔子圍於陳蔡之間，七日不火食。太公任往弔之，曰：「子幾死乎？」曰：「然。」「子惡死乎？」曰：「然。」任曰：「予嘗試也。言不死之道。東海有鳥焉，其名曰意怠。其爲鳥也，翂翂翐翐，音芬秩，皆弱飛舒遲貌。而似無能；引援而飛，迫脅而棲；進不敢爲前，退不敢爲後；食不敢先嘗，必取其緒。世所棄餘。是故其行列不斥，斥，如斥候之斥，謂戒備也。而外人卒不得害，是以免於患。直木先伐，甘井先竭。子其意者飾知以驚愚，修身以明汙，昭昭乎若揭日月而行，故不免也。昔吾聞之大成之人大成其德之人。曰：『自伐者無功，功成者隳，名成者虧。』孰能去功與名而還與衆人？返同於衆。道流而不明當作「名」。居，德一作「得」，誤。行而不名處；不居有道有德之名。純純常常，純一其心，平常其行。乃比於狂；如猖狂之無知。削迹捐勢，不爲功名。是故無責於人，人亦無責焉。至人不聞，不圖聲聞。子何喜哉？」何喜於自見而招禍，卽上「飾知驚愚」云云，所謂聲聞也。孔子曰：「善哉。」辭其交游，去其弟子，逃於大澤；衣裘褐，食杼音序。栗；入獸不亂群，入鳥不亂行。鳥獸不惡，而況人乎？

孔子問子桑虖同戶。曰：「吾再逐於魯，伐樹於宋，削迹於衛，窮於商周，圍於陳蔡之間。吾數犯此患，親交益疏，徒友益散，何與？」子桑虖曰：「子獨不聞假國名。人之亡逃亡。與？林回卽假人之亡者。棄千金之璧，負赤子而趨。或曰：『爲其布錢貨也。與？爲錢貨而負子與？赤子之布寡矣；爲其累與？爲有累而棄璧與？赤子之累多矣。過於璧。棄千金之璧，負赤子而趨，何也？』林回曰：『彼璧。以利合，此赤子。以天屬也。』夫以利合者，迫窮禍患害相棄也；以天屬者，迫窮禍患害相收也。夫相收之與相棄亦遠矣。且君子之交淡若水，小人之交甘若醴；君子淡以親，小人甘以絕。彼無故以合者，則無故以離。」孔子曰：「敬聞命矣。」徐行翔佯而歸，絕學捐書，弟子無挹於前，無可挹取。其愛益加進。而真意愈相親，動以天也。異日，桑虖又曰：「舜之將死，真泠二字乃「其命」之訛。方靈皋作「遺令」。禹曰：『汝戒之哉。形莫若緣，情莫若率。』皆言因其自然。緣則不離，不離其真。率則不勞；不勞其形。不離不勞，則不求文以待形；天然率真，何求文飾以形於外？不求文以待形，固不待物。」又何資於外物？○上言「愛益加進」，此更進一層，言動以天，則無往而不自得。弟子之愛敬，外物也，於我何加焉？

莊子衣大布而補之，正緳音絜，帶也。係履以索係履。而過魏王。魏王曰：「何先生之憊邪？」莊子曰：「貧也，非憊也。士有道德不能行，憊也；衣弊履穿，貧也，非憊也，此所謂非猶不。遭時也。王獨不見夫騰猿乎？其得柟梓豫章也，攬蔓其枝攬枝而盤結之，如蔓然。而王長其間，雖羿、逢蒙不能睥睨也；及其得柘棘枳枸之間也，皆木之卑小而有刺者。危行側視，振動悼慄。此筋骨非有加急而不柔也，處勢不便，未足以逞其能也。今處昏上亂相之間如此搪突，莊子無此聲口。而欲無憊，奚可得邪？此比干之見剖心徵也夫？」淺雜，斷是僞作。

孔子窮於陳蔡之間，七日不火食。左據槁木，几。右擊槁枝，策。而歌猋以冉切。氏之風，有其具有枝擊木。而無其數，無節奏。有其聲而無宮角，不主五音。木聲與人聲，犁然有當於人之心。犁，明析也。顏回端拱還旋。目而窺之。仲尼恐其廣己而造大也，愛己而造哀也，造，至也。尊己則至於大，愛己則至於哀。當阨聞歌，非矜張則悲哀也。曰：「回，無受天損易，貧賤困苦，天之損我也。無受人益難。富貴顯榮，人之益我也。雖易之故，詳下文。無始而非卒也，於今爲始者，於昨爲卒。則所謂始者，卽是卒矣。言變化之無窮也。人與天一也。夫今之歌者，其誰乎？」回曰：「敢問無受天損易。」仲尼曰：「饑渴寒暑，窮桎同室。不行，不通也。天地之行也，運物之泄也，二句串讀。言皆天地流行之大數，運動萬物而發泄不已者。〇此疏「天損」。言與之偕逝之謂也。吾惟順化與之偕往而已，是天以困窮損我，而我不損，是不受也。爲人臣者，不敢去之。執臣之道猶若是，而況乎所以待天乎？」人之聽命於天，如臣子之聽命於君，不得不然。稍知命者，皆能安之，故曰易。此見陳蔡之厄，當受不必哀。此是正説。

「何謂無受人益難？」仲尼曰：「始用四達，言初進便順利。爵禄並至而不窮，此疏「人益」。物之所利，乃非己也，吾命有在外者也。然此不過外物之利，於性分無加，乃吾之氣數偶有通於外者也。君子不爲盜，賢人不爲竊。吾若取之，何哉？虚叨爵禄，無異盜竊，此君子賢人所不爲者，吾乃安然取之。何哉？此疏「無受」。故曰：鳥莫知於鷾鴯，燕也。目之所不宜處不給視，雖落其實，口實。棄之而走。其畏人也，言不宜處者，目不肯視，雖棄其口實而不顧，則以其畏人也。此承上「不受」意，作轉筆。○「畏人」句，乃足上轉下之語。而襲諸人間，社稷存焉爾。」燕畏人如此，可謂有存身之知矣，乃不能不處於人間之堂上。何也？以巢居難捨，猶人之依於社稷，不能去也。喻人雖知人益之不可受，但不能絶人逃世，因而係戀，故曰難。○此段陪説，不過以難陪易耳。○按，「社稷」句是「難」字正意。上以喻意映出正意，此句以正意結明喻意也。

「何謂無始而非卒？」仲尼曰：「化其萬物而不知其禪之者，焉知其所終？焉知其所始？正而待之而已耳。」惟守正以聽氣化之自然耳。○無始非卒，則目前所值，不過電光一閃耳。陳蔡之厄，正如流水行雲，霎時便過。

「何謂人與天一邪？」仲尼曰：「有人，天也；有天，亦天也。人之不能有天，性也。

此節諸説不一。宣茂公謂「於芸芸之中而有人，人者，天所生也；於人身之中而有天道，亦天所賦也。世人或不能全其天，以性分有所加損故也」。此説字字妥貼，但嫌「天人」二字與上歧出耳。《莊子故》謂「有，有其損益之權也。言人之權，孰有之？則天也。天之權，孰有之？則亦天自有之，而非人所得有也。」此説「天人」字與上相應，但「有」字看得稍滯。○愚謂有人，猶云「有人益」；有天，猶云「有天損」。下句「人」字，則指生人之人言。人益天損，皆天也，人不能與天爭也，故曰「人與天一」。**聖人晏然體逝而終矣。」**逝卽無始無卒者，往過來續，無一息之停者也。體者，與之爲一也。與之爲一，則身同造化，天損人益，何足爲累哉？○正而待之，體逝而終，則陳蔡之厄，何足介意？○又按，「正而待之」、「體逝而終」，則今之歌，天籟自鳴耳，固於我無與也，故曰「其誰」。然則固不必廣己造大、愛己造哀也。

莊周遊於雕陵之樊，虞人之圃。**覩一異鵲，自南方來者，翼廣七尺，目大運寸，**可運一寸。**感周之顙，**觸周之額而過。**而集於栗林。**樊内栗木之林。**莊周曰：「此何鳥哉，翼殷**大也。**不逝，**集栗林也。**目大不覩？」**不見人而感吾顙也。意有所戀逐，故如此。**蹇裳躩步，執彈而留之。**留其彈而伺便以彈之也。**覩**「覩」字貫下三十六字，妙，妙。**一蟬，方得美蔭而忘其身；螳螂執翳**執葉以自障也。**而搏之，見得而忘其形；異鵲從而利之，見利而忘其真。**失其常性，故不逝不覩。**莊周怵然曰：「噫，物固相累，二類相召也。」捐彈而反走，虞人逐而誶之。**爲驀其樊也。**莊周反入，三月不庭。**不出庭中。**藺且**莊周弟子。**從而問之：「夫子何**

爲頃間甚不庭乎？」莊周曰：「吾守形而忘身，觀於濁水而迷於清淵。言覩鵲之逐利，而反招虞人之辱。且吾聞諸夫子曰：『入其俗，從其俗。』今吾遊於雕陵而忘吾身，「吾遊」下九字，當在「忘真」之下。異鵲感吾顙，遊於栗林而忘真，栗林虞人以吾爲戮。吾所以不庭也。」

陽子《列子》作「楊朱」。之宋，宿於逆旅。逆旅人有妾二人，其一人美，其一人惡，惡者貴而美者賤。陽子問其故，逆旅小子對曰：「其美者自美，吾不知其美也；其惡者自惡，吾不知其惡也。」陽子曰：「弟子記之，行賢而去自賢之行，不自矜也。安往而不愛哉？」自美自惡，自以爲美惡也。必如此解，結句乃說得去。

此篇教人處世免患之道，其意在於任道德。任道德，則能虛己以遊於世。篇中節節都是此意，與《內篇・人間世》篇可以參看。

田子方

田子方侍坐於魏文侯，數稱谿工。文侯曰：「谿工，子之師邪？」子方曰：「非也，無擇子方名。之里人也，稱道數當，故無擇稱之。」文侯曰：「然則子無師邪？」子方曰：「有。」曰：「子之師誰邪？」子方曰：「東郭順子。」文侯曰：「然則夫子何故未嘗稱之？」子方曰：「其爲人也真，止此一字已畢，下皆寫此字耳。人貌而天，貌雖人，而心則天。虛緣而葆真，虛己順物，而養吾真宰。清而容物。清介又能容物。物無道，正容以悟之，不待言責。使人之意也消。不肖之心自消。蓋真意所貫徹也。○順子之真如此。無擇何足以稱之？」子方出，文侯儻然，終日不言，召前立臣而語之曰：「遠矣，全德之君子。順子。始吾以聖知之言、仁義之行爲至矣。吾聞子方之師，吾形解而不欲動，口鉗而不欲言。吾所學者，真土梗耳。土梗，猶土偶。言得貌而遺神也。夫魏真爲我累耳。」

溫伯雪子適齊，舍於魯。魯人有請見之者，溫伯雪子曰：「不可。吾聞中國之君子，明乎禮義習於儀文。而陋於知人心，昧於本體。吾不欲見也。」至於齊，反舍於魯，是人也又請見。溫伯雪子曰：「往也蘄見我，今也又蘄見我，是必有以振我猶「起予」。也。」出而見客，入而歎。明日見客，又入而歎。其僕曰：「每見之猶「是」。客也，必入而歎，何邪？」曰：「吾固告子矣：『中國之民，明乎禮義而陋乎知人心。』昔之見我者，進退一成規、一成矩，從容一若龍、一若虎。其諫我也似子，其道我也似父，與「真」字反。是以歎也。」仲尼見之而不言。子路曰：「吾子欲見溫伯雪子久矣，見之而不言，何邪？」仲尼曰：「若夫人者，目擊而道存矣，目觸之，而已見道之呈露。亦不可以容聲矣。」此節亦只寫一「真」字。

顏淵問於仲尼曰：「夫子步亦步，夫子趨亦趨，夫子馳亦馳，夫子奔逸絕塵，所謂「天馬行空，一塵不驚」也。而回瞠若乎後矣。」瞠音撐，直視貌。夫子曰：「回，何謂邪？」曰：「夫子步亦步也，猶「者」。夫子言亦言也；夫子趨亦趨也，者。夫子辯亦辯也；夫子馳亦馳也，者。夫子言道，回亦言道也。及奔逸絕塵而回瞠若乎後者，夫子不言而信，不比而周，無器而民蹈乎前，不用規矩，而民自遵循之。而不知所以然而已矣。」仲尼曰：「惡，可不察歟？夫哀莫大於心死，而人死亦次之。「人死」句不重，不過甚言心死之大可哀耳。日出東方而入於西極，此下七句，是借日引起下文氣化，不作比喻。萬物莫不比方，比，順從也。方，向也，萬物皆向陽以生也。此句兼言人、物。有目有趾者，待是而後成功，是出則存，是入則亡。日出而作，如生存然；日入而息，如死亡然。然必用「存亡」二字，因下文人以造化為死生故也。此四句單就人言。**萬物亦然，有待也而生，有待也而死。**待造化爲生死，如待日爲存亡也。**吾一受其**造化。**成形，而不化以待盡，**氣化存乎人身，死而後散。**效**感也。**物而動，日夜無隙，而不知其所終；薰然其成形，知命不能規**同窺。**乎其前，**不知所終，無終也。不能規乎其前，無始也。**丘以是日徂。**無終無始，則天地之化往過來續，是氣化之日徂也。聖人之心，一天地之運也，亦與之日徂而已。**吾終身與女交一**一作「一交」。**臂而失之，可不哀與？**夫日徂如是，則昨日所爲，今日已成陳迹；今日所爲，明日又成陳迹。此在他人或不能知，若吾終身與女相處，女宜知之真矣。乃女交臂而失之，可不哀耶？交臂而失，猶云當面錯過也。下文「著吾所著」，正跟交臂而失説下。**女殆著**明也。**乎吾所以著也。**吾所以著，如言辯等是也。**彼已盡矣，**所著者倏已過去，所謂「日徂」也。**而女求之以爲有，是求馬於唐肆也。**肆，馬市也。唐肆，空市也。馬雖必求於肆，而唐肆則非所以求馬也。**吾服女也甚忘，女服吾也亦甚忘。**忘者，無迹象可求也。服，佩服也。言吾所以令女佩服，及女所以佩服於我者，皆過而不留，全無迹之可求也。○吾服女，卽「言」、「辯」等是也。女服吾，卽「亦言」、「亦辯」等是也。**雖然，女奚患焉？雖忘乎故吾，吾有不忘者存。」**此段「日徂」二字盡之。日徂者，與化皆逝也。人心滯則死，靈則活，日徂則不死也。○吾人一天地也。天地之化，逝者如斯，吾心亦猶是也，故從「天地之化」説到「吾心之化」。○此段承上「不可以容聲」説。

孔子見老聃，老聃新沐，方將被髮而乾，慹音蟄。**然似非人。**慹然，不動貌。**孔子便而**

待之，少焉見，曰：「丘也眩與？其信然與？向者先生形體掘若槁木，似遺物離人而立於獨也。」老聃曰：「吾遊心於物之初。」孔子曰：「何謂邪？」曰：「心困焉而不能知，口辟同闢。焉而不能言，嘗試也。爲女議乎其將：將者，且然未必之詞。以心思言論之所窮，不得不姑以是言之也。至陰肅肅，至陽赫赫。肅肅出乎天，陰根陽也。赫赫發乎地，陽根陰也。兩者交通成和而物生焉，陰陽互爲其根，故交和而物自生。或爲之紀而莫見其形。陰陽，氣也。爲之紀，則道也。○此一層，就生物之初言。消息滿虛，一晦一明，日改月化，日有所爲，而莫見其功。此一層，就日月運行盈虛消息言。生有所乎萌，死有所乎歸，始終相反乎無端，而莫知其所窮。此一層，就終始相生循環無端言。非是也，是，指物之初言。且孰爲之宗？」惟其有是，所以能爲上三件之宗。孔子曰：「請問遊是。」問能遊是則何所得？老聃曰：「夫得是，「是」字俱指物初。至美至樂也。得至美而遊乎至樂，謂之至人。」末語之先歆豔之。孔子曰：「願聞其方。」問遊之之法。下言法在得其大同，而不爲事物所變遷。曰：「草食之獸不疾惡也。易藪，易，換也。水生之蟲不疾易水，行小變而不失其大常也，雖變易藪澤，而不失吾水草之常，喻人不以變動失真也。此句承明上意，卽以起下，故下徑接喜怒哀樂云云。喜怒哀樂不入於胸次。不失常，故能如是。夫天下者，萬物之所一也。天下同此水草，天下同此真宰也。得其所一而同焉，與真一合德。則四支百體將爲塵垢，而死生終始將爲晝夜，而莫之能滑，而況得喪禍福之所介際也。乎？申明喜怒哀樂不入於胸次之意。棄隸或曰官爵，或云隸屬，俱未確，且闕疑。者若棄泥塗，知身貴於隸也，貴真常。在於我而不失於變。且萬化而未始有極也，夫孰足以患心？已爲知道者解乎此。」惟履道者知之。孔子曰：「夫子德配天地，而猶假至言以修心。古之君子，孰能説焉？」説或作「脱」，言不能外也。或讀如字，言古之君子皆説不到此也。姑存之。老聃曰：「不然。破「修」字。夫水之於汋也，音勺，水激行也。無爲而才自然矣。水無所作爲，惟順其才之自然而已。至人之於德也，不修無心於修。而物不能離焉，體物而不可遺。若天之自高，地之自厚，日月之自明，夫何修焉？」孔子出，以告顔回曰：「丘之於道也，其猶醯雞與？蠛蠓也，覆於甕中，無所見。微夫子之發吾覆也，吾不知天地之大全也。」大全，囫圇一個之意，即萬物之所一也。

莊子見魯哀公。哀公曰：「魯多儒士，少爲先生方比也。者。」莊子曰：「魯少儒。」哀公曰：「舉魯國而儒服，何謂少乎？」莊子曰：「周聞之：儒者冠圜冠者，知天時；履句音鉤。屨者，知地形；緩緩步。佩玦者，事至而斷。君子有其道者，未必爲其服也；爲其服者，未必知其道也。公固以爲不然，言公如不信。何不號於國中曰：『無此道而爲此服者，其罪死。』」於是哀公號之，五日而魯國無敢儒服者。獨有一丈夫，儒服而立乎公門，公即召而問以國事，千轉萬變而不窮。莊子曰：「以魯國而儒者一人耳，可謂多乎？」醜拙之極。

百里奚爵禄不入於心，故飯牛而牛肥，使秦穆公忘其賤，與之政也。有虞氏生死不入於心，焚廪浚井是也。故足以動人。成邑成都，師錫帝禪。

宋元君將畫圖，衆史畫工。皆至，受句。○受命。揖而立，舐筆和墨，此將畫者。在外者半。此不能畫者。有一史後至者，儃儃然不趨，儃音坦，舒閒貌。受句。揖不立，因之舍。公使人視之，則解衣槃礴旋舞自得。臝露體。君曰：「可矣，是真畫者也。」

文王觀於臧，地名。見一丈夫釣，而其釣莫釣。非持其釣有釣者也，常釣也。即不執竿亦釣。文王欲舉而授之政，而恐大臣父兄之弗安也；欲終而釋之，而不忍百姓之無天也。於是旦而屬諸大夫曰：「昔者寡人夢見良人，黑色而頓，同髯。乘駁馬而偏朱蹄，號曰：『寓而政於臧丈人，庶幾乎民有瘳乎？』」諸大夫蹵然曰：「先君王也。」文王曰：「然則卜之。」諸大夫曰：「先君之命，王其無他，又何卜焉？」遂迎臧丈人而授之政。典法無更，偏令無出。三年，文王觀於國，則列士壞植散群，不樹黨。長官者不成德，不居功。斔音臾，容六斗四升。斛不敢入於四竟。恐大小異色，不敢入竟内。列士壞植散群，則尚同也；長官者不成德，則同務也；斔斛不敢入於四竟，則諸侯無二心也。孫月峯曰：「三句疑是註語。」文王於是焉以爲太師，北面而問曰：「政可以及天下乎？」臧丈人昧然而不應，泛然而辭，朝令而夕遁，終身無聞。何所見而去。顏淵問於仲尼曰：「文王其猶未邪？又何以夢爲乎？」仲尼曰：「默，汝無言。夫文王盡之也，而又何論刺焉？彼直以循斯須也。」此段疑亦僞筆。

列禦寇爲伯昏無人射，引之盈貫，滿鏑。措杯水其肘上，前手直而平，可置杯水於上。言定也。發之，句。適矢句。○一矢方去。復沓，句。○第二矢已復在沓將放也。沓，以朱韋爲之，所以韜右手食、中、無名三指，利於利弦也。方矢句。○第二矢方去。復寓。句。○第三矢又已寄在弦上。皆言其便捷也。當是時，猶象人也。伯昏無人曰：「是射之射，非不射之射也。嘗猶試。與女登高山，履危石，臨百仞之淵，若能射乎？」於是無人遂登高山，履危石，臨百仞之淵，背逡巡，足二分垂在外，揖禦寇而進之。禦寇伏地，汗流至踵。伯昏無人曰：「夫至人者，上闚青天，下潛黃泉，揮斥八極，神氣不變。今汝怵然有恂仝眴，即「瞬」字。懼而目眩也。目之志，爾於中也殆矣夫。」

肩吾問於孫叔敖曰：「子三爲令尹而不榮華，三去之而無憂色。吾始也疑子，今視子之鼻間栩栩然，氣靜也。又自適也。子之用心獨奈何？」孫叔敖曰：「吾何以過人哉？吾以其來不可卻也，其去不可止也，吾以爲得失之非我也，外物耳。而無憂色而已矣。我何以過人哉？此一層，言功名外物不足憂喜。且不知其在彼他人。乎，其在我乎？其在彼邪亡乎我，在我邪亡乎彼。方將躊躇，方將四顧，何暇知乎人貴人賤哉。」此一層，言功名富貴，或在我，或在人，何必分彼此之見。較上更進一步，故用「且」字。「躊躇」、「四顧」，得志達觀之象。○「何暇」字妙。仲尼聞之，曰：「古之真人，知者不得説，音税。美人不得濫，盜人不得刼，伏戲、黄帝不得友。死生亦大矣，而無變乎己，況爵禄乎？若然者，其神經乎大山而無介，隔也。入乎淵泉而不濡，處卑細而不憊，充滿天地。既以與人，己愈有。」其充滿如此。

楚王與凡君坐，少焉，楚王左右曰「凡亡」者三。九字作一句讀。左右言凡國之亡，一連三次也。凡君曰：「凡之亡也，不足以喪吾存。夫凡之亡不足以喪吾存，則楚之存不足以存存。由是觀之，則凡未始亡，而楚未始存也。」

此篇言道不在乎迹之著顔淵節，而在乎物之初老聃節。東郭順子、溫伯雪子，則有道之人也。得是道而遊之，則得喪禍害不足以患心。百里奚、有虞氏、伯昏無人、孫叔敖、凡君，皆爵禄死生、得喪存亡不入於心者也；若畫史之解衣般礴臝，庶幾似之。篇中惟魯哀公、臧丈人二節，議論淺拙，筆墨庸俗，且與通篇文義不屬，疑是僞作。

知北遊

知北遊於玄水之上，登隱弅音焚。之丘，知識也，即《養生主》篇「知也無涯」之知，此託爲人名。玄水者，玄地。隱弅之丘者，似有丘而無丘。遊於此，登於此，則心體玄虛，而知較進矣。而適遭無爲謂焉。道妙本無爲無謂也，亦託爲人名。知謂無爲謂曰：「予欲有問乎若：何思何慮則知道？何處居也。何服事也。則安道？何從何道由也。則得道？」三問而無爲謂不答也，非不答，不知答也。知不得問，反於白水之南，白水、南方，皆昭著之處。求玄不得，反於知之故處也。登狐闋之丘，寓言狐疑歉缺。而覩狂屈焉。猖狂屈曲，不拘迹相也。亦寓名。知以之是也。言也問乎狂屈。狂屈曰：「唉。音哀，歎聲。予知之，將語若。」中欲言，而忘其所欲言。究竟不可名言。知不得問，反於帝宮，主宰之宮，寓言方寸。見黄帝而問焉。黄，中央之色。心居人身之中，寓言求諸心也。黄帝曰：「無思無慮始知道，無處無服始安道，無從無道始得道。」知問黄帝曰：「我與若知之，彼與彼無爲謂與狂屈。不知也，其孰是邪？」黄帝曰：「彼無爲謂真是也，狂屈似之，我與汝終不近也。夫知者不言，言者不知，故聖人行不言之教。三句，是此段主腦。道不可致，德不可至。任其自然，故不用言。仁猶。可爲也，義可虧也，禮相僞也。故曰：『失道而後德，失德而後仁，失仁而後義，失義而後禮。禮者，道之華而亂之首也。』故曰：『爲道者日損，損之又損之，以至於無爲，無爲而無不爲也。』此卽「無思無慮」云云意也。今已爲物也，朴散而爲器。欲復歸根，反於道也。不亦難乎？反言之，以足上起下。其易也，其唯大人乎？大人，所以歸根者，以任其自然也。生也死之徒，死也生之始，孰知其紀？氣之聚散爲之。人之生，氣之聚也。聚則爲生，散則爲死。若死生爲徒，吾又何患？若能以死生爲一，則可以歸根矣，又何患哉？故萬物一也，死生總是一氣。是其所美者爲神奇，以生爲神奇而美之。其所惡者爲臭腐；以死爲臭腐而惡之。○二句起下。臭腐復化爲神奇，神奇復化爲臭腐。故曰：『通天下一氣耳。』聚散總是一氣。聖人故貴一。」聖人，卽大人。處之如一，則無思無慮，無處無服，無從無道，而知之、安之、得之矣。○此卽生死爲徒意。知謂黃帝曰：「吾問無爲謂，無爲謂不應我，非不我應，不知應我也。吾問狂屈，狂屈中欲告我而不我告，非不我告，中欲告而忘之也。今予問乎若，若知之，奚故不近？」黃帝曰：「彼無爲謂。其真是也，以其不知也；此狂屈。其似之也，以其忘之也；予與若終不近也，以其知之也。」狂屈聞之，以黃帝爲知言。無爲謂終於無言。妙，妙。

天地有大美而不言，利及萬物，不言所利。四時有明法而不議，氣候分明，不須擬議。萬物有成理而不説。各有成性，不待辭説。聖人者，原本也。天地之美而達萬物之理，減「四時」句。是故聖人無爲，大聖不作，不制作。觀於天地之謂也。四時萬物，皆屬天地，故單頂天地。○此承上「無爲而無不爲」及「聖人貴一」意申言之。今彼神明至精，人也。與及也。彼百化，物也。物總言人物。已死生異變。方圓，異象。莫知其根也，十一字作一句讀。扁同翩。然而萬物自古以固存。言人物雖「死生方圓，莫知其根」，而無物不有，無時不然。六合爲巨，未離其内；秋毫爲小，待之成體。天下莫不沉浮，終身不故；陰升陽降，而變化日新。陰陽四時運行，各得其序。惛然若亡而存，油然不形而神，萬物畜自生自育。而不知。「今彼神明」至「各得其序」，所謂「大美」也。「惛然」三句，所謂「不言」也。此之謂本根，可以觀於天矣。結明「聖人觀於天地」句。

齧缺問道乎被衣，被衣曰：「若正女形，體靜。一女視，神凝。天和將至；攝女知，心斂。一女度，氣專。神將來舍。德將爲女美，道將爲女居，女瞳然如新生之犢而無求其故。」瞳音幢，未有知貌。既已道德在身，但任其自然，不必推求其所以然。言未卒，齧缺睡寐。被衣大説，行歌而去之，曰：「形若槁骸，心若死灰，真其實知，不以故自持。於道實能知之，而不滯於陳迹。媒媒同昧。晦晦，無心而不可與謀。叶「迷」。彼何人哉？」叶「資」，與「知」、「持」爲韻。○前半言人道之功，後半言有道之象。未嘗一字言道，滿眼都是道機矣。

舜問乎丞曰：「道可得而有乎？」曰：「女身非女有也，女何得有夫道？」舜曰：「吾身非吾有也，孰有之哉？」曰：「是天地之委形也；生知覺運動也。非女有，是天地之委和也；性命非女有，是天地之委順也；孫子非女有，是天地之委蛻也。形形相禪，故曰委蛻。故行不知所往，處不知所持，食不知所味。天地之彊陽氣也，生也，性命也，孫子也，皆身上物也，故詳言之。行、處、食三者，又就「生」字抽出言之。又胡可得而有邪？」「委」字妙。造化流而不息，偶爾委寄，便成一物，未幾又復歸還，如委任者暫以相付，終非我有也。

孔子問於老聃曰：「今日晏閒，敢問至道。」老聃曰：「汝齊戒，疏瀹而精神，掊擊而知。夫道，窨然難言哉。將爲汝言其崖略：崖，邊際。略，粗略。夫昭昭生於冥冥，有倫倫理。生於無形，二句提起。精神生於道，形本生於精，而萬物以形相生，道生精神，精神生形，而萬物皆以形相生。故九竅者胎生，八竅者卵生。其來造也。無迹，其往化也。無崖，無門出人之門。無房，住宿之房。四達之皇皇也。邀得也。於此者，四枝同肢。彊，思慮恂達，恂，信也。恂達者，信實而通達也。耳目聰明，其用心不勞，其應物無方。六句，言人得之而靈也。用正筆。天不得不高，地不得不廣，日月不得不行，萬物不得不昌，四句用反筆。〇此一小段，言道體物而不遺，就「小德川流」說。此其道歟？一束，作擬議之詞。正見道之難言也。且夫博之不必知，辯之不必慧，聖人以「已」通。斷之矣。言道之難知，知辨俱用不着，固不待言矣。若夫益之而不加益，損之而不加損者，聖人之所保也。淵淵乎其若海，魏魏同巍。乎其終則復始也，運量萬物而不匱。則君子之道，彼其外與？君子裁成輔相之道，不過外著之迹耳。萬物皆往資焉而不匱，此其道歟？又一束。○此一段，言道體之大，就「大德敦化」說。○以上二小段，言道居不見之地，爲造化根本。凡物之昭昭有倫者，不過道之寄迹耳。下文又就人身言之。中國有人焉，非陰非陽，處於天地之間，直且爲人，將反於宗。直，但也。但姑且爲人耳，究將歸於物物之宗。反於宗，即下文大歸之說，下正暢明此意也。自本觀之，生者，喑醷物也。喑醷，音音噫，聚氣也。言人生不過偶爾聚氣之物。雖有壽夭，相去幾何？須臾之說也。奚足以爲堯、桀之是非？同在俄頃中，又何足分是非？果木實。蓏草實。有理，各有倫理。人類雖難，所以相齒。言人類雖難，然如果蓏之有倫理，不可不齒論之。然聖人亦不過順其自然耳，如下文云云也。○按，此三句乃是引起下文之詞。聖人遭之而不違，順應。過之而不守。無留滯。調和也。而應之，德也；偶泛然也。而應之，道也；帝之所興，王之所起也。一束。自「果蓏」至此，言壽夭固不足是非，即人類不可不相齒者，聖人亦遭之而不違云云而已，然此終是餘意。蓋本節只重「壽夭相去幾何」意，故下即接「白駒過郤」云云也。人生天地之間，若白駒之過郤，同隙。忽然而已。注然勃然，莫不出生。焉；油然漻然，莫不入死。焉。已化而生，又化而死，生物哀之，人類悲之。對死者言曰生物，別乎物曰人類。解其天弢，隳其天袠，

紛乎宛乎，紛亂宛轉，形容解弢隳袠之狀。**魂魄將往，乃身從之，乃大歸乎？**死者爲人所悲哀，而在死者則以軀殼爲累，解使去之，乃大快也。弓囊曰弢，衣囊曰袠。大歸如旅人赴家，更不回頭也。○以上言人身之昭昭有倫者，不過道之寄迹耳，與他處齊死生不同，不得誤看。**不形之形，形之不形，是人之所同知也，非將至**將至乎道者。**之所務也，**不形者，形所自出；形者，不形所爲。二句即「昭昭生於冥冥」二句意也，乃云非將至之所務，蓋欲併掃去此一番話頭，如下文所云也。**此衆人之所同論也。彼至則不論，論則不至；明見無值，**明見者不能遇道。**辯不若默。道不可聞，聞不若塞。此之謂大得。」**此段總是言道之難言。「昭昭」二句一提，中間言萬物之化，一本於無形之道；人生之形，亦莫非暫假此無形之道，是於難言處而明言之。然又疑難言者之不難言，故又急收，轉「非將至者所務」，則道之不容言，又可見矣。

東郭子問於莊子曰：「所謂道，惡乎在？」莊子曰：「無所不在。」東郭子曰：「期而後可。」欲指其所在也。**莊子曰：「在螻蟻。」曰：「何其下邪？」曰：「在稊稗。」曰：「何其愈下邪？」曰：「在瓦甓。」曰：「何其愈甚邪？」曰：「在屎溺。」東郭子不應。**螻蟻有知而至微，稊稗無知而有生，瓦甓無生而有形，屎溺有形而臭穢者也，而皆爲道，則道之無不在也可知。**莊子曰：「夫子之問也，固不及質正。**言我固不及偏舉道之所在，以相質正。**獲**疑人名。即「臧獲」之獲，下賤之稱。**之問於監市履豨也，每下愈況。**履豨者，履豕之股脚難肥處，則可知其肥瘠。是於細微之處，而可知其大也。況，顯譬也。○按，郭註謂履豨者，履其難肥之處，愈知其肥之要。猶問道之所在，而每況之於下賤，則明道之不逃於物也必矣。是以難逃之處爲下也。

汝唯莫必，無乎逃物。不必期定何者是道，天下無逃乎道外之物。至道若是，大言亦然。汝以我前四言爲瑣小，不知雖大言之，亦與四者同耳。周、偏、咸三者，異名同實，其指一也。「周」、「偏」、「咸」三字一指，大言小言，異詞一道。取譬妙絕。嘗相與遊乎無何有之宮，同合而論，無所終窮乎？十九字作一句讀。問汝曾如此否也。嘗相與無爲乎，澹而靜乎，漠而清乎，調和也。而閒乎？寥已句。○言能如是，則可謂寥寂之至，而可以見道，如下文云云也。或連「吾志」二字爲句，其義亦然。吾志，無往焉而不知其所至，言如是則吾志雖無所不往，而不知道之所至。去而來不知其所止，去而復來，亦不知道止宿於何處。吾已往來焉而不知其所終；數往數來，仍不知道究竟歸於何處。彷徨乎寛廣之貌。馮閎，五字形容道之大也。大知入焉而不知其所窮。道之無際如此，然非如上文「遊於無何有之宮」云云，則不見也。物物者主宰乎物者，謂道也。與物無際，物之所至，即道之所至。而物有際者，所謂物際者也；非道之有際也。不際之際，道本無際，而見於所際。際之不際者也。究竟無際。謂盈虛衰殺，此註「際」一字。彼指道。爲盈虛際。非盈虛，不際。彼爲衰殺非衰殺，彼爲本末非本末，彼爲積散非積散也。

婀荷甘與神農同學於老龍吉。神農隱几，闔户晝瞑。婀荷甘日中奓昌者切，又音查，開也。户而入，曰：「老龍死矣。」神農隱几擁杖而起，嚗音剥，放杖聲。然放杖而笑，曰：

「天老龍。知予僻陋謾訑，故棄予而死。已矣，夫子老龍。無所發予之狂言未嘗振發我以大言。而死矣夫。」弇堈人名。弔聞之，弔老龍而聞其言。曰：「夫體道者，天下之君子所繫宗也。焉。今神農於道，秋毫之端萬分未得處一焉，而猶知老龍。藏其狂言而死，又況夫體道者乎？視之無形，聽之無聲，於人之論者，謂之冥冥，所以論道，而非道也。」極寫言論非道。

於是泰清問乎無窮，曰：「子知道乎？」無窮曰：「吾不知。」又問乎無爲。無爲曰：「吾知道。」曰：「子之知道，亦有數乎？」曰：「有。」曰：「其數若何？」無爲曰：「吾知道之可以貴、可以賤，可以約、可以散，此吾所以知道之數也。」泰清以之是。言也問乎無始，曰：「若是，則無窮之弗知，與無爲之知，孰是而孰非乎？」無始曰：「不知深矣，知之淺矣；弗知內矣，知之外矣。」於是泰清中而歎曰：聞言未竟而歎也。一曰「中」作「仰」。「弗知乃知乎，知乃不知乎？孰知不知之知？」無始曰：「道不可聞，聞而非也；道不可見，見而非也；道不可言，言而非也。知形形之不形乎？道不當名。」無始曰：「有問道而應之者，不知道也。雖問道者，亦未聞道。上既言知道之非，此併言問道亦非，故另以「無始曰」三字更端言之，重重掃却，解會極微。道無問，問無應。無問問之，是問窮也；終無可答。無應應之，是無內也。中未有得。以無內待問窮，若是者，外不觀乎宇宙，內不知乎太初。是以不過乎崑崙，不遊乎太虛。」外不見其大全，內不知其本初，所以不能登於至高之域，而逍遙於空虛之境也。

光曜問乎無有曰：「夫子有乎？其無有乎？」光曜不得問，而孰同熟。視其狀貌，窅然空然，終日視之而不見，聽之而不聞，搏之而不得也。光曜曰：「至矣。其孰能至此乎？予能有無矣，有曜無質，是能有而無。而未能無無也；未能若竟無之爲無也。及爲無有矣，及爲無，而猶未免於有矣。何從至此哉？」何從至乎無無之境哉？

大馬大司馬之官。之捶鉤鍛劒。者，年八十矣，而不失豪芒。大馬曰：「子巧與？有道與？」曰：「臣有守也。臣之年二十而好捶鉤，於物無視也，非鉤無察也。」是用之者，技。假不用者也，神。以長得其用，十四字作一句讀，插「者也」字於中間，以爲宕聲，逸甚。而況乎無不用者乎？指道言。無事不須乎道也。物孰不資焉？技假乎神，以長得其用，然但可用之一物耳。若道則無不可用矣，故物無不資。甚矣，無之貴也。○末二句似莊子語。

冉求問於仲尼曰：「未有天地可知邪？」是問未有天地時景況何如？仲尼曰：「可。古猶今也。」今之天地，只是一個「道」字瀰綸布濩；古之天地，亦只是一個「道」字瀰綸布濩耳。冉求失問而退。明日復見，曰：「昔者吾問：『未有天地可知乎？』夫子曰：『可。古猶今也。』昔者吾昭然，今日吾昧然，敢問何謂也？」求之意，疑古今天地雖皆一道布濩，然何以今則庶物蕃滋，古則連天地亦無？不知道無古今終始，可以自無而有。試觀於人，未有子孫可以有子孫，則無天地亦可以有天地矣。説子孫者，萬物皆天地所生，如子孫也。仲尼曰：「昔之昭然也，神者先受之；神明默契。今之昧然也，且又爲不神者求邪？轉念又求於迹象也。無古無今，無始無終。未有子孫而有子孫，可乎？」冉求未對。仲尼曰：「已矣，未應矣。言不用汝思議應對矣。不以生生死，物之生，本是生其死，然非生能生之也。不以死死生。物之死，本是死其生，然非死能死之也。死生有待邪？皆有所一體。豈非由於道之自然，而後各成其形體耶？有先天地生者物邪？物物者非物。道也。物出不得先物也，一有物出，已涉形器，不得爲先乎物者矣。猶同由。其有物也。由此有物而推之。句起下。猶其有物也，無已。又疊一句，言由此有物而推之，且從一生萬而無已，蓋自無生有之無窮也如此。聖人之愛人也，終無已者，亦乃取於是者也。」此亦自無而有者也，故併言之。○自無而有者，道之所以無窮也。今滿眼事物，皆是自無而有，則古之天地亦是自無而有，不待再思者也。無之妙也，如是夫。

顔淵問乎仲尼曰：「回嘗問諸夫子曰：『無有所將，無有所迎。』與物俱化而無心也。回敢問其遊。」遊於無心之天。仲尼曰：「古之人外化，與物偕遊，而內不化；心君不變。今之人內化，心變其常，而外不化。凝滯於物。與物化者，一不化者也。究竟與物偕遊者，即此常存之心所流行耳。安化？安不化？安有化不化之分乎？安與之相靡？必與之莫多。安可與物相靡乎？必一其心而不紛，斯可矣。豨韋氏之囿，黃帝之圃，有虞氏之宮，湯武之室。與之莫多，如囿圃宮室各安其處，不相是非，斯可矣。君子之人，若儒墨者師，故以是非相韲傷也。也，而況今之人乎？君子而爲師者，尚且如是，況今之人乎？聖人處物不傷物。無心是非。不傷物者，物亦不能傷也。唯無所傷者，唯能與人相將迎。遊心自然，將之以無將，迎之以無迎也。回問無將迎，此反能將迎，妙，妙。山林與，皋壤與，使我欣欣然而樂與。樂未畢也，哀又繼之。哀樂之來，吾不能禦，其去弗能止。悲夫，世人直爲物逆旅耳。此是內化而爲物所傷者。夫知遇合也。而不知所不遇，但知與物遇合則樂，而不知身世間多不遇者也。知能能而不能所不能。力之所及謂之能，但知以能爲能，而不知人固有不能其所不能者也。無知無能者，固人之所不免也。夫欲免乎人之所不免者，豈不悲哉？至言去言，至爲去爲。齊知之所知，必欲以吾知之所知，齊之使都無不知。則淺矣。」與物相傷者，大抵皆自恃其知能者也。不知人必有無知無能，故又結出此一層。○恃其知能而有是非，則有言辨作爲，故教之去言去爲。

此篇言道妙不可得而言，不可得而有，自無而有，自有而無，無所不在，無聲無形，惟純一守真而不與物將迎，斯得之矣。

莊子未定稿卷三終

莊子未定稿卷之四目録

雜篇

莊子未定稿卷之四

南海何如瀍建則甫注
曾孫　曰璧编
受業族孫　松校

雜篇

庚桑楚

老聃之役，學徒之賤者。有庚桑楚者，偏得老聃之道，偏，獨也。他人不得，而賤役者偏得之也。以北居畏壘之山，其臣之畫然明察貌。知者去之，其妾之挈然《漢書》註：「扶助也。」仁者遠之；臣妾，楚所使令之人。去之、遠之，楚去之、遠之也。擁腫之與居，鞅掌之爲使。《北山》詩《傳》：「鞅掌，失容也。」言煩勞不暇爲容儀也。按，此似「鞅掌」止訓「失容」，而此則醜拙不善爲容儀者與？又《箋》：「鞅，猶何也。掌，猶捧之也。負何捧持以趨走，言促遽也。」此言所使者，負荷捧持之人也。居三年，畏壘大穰。豐年也，《後漢書》：「惟南陽豐穰。」畏壘之民相與言曰：「庚桑子之始來，吾灑然異之。今吾日計之而不足，歲計之而有餘。乍無可喜，久而有益。庶幾其聖人乎？子胡不相與尸而祝之，社而稷之乎？」庚桑子聞之，南面而不釋然。老子在南，南面而有愧於老子也。弟子異之。庚桑子曰：「弟子何異於予？夫春氣發而百草生，正得秋而萬寶成。夫春與秋，豈無得同德。而然哉？大道已行矣。四時有功德於物，物相忘而不知。然時行物生，天道固已流行矣。吾聞至人，尸居環堵之室，而百姓猖狂不知所如往。尸祝、社稷，則知向往矣。今以畏壘之細民，而竊竊焉欲俎豆予於賢人之間，我其杓之人邪？杓音標。揭木爲標，人皆見之，不能如至人之尸居，不爲物標的也。○杓之人，便是不能藏身深渺。吾是以不釋然於老聃之言。」弟子曰：「不然。夫尋常之溝，巨魚無所還音旋。其體，而鯢鰌小魚。爲之制；制，自主意。步六尺。仞之丘陵，巨獸無所隱其軀，而蘖同孽。狐爲之祥。妄作災祥。○此一層，言小民自作主張，彼要尸祝，不能禁止之也。且夫尊賢授能，先善與利，自古堯、舜以「已」通。然，而况畏壘之民乎？此一層，言報德又是古道。夫子亦聽矣。」庚桑子曰：「小子來。夫函同含，亦吞之義。車之獸，介獨也。而離山，則不免於罔罟之患；吞舟之魚，碭流蕩。而失水，則蟻能苦之。巨獸巨魚，承前語轉下。故鳥獸不厭高，魚鱉不厭深。夫全其形生之人，藏其身也，不厭深眇而已矣。以上一層，言己原不當居此淺露之區，以致名譽彰著，將不能遠害存身也。此應前一層。且夫二子者，指堯舜。又何足以稱揚哉？是其於辯也，將妄鑿垣墉而殖蓬蒿也。其於分別善惡，如尊賢授能、先善與利之類，必將鑿渾朴而植榛蕪矣。簡髮而櫛，數米而炊，形容瑣屑。竊竊乎又何足以濟世哉？舉賢則民相軋，任知則民相盜。之數物者，不足以厚民。民之於利甚勤，子有殺父，臣有殺君，正晝爲盜，日中穴阫。音裴，穿墻壁也。吾語汝，大亂之本，必生於堯舜之閒，其末存乎千世之後。千世之後，其必有人與人相食者也。」此一層，言堯舜之尊賢任知，開後世爭亂之端。然則畏壘之民之欲尸祝我者，斷不可聽。此應後一層。南榮趎，即前問答之弟子。蹵然正坐跪也。曰：「若趎之年者已長矣，將惡乎託業以及此言邪？」庚桑子曰：「全汝形，抱汝生，無使汝思慮營營。若此三年，則可以及此言也。」南榮趎曰：「目之與形，言此目之形，彼目之形也。「目之與形」，猶云此目之形與彼目之形也，不必專指我目。吾不知其異也，而盲者不能自見；耳之與形，吾不知其異也，而聾者不能自聞；心之與形，吾不知其異也，而狂者不能自得。形之與形亦辟矣，宣云：「昭然如闢。」按，《禮·王制》『辟雝』註：『辟，明也。』又《祭統》『對揚以辟之』註：『言對揚以明我先祖之德也。』」《莊子故》曰：「辟與譬同，況也，喻也。言我形與人形可以相譬也。」愚按，《漢書·鮑永傳》「聞者未譬」註：「曉也。」此蓋言我形與人形，可以比類而易曉也。前説似勝。而物物欲。或閒之邪？欲相求而不能相得。今謂趎曰：『全汝形，抱汝生，勿使汝思慮營營。』趎勉聞道達耳矣。」勉強亦能問道，但達於耳，而未能得於心也。庚桑子曰：「辭盡矣。曰更端之詞。奔蜂奔同奔，凡物皆可言奔。不能化藿蠋，豆間大青蟲。越雞不能伏鵠卵，言己之道德淺鮮，不足以陶鑄汝也。魯雞固能矣。魯雞大故也。雞之與雞，其德非不同也，有能與不能者，其才固有巨小也。今吾才小，不足以化子。子胡不南見老子？」南榮趎贏糧，七日七夜至老子之所。老子曰：「子自楚之所來乎？」南榮趎曰：「唯。」老子曰：「子何與人偕來之衆也？」南榮趎懼當作「瞿」。然顧其後。老子曰：「子不知吾所謂乎？」南榮趎俯而慙，仰而歎曰：「今者吾忘吾答，因失吾問。」老子曰：「何謂也？」問爾欲問者何言也。南榮趎曰：「不知乎？人謂我朱同誅。愚。知乎？反愁我軀。一心。不仁則害人，仁則反愁我身；又一心。不義則傷彼，義則反愁我己。又一心。三句各叶韻。我安逃此而可？此三言者，趎之所患也，願因楚而問之。」借楚爲先容而進問。○與人偕來之衆，妙。吾人止一心也，三言則三心，三心則三人矣。復輾轉於知不知、仁不仁、義不義之閒，則每一心中又具無數心。合三心計之，而人遂不可指數矣。老子曰：「向吾見若眉睫之閒，吾因以得汝矣，今汝又言而信之。趎復自言，益見其不謬。若規規然若喪父母，失其本根。揭竿而求諸海也。終無所得。一喻。汝亡人哉，如流亡之人。又一喻。惘惘乎，汝欲反汝情性而無由入，可憐哉。」南榮趎請入就舍，召其所好，清虛。去其所惡，物欲。十日自愁，一作「自息」，好。○未卽能之，故又自愁，頗强。復見

老子。老子曰：「汝自灑濯，孰哉鬱鬱乎。孰同熟。見其用力自克，如熟物之氣，蒸鬱於中。**然而其中津津乎猶有惡也。**所惡猶未盡去。**夫外韄者，**韄音獲，縛也。外縛者，外爲物所縛也。**不可繁而捉，**捉，持也。物物持之，將外不可勝制也。**將內揵；**閉也。須內閉以捍外。**內韄者，**內爲欲所縛也，**不可繆而捉，**相左曰繆。欲拗轉前念，與之相左而持之，亦內不能遽絕也。**將外揵。**須外閉以清內。**外內韄者，**物錮於外，欲膠於內。**道德不能持，**雖有道者，不能强持，**而況放**同倣。**道而行者乎？」**況初學乎？○單受外韄，有內揵之法；單受內韄，有外揵之法。若內外俱韄，則動而物交，坐而心馳，雖有道者無可奈何，況初學乎？甚言其病根深錮也。**南榮趎曰：「里人有病，里人問之，病者能言其病，**不可謂之非病也。**然其病病者猶未病也。**然猶知病其病，則其病猶未爲甚也。**若趎之聞大道，譬猶飲藥以加病也，趎願聞衛生之經而已矣。」**可知衛生之經，尚不是至人之大道。**老子曰：「衛生之經，能抱一乎？能勿失乎？能無卜筮而知吉凶乎？**心不疑惑。**能止乎？**定也。**能已乎？**息也。**能舍諸人而求諸己乎？能翛然乎？**無欲。**能侗然乎？**無知。**能兒子乎？**元氣自然。○此九句亦有次第。**兒子終日嗥，**號哭也。**而嗌不嗄，**嗌，喉咽。嗄，失聲也。**和之至也；終日握，**拳也。**而手不掜，**音業，手筋急也。**共**音拱。**其德**猶「性」。**也；**言兒子拱握其手，乃其本性如此。**終日視而目不瞚，偏不在外也。**無所偏向於外，視猶不視。**行不知所之，居不知所爲，與物委蛇，**順也。**而同其波。**流也。**是衛**

生之經已。」南榮趎曰：「然則是至人之德已乎？」曰：「非也。是乃所謂冰解凍釋者，是不過解釋乎胸中梗硬，如冰消爲水，復其清虛之性也。夫至人者，相與交食乎地，耕鑿共給。而交樂乎天，均陶太和。不以人物利害相攖，不相與爲怪，不相與爲謀，不相與爲事，若翛然而往，侗然而來。是謂衛生之經已。」「不相與爲事」之上，是言至人之德，接下應用一「若」字。蓋「翛然而往」云云，則不過是衛生之經耳。曰：「然則是至乎？」曰：「未也。衛生之經，與至人尚隔，故曰「未也」。吾固告汝曰：『能兒子乎？』兒子動不知所爲，行不知所之，身若槁木之枝而心若死灰。若是者，禍亦不至，福亦不來。禍福無有，惡有人災也？」按，上「能抱一」節云云，通是説衛生之經，故曰「是所謂冰解凍釋者」。至人之德，比衛生之經，自進一層。以上南榮趎及老子之言已畢，下文乃莊子之言。

宇泰定者，發乎天光。宇泰定，即「能兒子」意。發乎天光，則睟面盎背也。諸解作「靜生明」，與上下文意不協。發乎天光者，人見其人。見其與人無異。人有修者，乃今有恆；不知人有修者，乃可謂之恆也。有恆者，人舍之，人見其與人無異，故舍去之。○人舍之，即「不知所如往」意。天助之。即「禍福無有」意。人之所舍，謂之天民；天民，伏而未出者。天之所助，謂之天子。天之所子愛者。○此承上「禍福無有」來。

學者，學其所不能學也；行者，行其所不能行也；辯者，辯其所不能辯也。三者皆不知止，不知止則宇不泰定。**知止乎其所不能知，至矣。**卽上「至矣乎」至字。**若有不卽是者，天鈞敗之。**卽者，知止之謂。天鈞，洪鈞，陰陽之氣也。敗之，卽上禍害下，陰陽賊之也。**備物以將形，**形，形體也。將形，猶成形。言萬物皆備以成形也。**藏不虞以生心，**生心，猶存心。言退藏于不可測度之處，以存其心也。或曰：「萬理退藏于宥密，則此心不死，活潑潑地也。」**敬中以達彼，**敬于中而達于彼。**若是而萬惡至者，皆天也，而非人也，不足以滑成，**不足以滑亂我之成德。**不可內**納。**於靈臺。**不可因而擾吾之方寸。**靈臺者有持，**有心主之。**而不知其所持，**自然耳。**而不可持者也。**有意于持，反害心也。**不見其誠己而發，**未見其誠身，而妄發于外，與敬中達彼相反。**每發而不當，**每每發而不當。**業入而不舍，**業，已然也。已入於不誠不當之中而不改。**每更爲失。**設有更改，復又失當。**爲不善乎顯明之中者，人得而誅之；爲不善乎幽閒之中者，鬼得而誅之。明乎人，明乎鬼者，然後能獨行。**此節暗承「禍福無有」句來。○靈臺有持，卽「宇泰定」意，亦卽下「券內」意。

券內者，行乎無名；券，契也。契合乎內者，尚實斂華。**券外者，志乎期費。**契合乎外者，貪多務得。費，用之廣也。**行乎無名者，唯庸有光；**雖外若庸常，而發見光輝。庸，卽有恆。人見其人，是也。有光，卽發乎天光也。**志乎期費者，唯賈人也，**如商賈之貪貨。**人見其跂，猶之魁**

然。人見其翹足而立，非不魁然矣。作不盡语，妙妙，當我云，〔一〕烏知其中之無有哉？**與物窮者，物亦入焉；**物者，聲色貨利之類。窮者，貪多務得也。如是則一切外物，亦入而橫塞虛靈之舍矣。**與物且者，**且，苟且也。物既入，于是遂以身殉物而苟且矣。**其身之不能容，焉能容人？**以苟且存心，豈能有容哉？**不能容人者無親，無親者盡人。**至親如路人也。**兵莫憯**同慘。**於志，鏌鋣爲下；寇莫大於陰陽，無所逃於天地之間。非陰陽賊之，心則使之也。**此承上「券外」意，而極言其禍害也。券外之人，與聲色貨利相終始。雖父子兄弟之間，亦惟利是視，何處能容得人？其貪鄙忮刻，胸中無數戈矛，此不獨人人讎之，天道亦不容也。

道通，其分也，通萬殊爲一也。**其成也，毀也。**成處即是毀處。言道無成毀之分。○成毀，即生死意。**所惡乎分者，其分也以備；**若分別生死，則怕死貪生，而求備養生之物。**所以惡乎備者，其有以備。**多求作爲以備之，故可惡。**故出而不反，見其鬼；**求備則心外馳而不反，死期近矣。**出而得，是謂得死。**以外馳爲有得，不知但得死耳。**滅而有實，鬼之一也。**蓋已有滅亡之實，即與鬼一般矣。**以有形者象無形者而定矣。**此由其但戀有形之生，妄以爲有。不知無形之氣，終以爲有。不〔二〕知無形之氣，終歸於無形者，而紛擾求備之心自定矣。**出無本，**蓋無形之氣，

〔一〕「語」字原脱；我，原作「找」，據同治五年皖城藩署刻宣穎《南華經解》本改補。
〔二〕「不」字疑衍。

其出而生物也，不知其從何託始。入無竅。其入而死物也，不知歸於何門。有實而無乎處，但見是氣充實六合，而無一定之處。有長而無本剽，長流古今，而不見其始末。摽、標仝，末也。○上句橫説，此句直説。有所出而無竅者有實。實，氣之充實也。○此九字當在「入無竅」之下。有實而無乎處者，宇也；上下四方曰宇。有長而無本剽者，宙也。古往今來曰宙。有乎生，有乎死，有乎出，有乎入，有生則有死，有出則有入。入出而無見其形，是謂天門。門者，出入之路也。氣之出入無形，故謂之天門。天門者，無有也，萬物出乎無有。有不能以有爲有，有則不能生。必出乎無有，而無有一無有。併「無有」二字亦無之。聖人藏乎是。句拖起下文。○此節言券外者，不過欲以外物養此有形之形體耳。不知萬物皆從無而有，有又復歸於無，固不必期費也。○一説：必出乎無句，有而無有句，一無有句。附記。

古之人，其知有所至矣。惡乎至？有以爲未始有物者，至矣，盡矣，弗可以加矣。其次以爲有物矣，將以生爲喪喪亡在外。也，以死爲反反歸故里。也，是以同已。分矣。其次曰始無有，既而有生，生俄而死，以無有爲首，以生爲體，人身也。以死爲尻。孰知有無死生之一守守當作「宗」。者，吾與之爲友。是三者雖異，公族也。言同宗乎道，若公子之同族也。昭、景也，著戴也；甲氏也，著封也，如楚有昭、景、甲三族，昭、景著其所戴之先人爲氏，甲著其所封之邑爲氏。非一也。三族之著氏各別，然皆爲楚公族，無二本也。此承上節而言，此三等人，皆明夫無有之理者。

有生，黬也，音黯，釜底黑也。生乃陽氣所結聚，如火氣之結爲黬。披然分散貌。曰移是。忽爾分散，人各曰造化移而在此矣。此立我之異見也。嘗試。言移是，試言其狀。非所言也。不足言。雖然，不可此下應有「不」字。知者也。臘者之有膍音皮，牛百葉。胲，音該，牛足大指毛肉。可散棄也。而不可散也；膍胲乃牛身之微物，而臘祭時畢陳之，以具牲之全體，是可棄而不可棄者也。觀室者周於寢廟，又適其偃焉，偃，廁也。觀室而及此，亦不遺棄之義。爲是舉移是。請嘗試。言移是：是以生爲本，以己之生，據爲根本。以知爲師，以己知自師。因以乘是非；因此而日起是非。果有名實，似乎確有名實可爭。因以己爲質，凡事以己身爲主。使人以爲己節，欲人以己爲節度。因以死償節。且自以死守之。若然者，以用爲知，以不用爲愚，以徹通也。爲名，榮名。以窮爲辱。移是，今之人也，倒煞今之人，與古之人對。是蜩與鷽鳩同於同也。此不明于無有者，故與古之三等人相反。

蹍音展，踐也。市人之足，則辭以放驁，辭，謝罪也。放驁，猶放肆也。兄則以嫗，蹍兄足，則不必辭謝引罪，但撫摩之而已矣。大親父母。則已矣。可見道以相忘爲至。故曰：至禮有「有」字疑衍。不人，至義不物，禮者與人相晉接，義者宰制事物，至禮至義則俱忘之。至知不謀，至仁無親，至信辟金。辟音丙，除也。不須以金爲信。○此見道以相忘爲至也。

徹「撤」仝。**志之勃**，勃然而動也。勃作悖，亦通。**解心之謬，去德之累，達道之塞。貴富顯嚴名利六者，勃志也；容動色理氣意六者，謬心也；惡欲喜怒哀樂六者，累德也；去就取與知能六者，塞道也。此四六者不盪胸中則正，正則靜，靜則明，明則虛，虛則無爲而無不爲也。**此承上數節「無有」來，言一切當滌盡。無有，即無爲也。

道者，德之欽也；道，自然者也。德以自然爲可欽。**生者，德之光也；**有形氣，然後能著其德。**性者，生之質也。**性爲一身之質幹。**性之動謂之爲，爲之僞謂之失。知者，接也；知者，謨也；**外應乎物爲接，内籌於心爲謨。**知者之所不知，猶睨也。**如目斜視，所見不多。**動以不得已之謂德，動無非我之謂治，**率性而動，而事自受治也。**名相反而實相順也。**動本自然，而曰不得已，似出勉强。動止率性，非以治事，故曰相反而實則順理而然也。○此節承上「無爲而有爲」，言其爲也，實率性而動，若出于不得已者，然則有爲仍無爲也。

羿工乎中微，雖微物亦能中，知巧之人事也。此喻工於人爲。**而拙乎使人無己譽；**不能使人不譽己，則羿之好諛使然，是不能任天而動也。此喻拙於天。**聖人工乎天，**任天而行，即上「動于不得已」一句意。**而拙乎人。**不用人爲，故曰拙。**夫工乎天而俍**同良。**乎人者，**似拙於人耳，而實事無不治，則拙而實良矣。**惟全人能之。**即聖人。**唯蟲能蟲，**蟲無知識作爲，能自安於蟲也。**唯蟲能天。**唯自安于蟲，則不失其天矣。此亦拙人工天之喻。**全人惡天？**句起下。**惡人之**

天？人不能天，而逞其人爲之僞，自謂爲天理之當然，是彼之所謂天，乃世人之所謂天耳。故全人惡之。**而况吾天乎人乎？**人之天固可惡，而况己之天人互勝而不定，獨不可惡乎？○此節言當任天而動，亦無爲之意也。**一雀適羿，羿必得之，威也；**以弧矢之威取之耳。**以天下爲之籠，則雀無所逃。是故湯以胞人籠伊尹，秦穆公以五羊之皮籠百里奚。是故非以其所好籠之而可得者，無有也。介者拸**音恥，棄也。**畫，**畫衣。**外非譽也；**介者刖足，形已殘，無事衣飾。言不以好醜介懷也。**胥靡**重罪囚。**登高而不懼，**不畏死。**遺死生也。**二者無所愛，豈可得而籠哉？○無所好，亦不券外求備之意。○此節言人遺死生，則人不能籠。蓋自「道通其分」節，以至「無有無爲」等節，皆言生死之當遺也。但至人之遺生死，是認得無有無爲之理，而不券外以求備，此正能全其形生者，與胥靡不同。莊子不過借胥靡以映出之耳。否則首言衛生之經，此言拸死不懼，豈非首尾刺謬耶？○又按，《莊子》一書言齊生死，皆當作如是觀。

夫復謵不餽而忘人，忘人，因以爲天人矣。謵同習。復謵，謂服習也。林西仲謂：「与人重複熟習，言其交厚也。乃一無所餽遺，是能忘乎人者。能忘乎人，則人也而任天矣。」**故敬之而不喜，侮之而不怒者，惟同乎天和者爲然。出怒不怒，則怒出於不怒矣；出爲無爲，則爲出於無爲矣。欲靜則平氣，欲神則順心，有爲也欲當，則緣於不得已，**不得已而應，斯當也。**不得已之類，聖人之道。**此承上「相忘」意説。

此篇大意，言貴全其形生，故藏身深渺。衛生，即全其形生；而「抱一」云云，則藏身深渺也。篇中能兒子、宇泰定、券内、備物將形、古之人三等，皆全其形生，不厭深眇者。若券外者、與物窮者、因以乘是者，皆非衛生之經，不能藏身深眇者也。末後言有爲無爲，亦此意也。

徐無鬼

徐無鬼因女商魏臣。見魏武侯，武侯勞之曰：「先生病矣，苦於山林之勞，顧乃肯見於寡人。」徐無鬼曰：「我則勞於君，君有何勞於我？君將盈嗜欲，長好惡，則性命之情病矣；君將黜嗜欲，掔音牽，絶去之也。好惡，則耳目病矣。我將勞君，君有何勞於我？」武侯超然不對。少焉，徐無鬼曰：「嘗試也。語君：吾相狗也，下之質，執飽以搏執求飽。而止，是狸德也；中之質，若視日；蒿其目，神專於内也。上之質，若亡其一。一者，純一之真也。併此亡之，純任天真也。吾相狗，又不若吾相馬也。吾相馬，直者中繩，曲者中鉤，方者中矩，圓者中規。曲直方圓，皆以行步言。是國馬也，而未若天下馬也。天下馬有成材，若卹若失，卹，恤同，拊恤也。《曲禮》：「國中以策彗卹勿。」卹勿，搔摩也，以鞭微近馬體也。此言馬善奔佚，如人撫摩之便走，不待鞭策也。失與佚通。若喪其一，狗馬之論，皆凝神守氣之旨也。若是者，超軼絶塵，不知其所。」武侯大説而笑。徐無鬼出，女商曰：「先生獨何以説吾君乎？吾所以説吾君者，橫説之則以《詩》、《書》、《禮》、《樂》，從説則以《金版》、《六弢》，奉舉也。事而大有功者不可爲數，而吾君未嘗啟齒。今先生何以説吾君？使吾君説若此乎？」徐無鬼曰：「吾直告之吾相狗馬耳。」女商曰：「若是乎？」曰：「子不聞夫越之流人乎？去國數日，見其所知而喜；去國旬月，見所嘗見於國中者喜；及期年也，見似人者似故鄉之人也。而喜矣。不亦去人滋久，思人滋深乎？略頓。夫逃虛空者，藜藋柱塞也。乎鼪鼬之逕，踉位其空，逃者乃踉蹌而位處乎其空地。聞人足音跫然而喜矣，跫然，行步聲。乃柳子厚且誤用作喜貌矣。而況乎昆弟親戚之謦欬言笑也。其側者乎？久矣夫，莫以真人之言謦欬吾君之側乎？」物欲奪舍，真性蕩失，與流人逃人何異？偶一感觸真言，如遇故戚，不勝欣快矣。○若喪其一，若亡其一，真人之言也。「真」字，一篇主意。

徐無鬼見武侯，武侯曰：「先生居山林，食芧栗，厭葱韭，以賓同擯。寡人，久矣夫。今老邪？其欲干酒肉之味邪？其寡人亦有社稷之福邪？」徐無鬼曰：「無鬼生於貧賤，未嘗敢飲食君之酒肉，將來勞君也。」君曰：「何哉，奚勞寡人？」曰：「勞君之神與形。」武侯曰：「何謂邪？」徐無鬼曰：「天地之養養人。也一，登高貴。不可以爲長，居下賤。不可以爲短。言居高位者要養，下民亦要養。居高者不可自奉過優，下民不可使衣食無措。下乃言君獨知養己，而不知養民。君獨爲萬乘之主，以苦一國之民，以養耳目鼻口，夫神者不自許也。心神不安也。夫神者，好和同物。而惡姦。自私。夫姦，病也，故勞之。唯君所病之，何也？」何故自蹈此病？武侯曰：「欲見先生久矣。吾欲愛民仁也。而爲義偃兵，其可乎？」愛民、偃兵串説，故用「而」字。下文皆言偃兵，偃兵所以愛民也。徐無鬼曰：「不可。愛民，害民之始也；爲義偃兵，造兵之本也。君自此爲之，則殆不成。詳下。凡成美，惡器也。凡物成形質，不論美惡，皆是有形之器。此句以「器」字引起仁義。君雖爲仁義，幾且僞哉。仁義雖非有形質，然君之爲仁義，幾於僞爲，只是外面粧飾，與有形之器無異也。形固造形，成固有伐，變固外戰。爲仁義既落形迹，則心中又造出許多形來。如幸而成功，則有平安之形而時形矜伐；不幸變爲敗局，則有杌隉之形而常懷戰慄。是欲偃兵，而兵反生於心矣。君亦必無盛鶴列兵陣。於麗譙門樓也，喻近處。之間，無徒步兵。驥車騎。於錙壇祭壇也，喻密處。之宮，心兵一動，則近密之地無非爭奪之境、兵騎之象矣。無之者，去其心中之兵也。無藏逆於得，戰爭爲逆得，貪得也。有所貪得，心兵故動。此句乃下三句之根也。無以巧勝人，無以謀勝人，無以戰勝人。四句一層推出一層，貪得就起念言，謀略從機巧出，戰爭又從謀略出。無形之兵生於心，必至於有形，兵終不能偃，所謂「偃兵，造兵之始」也。夫殺人之士民，兼人之土地，以養吾私與吾神者，其戰不知孰善？有何好處？勝之惡乎在？世事皆虚，勝在那裡？君若勿當作「勿若」。已矣，修胸中之誠，以應天地之情而勿攖。應「天地之養也一」句。夫民死已脱矣，君將惡乎用夫偃兵哉？」「誠」字與「僞」字反，卽上段「真」字也。此是通篇眼目。

黄帝將見大隗乎具茨之山，方明爲御，昌寓驂乘，張若、謵朋前馬，昆閽、滑稽後車。

至於襄城之野，七聖皆迷，無所問途。襄城，寓名也。襄，除也。除去城府之野，卽廣漠之野也。七聖，遊方之内者，故至此皆迷。適遇牧馬伏後案童子，太璞未雕者。問塗焉，曰：「若知具茨之山乎？」曰：「然。」「若知大隗之所存乎？」曰：「然。」黄帝曰：「異哉，小童。非徒知具茨之山，又知大隗之所存。請問爲天下。」小童曰：「夫爲天下者，亦若此而已矣，此，指襄城之野言。又奚事焉？予少而自遊於六合之内，喻人生自赤子而稍長，便涉於方内也。予適有瞀病，瞀音茂，目眩也。遊於方内，斯有瞀病矣。有長者教予曰：『若乘日之車而遊於襄城之野。』乘日之車，與日俱往，而遊於無城府之野也。今予病少痊，予又且復遊於六合之外。夫爲天下亦若此而已。予又奚事焉？」已盡爲天下之道矣。下面「害馬」一喻，因帝固問不得已而應之耳。黄帝曰：「夫爲天下者，則誠非吾子之事。雖然，請問爲天下。」小童辭。黄帝又問。小童曰：「夫爲天下者，亦奚以異乎牧馬者哉？亦去其害馬者而已矣。」黄帝再拜稽首，稱天師而退。襄城之野，真境也。六合之外，只是襄城之野之進境耳，亦真境也。去其害馬，則無所事事，卽上段「修胸中之誠」也。下節知士、辯士等，皆有所事事，而害馬者也。

知士無思慮之變則不樂，辯士無談説之序則不樂，察士無凌誶凌厲詬誶。之事則不樂，三種人，一樣序法。皆囿於物者也。先一束。招世招搖動世。之士興朝，欲興起而仕于朝

也。中民庸人。**之士榮官，**以官爵爲榮。**筋力之士矜雅，**多力，故以禦難自矜。**勇敢之士奮患，**負氣，故遇患則奮。**兵革之士樂戰，**久於行陣，樂顯其長。**枯槁之士宿名，**留意高名。**法律之士廣治，**欲展治法。**禮樂之士敬容，**修飾容儀。**仁義之士貴際。**重在交際。○九種人，又一樣敘法。**農夫無草萊之事則不比，商賈無市井之事則不比。**比，親輔也。事業不同，則不相親比。○兩種人，又一樣敘法。○此二句，用筆與「知士」三句同，但「不樂」就一己之心言，「不比」就彼此往來之迹言。故以「招世之士」九句隔斷，使文法錯綜，又與下「庶人」二句作一反一正。○「知士」三句，係才辨之人。「農夫」四句則四民也，故各以類從。**庶人有旦暮之業則勸，百工有器械之巧則壯。**得所藉，則精神鼓舞。○兩種人又一樣敘法。**錢財不積則貪者憂，權勢不尤**出衆爲尤。**則夸者悲。**兩種人又一樣敘法。**勢物之徒樂變，遭時有所用，不能無爲也。**附勢小人喜爲變詐，遭際見用則無所不爲。○千古小人情態，盡此二句。○此一種人，又一樣敘法。○自「知士」说到此，中有次第。**此皆順比於歲，不物於易者也。**皆隨時相逐，各囿於一物，不能相易者也。是倒裝句法，與上文「皆囿於物者也」句是一樣意思。○將十六種人又一束。**馳其形性，潛**汩没。**之萬物，終身不反，悲夫。**四句又作總束。○此節言各項人皆有所事而害馬者，所謂作僞心勞也，與真誠相反。○此段又爲下文提綱。

莊子曰：「射者非前期而中，意中期乎中東邊，果中東邊。此前期於中而果中也，故謂之善射，否則偶然而已。**謂之善射，天下皆羿也，可乎？」惠子曰：「可。」莊子曰：「天下非有**

公是也，而各是其所是，天下皆堯也，可乎？」惠子曰：「可。」意謂是非無定，各是其是，何不可之有？莊子曰：「然則儒、墨、楊、秉公孫龍。四，與夫子爲五，果孰是邪？或者若魯遽者邪？自是者，亦與人不遠。詳下。其魯遽。弟子曰：『我得夫子之道矣。吾能冬爨鼎不煩火也。極寒之時，鼎可自熱。而夏造冰矣。』極暑之時，冰可立成。魯遽曰：『是直以陽召陽，以陰召陰，非吾所謂道也。冬有伏陽，夏有伏陰，故二氣不難相召。遽以弟子所能爲非道。吾示子乎吾道。』於是爲之調瑟，廢置也。一於堂，廢一於室，鼓宮宮動，鼓角角動，音律同矣。舉宮角以該五音。○舉此瑟之宮角，而彼瑟之宮角相應，律無弗同。此魯遽自謂是道也。夫或改調一弦，此下莊子駁之之辭。於五音無當也，鼓之，二十五弦皆動，未始異於聲，而音之君矣。言無論二瑟五音相應，即一瑟言之，瑟有二十五弦，已調成五音矣，忽而改調一弦，於餘弦調定之五音無當也。然一弦改，而衆弦自隨之改，於是鼓之而皆相應，初無異聲者。何也？蓋五音旋相爲宮，今此既改之一弦，便爲變調之宮，如君主然，則餘音自隨之而動也。且若是者邪？」惠子曰：「今夫儒墨楊秉，方且與我以辯，相拂以辭，相鎮壓也。以聲，而未始吾非也，則奚若矣？」言四子現在與我爭辯，而不敢以我爲非，則我豈不勝耶？莊子曰：「齊人蹢子於宋者，其命閽也不以完，其求鈃鐘也以束縛；蹢，謂刖足而行步蹢躅也。束縛鈃鐘，恐其玷缺也。○言齊人命其子爲閽於宋，而蹢之不使爲完人，可謂不愛其子矣，乃反於鈃鐘而珍惜之。以喻惠子輕其性命之情而不知保，惟加意於辭辨聲名之末，顛倒之甚也。其求唐子也而未始出域，唐，喪也。子已喪失，求之而不出境外，亦終於遺失而已。此三句平列中極其參差，言齊人蹢子則如此，其求鈃鐘又如彼，其求唐子又如此，而以「有遺類」結之。有遺類矣。遺類，言於義理之類有遺也。此句雙頂上兩意。夫楚人寄而蹢閽者；寄，寄身於舟也。此人乃是蹢閽者。○此層卽從上「蹢閽」生來，奇變無比。夜半於無人之時而與舟人鬬，未始離同麗。於岑岸也，亦高处。而足以造於怨也。」蹢閽，殘弱之人也。夜半，昏昧之時也。無人，則是非無由辨白，爭論無爲勸解。此時而與舟人鬥，必不能身麗岸上，徒結怨而已。○此喻惠子道卽不足於己，乃欲於是非芒昧無人主持大道之時，與四子爭辨不休，必不能勝，徒糾結不解而已。○此段言辨士之害。

莊子送塟，過惠子之墓，顧謂從者曰：「郢人堊漫塗也。其鼻端，若蠅翼，薄也。使匠石斲之。匠石運斤成風，聽而斲之，盡堊而鼻不傷，郢人立不失容。宋元君聞之，召匠石曰：『嘗試爲寡人爲之。』匠石曰：『臣則嘗能斲之。雖然，臣之質死久矣。』質者，施技之地，謂郢人。自夫子之死也，吾無以爲質矣，吾無與言之矣。」此承上更進一層，言辨士固無益於道，然天下誰是可與言者？言之亦無益也。

管仲有病，桓公問之曰：「仲父之病病矣，下「病」字，危也。可不謂云？言可無言以遺我乎？至於大病，則寡人惡乎屬託也。國而可？」管仲曰：「公誰欲與？」公曰：「鮑叔牙。」曰：「不可。其爲人，潔廉善士也，其於不已若者不比之；比，親輔也。又一聞人之過，終身不忘。使之治國，上且鉤亦逆意。乎君，下且逆乎民。其得罪於君也，將弗久矣。」公曰：「然則孰可？」對曰：「勿已，則隰朋可。其爲人也，上忘而下畔，使人忘我，若畔而去之也。《列子》作「不畔」，亦可。愧不若黄帝，而哀不已若者。以德分人謂之聖，以財分人謂之賢。以賢臨人，未有得人者也；以賢下人，未有不得人者也。其於國有不聞也，其於家有不見也。不事察察。勿已，則隰朋可。」此段言不可以賢臨民。

吴王浮於江，登乎狙之山。衆狙見之，恂然驚懼貌。棄而走，逃於深蓁。有一狙焉，委蛇宛轉之貌。攫抓，扳援之貌。見巧於王。王射之，敏給搏捷矢。矢雖捷速，狙能搏執之。王命相者趨射之，狙執死。見執而死。王顧謂其友顔不疑曰：「之狙也，伐其巧，恃其便便捷。以敖同傲。予，以至此殛誅也。也。戒之哉！嗟乎，無以汝色驕人哉。」顔不疑歸而師董梧，以鋤其色，去樂甘困苦也。辭顯，就韜晦也。二者所以鋤其色也。三年而國人稱之。此段言技巧之害。

南伯子綦隱几而坐，仰天而嘘。顔成子入見曰：「夫子，物之尤也。人物之最者。形固可使若槁骸，心固可使若死灰乎？」曰：「吾嘗居山穴之中矣。當是時也，田禾齊君。一覩我，而齊國之衆三賀之。以得見子綦爲榮。我必先之，彼故知之；我必賣之，彼故鬻之。若我而不有之，彼惡得而知之？若我而不賣之，彼惡得而鬻之？嗟乎，我悲人之自喪者，逐外喪真。吾又悲夫悲人者，亦自喪也。吾又悲夫悲人之悲者，亦自喪也。凡有一念累心，卽同自喪。其後而日遠矣。」久之累心盡遺，乃有槁骸死灰之象也。此承上「鋤其色」來，言炫外之害也。

仲尼之楚，楚王觴之，孫叔敖執爵而立，市南宜僚受酒而祭，曰：「古之人乎，於此言矣。」燕會之際，正乞言時也。蓋二子導孔子使言。曰：「丘也聞不言之言矣，未之嘗言，於此乎言之。市南宜僚弄丸而兩家之難解，孫叔敖甘寢高卧。秉羽文舞。而郢人投兵。此皆不言之言也。丘願有喙三尺。」一説，凡鳥喙長，則不能鳴。彼二子之事。之謂不道之道，此孔子。之謂不言之辨。二句詞平意串，惟其不道之道，所以當不言之辨也。故德總乎道之所一，道者，先天之朴，一而不分，德則分矣。總，猶「歸根」也。而言休乎知之所不知，至矣。休，止息也。道之所一者，德不能同也。德有四端萬善之名，不能同乎道之渾全。知之所不能知者，辯不能舉也。舉其事以示人。名若儒墨而凶矣。儒墨於道，不能渾全，而以辨相攻，凶德也。故海不辭東流，大之至也。聖人并包天地，澤及天下，而不知其誰氏。是故生無爵，死無謚，實不聚，名不立，此之謂大人。聖人於道渾同，所以爲大，與儒墨相反。狗不以善吠爲良，人不以善言爲賢，以善吠比善言，惡極。而況爲大乎？賢且不足，何有於大？夫爲大不足以爲大，而況爲德乎？必渾同乃大，然有心爲渾同，則未必能渾同。況各爲一偏之德，而能渾同乎？夫大備矣，莫若天地，然奚求焉而大備矣？天地備矣，然何嘗有心營求？知大備者，無求，無失，無棄，亦無遺失棄置。不以物易己也。不徇外而喪己。反己而不窮，循古而不摩，循古而行，不費揣摩。大人之誠。誠字照應。○此段言道本渾同，用不着善言。

子綦有八子，陳諸前，召九方歅曰：「爲我相吾子，孰爲祥？」九方歅曰：「梱也爲祥。」子綦瞿然喜曰：「奚若？」曰：「梱也，將與國君同食以終其身。」子綦索然出涕曰：「吾子何爲以至於是極也？」九方歅曰：「夫與國君同食，澤及三族，而况於父母乎？今夫子聞之而泣，是禦福也。子則祥矣，父則不祥。」子綦曰：「歅，女何足以識之？而梱祥邪？盡於酒肉入於鼻口矣，而何足以知其所自來？言汝之以梱爲祥者，不過酒肉入於鼻口而已。而其所以致此者，必有故，汝不知也。吾未嘗爲牧而牂生於奥，室西南隅。未嘗好田而鶉生於宎，同突，音杳，室東北隅。若汝。勿怪，驚異。何邪？言當怪也。吾所與吾子遊者，遊於天地，吾與之邀樂於天，順天自適。吾與之邀食於地；隨地自養。吾不與之爲事，不與之爲謀，不與之爲怪。吾與之乘天地之誠，誠字照應。而不以物與之相攖；吾與之一委蛇，而不與之爲事所宜。凡此十句，是與子修道，毫未嘗有干禄之行也。今也然居然。有世俗之償焉。凡有怪徵者，必有怪行，此事之常。殆乎，非我與吾子之罪，幾天與之也。吾以是泣也。」今既無怪行，而有怪徵，則非己所致，近于天危我子，是以泣也。無幾何而使梱之於燕，盜得之於道，全而鬻之則難，不若刖之則易，於是乎刖而鬻之於齊，爲閽者。適當渠公之街，然身食肉而終。渠公，疑是齊所封國，如薛公之類。當街，謂爲閽。食肉而終，則與人君同矣，蓋人君固終身食肉者也。○此段言有怪行，必有怪徵。惟當秉天地之誠云云，而不可有所事事也。

齧缺遇許由，曰：「子將奚之？」曰：「將逃堯。」曰：「奚謂邪？」曰：「夫堯畜畜然仁，育物之意。吾恐其爲天下笑。後世其人與人相食與？夫民不難聚也，愛之則親，利之則至，譽之則勸，致其所惡則散。愛利出乎仁義，則捐仁義者寡，利仁義者衆。夫仁義之行，惟且無誠，誠字照應。○本非真心愛民也。且假夫禽貪者器。即「重利盜跖」意。禽貪，如田獵者之貪，猶言貪漁也。是以一人之斷制利天下，譬之猶一覕也。覕同瞥，暫過目也。言己以仁義斷制天下，而因之以利天下，則所見之不真也。此引起下文「知」、「不知」意。夫堯知賢人仁義之人。之利天下也，而不知其賊天下也。正申明「一覕」意。夫唯外乎賢者知之矣。」此則不止一覕。○此段申言仁義之僞。

有暖姝者，有濡需者，有卷婁者。林西仲曰：「六字叶音成文。」義見下文，不必穿鑿訓詁，疑當時或有此成語也。所謂暖姝者，學一先生之言，則暖暖音暄。姝姝而私自說也，自以爲足矣，而未知未始有物也，是以謂暖姝者也。此是坐井觀天一流。濡需者，豕蝨是也，擇疏鬣一本下有「長毛」二字。自以爲廣宮大囿，奎兩髀之間。蹄曲隈，乳間股脚，自以爲安室利處。不知屠者之一旦鼓臂布草操烟火，而已與豕俱焦也。此以域進，此以域退，猶言域此以進，域此以退也。此其所謂濡需者也。此是以冰山爲泰山一流。卷婁者，舜也。羊肉不慕蟻，蟻慕羊肉，羊肉羶也。舜有羶行，百姓悦之，故三徙成都，至鄧之虚墟。而十有萬家。堯聞舜之賢，舉之童土之地，曰：「冀得其來之澤。」得其來，則足以澤及天下。舜舉乎童土之地，年齒長矣，聰明衰矣，而不得休歸，所謂卷婁者也。此得人之得而不自得其得，適人之適而不自適其適者也。是以神人惡衆至，衆至則不比，衆至則合矣，而反言不比。有極親，必將至極疏也。不比則不利也。故無所甚親，無所甚疏，抱德煬融也。和，以順天下，此謂真人。結出真人。○此承上段而申言之。重末段，上二段陪筆耳。

於蟻棄知，於魚得計，於羊棄意。蟻至微而有知，羊至柔而有意。真人取其微且柔者以自居，而棄其知與意，如魚之忘水而已。○三語叶音成文，奇甚。以目視目，以耳聽耳，以心復心。以我之目，視我之目；以我之耳，聽我之耳；以我之心，復我之心。猶云無所視聽，無所用心也。若然者，其平也繩，其變也循。循者，與變推移。○一本作「其平也水，其直也繩，其變也循」，記之。古之真人，以天待人，不以人入天。待，聽也。聽之以自然之天，而不以人爲參入。宣以「之」字作「人」字，亦通。古之真人，得之也生，失之也死；得之也死，失之也生。藥也，

其實堇也，以得爲生，失爲死；而有時反以得爲死，失爲生。故當其時，則爲生人之藥；不當其時，則爲死人之堇。堇，烏頭，能殺人者也。**桔梗也，雞癰也，**芡實。**豕零也，**豬苓。**是時爲帝者也，何可勝言？**藥有君臣佐使，各有症候。以一件爲君，其詳不可枚舉。得失各因其時，與此正同。○此節言一切要無心也。天下之理，有心則滯，真人一味圓通無礙。「時爲帝」一喻，誠妙論也。○此節承上真人來。

勾踐也以甲楯三千棲於會稽，惟種也能知亡之所以存，明于謀國。**惟種也不知其身之所以愁。**暗于全身。**故曰：鴟目有所適，**能夜而不能晝。**鶴脛有所節，**能長而不能短。**解之也悲。**解，斷去也。此句單頂鶴脛。**故曰：風之過**句。**河也有損焉，日之過河也有損焉，**風吹日晒，能令水耗。**請只**二字衍。**風與日相與守河，而河以爲未始其攖也，恃源而往者也。**風日一過，河已有損，况相守不離耶？乃河若未始有攖者，則以河有本源，故雖損而不覺耳，不可謂無損也。然則凡物之相守不離者，皆有損矣。**故水之守土也審，**審者，親切不離意。「守」字跟上「守河」來。**影之守人也審，**二句陪。**物**當做「人」。**之守物也審。**重此句。守之審，則有損矣。**故目之於明也殆，**守之審也，久視傷目。**耳之於聰也殆，**二句賓。**心之於殉也殆，**此主句。**凡能**有所能也。**其於府**内府。**也殆，**此心之殉也。**殆之成也不給改。**不及改。**禍之長也兹萃，**日積。**其反也緣功，**欲反自然，須循學力。**其果也待久。**即果于自克，亦待日久。言敗之速而救之難也。而人以爲己寶，不亦悲乎？人猶自寶所能，不知其殆之難救，可悲也。故有亡國戮民無已，不知問講求也。是也。此下二節，一反一正，總結上文。而此一節言恃其能則殆，以結言辯賢能技巧仁義皆有所損，所謂有所事事者也。

故足之於地也踐，此段承上「凡能其於府也殆」說下。恃其能則殆，不恃其知，而後知天，故用「故」字直接。雖踐，恃其所不蹍而後善博也；足之踐地無多，必恃其所不踐處有餘地，然後便於行步而至博遠也。舉此以況下「恃其所不知」也。人之知也少，雖少，恃其所不知而後知天之所謂也。知大一，渾淪未判。知大陰，至靜無感。知大目，合之同名。知大均，同而不殊。知大方，廣而不禦。知大信，期而不越。知大定，真而不撓。至矣，知此等，方爲真知，其他之知見何足云。大一通之，大陰解之，解紛擾。大目視之，大均緣之，大方體之，大信稽之，大定持之。盡有天，盡，如盡性之盡。極盡此理，而天在我矣。循有照，循，即率性之謂。循其自然，而至誠如神矣。冥有樞，冥默之地，而有樞機。始有彼。太始之地，而有彼端。則其解之也似不解之者，其知之也似不知之也，不知而後知之。上言不知而後知之，此言知之而似不知。迴環說來，理實相足，故仍以不知而後知之結明。其問之也，承上節「問」字，又爲學者說方法。不可以有崖，道又無端也。而不可以無崖。道又非無端也。頡滑有實，頡滑不可尋理，而確有實際。古今不代，同貸。而不可以虧，古今不相借貸，而又無少虧欠。則可不謂有大揚搉乎？

道如此，則可不有大闡明其旨趣乎？**闔**同盍。**不亦問是已？奚惑然爲？**何不考究於此，而坐守其惑也？**以不惑**我。**解惑**，人。**復於不惑，是尚大不惑。**入手承上「凡能其於府也殆」説下，言恃其能則殆，故不恃其知，而後知天也。○又，此一節是正結通篇，言恃其所不知而知乃大，則一切才辨賢能技巧仁義等項，都不用着矣。

此篇言惟真足以感人，以仁義愛人者僞也。故必如童子之相與言六合之外者，乃能識得真人真境，若知士等，則囿於物矣。「惠子」節，辨士之害也。「送葬」節，因上節及之，言不特不當言辨，亦天下無可與言之人也。此意頗不重。「隰朋」節，以賢臨人之害也。「吴王」節，技巧之害也。惟子綦不炫於外，孔子不言之言，乃可謂大人。若子綦父子無干禄之心，而有刖足之災，則自天降之也；堯舜施仁義之行，而有卷婁之苦，則自取之也。其收到真人，「於蟻」節申明真人，生死得失一味渾忘，乃通篇結穴處。末二節，言恃能則殆，不恃其知而知乃大，所以總結全篇也。「真」字通篇骨子，中間如「修胸中之誠」、「大人之誠」、「乘天地之誠」、「唯且無誠」，皆處處照應，而「此謂真人」，及兩提唱「古之真人」，則千里來龍，此其結穴也。○「幾且僞哉」，「僞」字是反應。

則陽

則陽遊於楚，夷節言之於王，王未之見，夷節歸。彭陽即則陽。**見王果曰：「夫子何不譚我於王？」王果曰：「我不若公閱休。」彭陽曰：「公閱休何爲者邪？」曰：「冬則擉鼈於江，夏則休乎山樊。有過而問者，曰：『此予宅也。』**先畫出聖人樣子。○忽頓住。**夫夷節已不能，而况我乎？吾又不若夷節。夫夷節之爲人也，無德而有知，**多知計。**不自許，**又不以知自許，恐干君之怒也。**以之神其交，**上交也。以此而神其上交之術。**固顛冥乎富貴之地，非相助以德，相助消也。**富貴之地猶尊貴之地也。顛冥者，冥然不知尊貴之威嚴，而滑稽詼諧若顛狂也。此種人非能助成君德者，但能消人君暴戾之氣，則其所長也。夷節其殆郭舍人之流與？○次畫出佞人性情作用。**夫凍者假衣於春，暍者反冬乎冷風。**凍者藉衣以禦寒，時至於春，如假之衣矣。暍者願冬以解熱，吹以冷風，如反於冬矣。凍者、暍者，喻楚王；春、冷風，喻夷節。言相宜也。**夫楚王之爲人也，形尊而嚴，其於罪也無赦如虎，非夫佞人**夷節。**正德，**公閱休。**其孰能撓焉？**「撓」字妙。自「凍者」至此，本是申明夷節之相助消，却順帶出「正德」，以起下「聖人」，文法奇變。雖是順帶出「正德」，然上文已有公閱休一段，故不爲突。**故聖人，**遥接擉鼈休樊一段。**其窮也，使家人**家中之人，妻孥是也。**忘其貧；其達也，使王公忘爵禄而化卑。**忘己爵禄之尊崇而化爲卑下。**其於物也，與之爲娱矣；其於人也，樂物之通而保己焉。**樂與物同，而不失己。**故或不言而飲人以和，與人並立而使人化。父子之宜，**父宜尊而子宜卑，化之則相忘於迹矣。借父子以况君臣也。**彼其乎**「其」指公閲休，猶云彼公閲休乎。**歸居，而一閒其所施。**言彼無冬無夏，歸居江山而心不外馳，其所施爲甚閒適也。**其於人心者，若是其遠也。**心之所存，較人甚遠。**故曰待公閲休。」**此段有佞人、正德兩種人，而意中只重説聖人，佞人一層陪説也。説聖人亦有兩意：盛德足以化人，是旁意；説閒適不入世趨，於人心甚遠，此正意也。蓋此篇大指只重説聖人耳，化人意固輕也。

聖人達由此達彼也，如「達之於其所忍」之達。**綢繆，**纏緜懇至，卽愛人之心也。**周盡一體矣，**周盡，無遺漏也。一體，以萬物爲一體也。**而不知其然，性也。復命**復民之命。**摇作**鼓舞振興之也。**而以天爲師，人則從而命之也。**此以下皆承上而言聖人師天而行，自然而然。而此一節則卽愛人言之也，其實言聖人師天是正意，愛人是旁意。**憂乎知，而所行恆無幾時，其有止也，若之何？**他人則不然，憂人不知其愛民，而欲其知人，則不如聖人之自然。而所行愛人之事又無幾，且有止時，又不能如聖人之周偏一體而綢繆無已，其能如聖人乎？**生而美者，人與之鑑，不告則不知其美於人也。若知之，若不知之，若聞之，若不聞之，其可喜也終無已，人之好**

之亦無已，性也。聖人之愛人也，人與之名，不告則不知其愛人也。若知之，若不知之，若聞之，若不聞之，其愛人也終無已，人之安之亦無已，性也。下半節明説愛人則達綢繆云云，自當就愛人説矣。

舊國舊都，望之暢然；以故鄉喻本性。**雖使丘陵草木之緡，**音脗，合也。**入之者十九，猶之暢然。**雖丘陵草木之合蔽舊鄉十分有九，望之猶自暢然。喻物累之入心者雖多，偶見本性，猶自欣快也。本以丘陵草木喻物累，故不覺下一「入」字。**況見見聞聞者也，**況見所得見，聞所得聞，親遇本性，其快又當何如？**以十仞之臺縣衆閒者也？**其超然物表，如縣高臺于衆際，一塵不染，暢快無比。○喻中又喻，陡然而住，奇絶。○此承上「人之安之亦無已」來，言人之安聖人，非有他故，蓋以性者人之故物，聖人能復人之性，人未有不安之者也。然此不過因上文而及之，於通篇實屬餘意。

冉相氏古帝。**得其環中以隨成，**環中者，圓轉無定而莫非此中也。隨成者，隨在自然而成也。卽《齊物論》「得其環中以應無窮」意。**與物無終無始，無幾無時。**無時。**日與物化者，一不化者也，**與物化者，隨成也。不化者，環中也。**闔嘗舍之？**無時不中。**夫師天而不得師天，與物皆殉，其以爲事也若之何？**「師天」承上節來，環中是師天也。○師天，本出於無心。若有心師天，則不得師天，究歸於逐物矣。乃欲以此爲事，何爲也哉？**夫聖人未始有天，未始有人，**師天而無心，是忘天也，天且忘，而況人乎？**未始有始，**不起念。**未始有物，**無心如此。**與世**

偕行而不替，日與世伍，而不頽廢。所行之備而不洫，洫，濫也。○得中如此。其合之也若之何？其無心合道，何如乎？言其妙也。冉相氏之師天如此。湯得其司御、門尹、登恆此三者，疑當時官名或人名。言湯得此三人傅之。爲之傅之，從師而不囿，得其隨成。從師，貴不囿於師，乃可得環中隨成之妙。上文有心師天，且不能師天，則貴於不囿可知矣。爲之司其名；之名羸法，得其兩見。十三字斷是錯誤，無可解，亦不必解也。仲尼之盡慮，爲之傅之。上既闕誤，此不知其何所指，亦闕之。容成氏曰：「除日無歲，無内無外。」歲者，日所積也。除去日，更何有歲？内無所得，則外無可見，故必内有環中之妙，斯外有隨成之宜。故曰「與物化者，一不化者也。」此節引冉相氏等以證師天也。觀此節言師天，不及愛人，愈可知愛人是於師天中舉一事以爲言矣。○又按，此節自「湯得司御」以下多錯誤，而「爲之司」以下十三字更不可解，闕疑可也。

魏瑩惠王。與田侯牟威王。約，田侯牟背之。魏瑩怒，將使人刺之。犀首聞而恥之，曰：「君爲萬乘之君也，而以匹夫從讎。衍犀首名。請甲二十萬，爲君攻之，虜其人民，係其牛馬，使其君内熱發於背，然後拔其國；忌也齊將田忌。出走，然後抶其背，折其脊。」季子蘇秦。聞而恥之，曰：「築十仞之城，城者既十仞矣，則又壞之，此胥靡之所苦也。胥靡，版築之人。今兵不起七年矣，此王去聲。之基也。衍，亂人，不可聽也。」華子聞而醜之，曰：「善言伐齊者，亂人也；善言勿伐者，亦亂人也；謂伐之與不伐亂人也者，又亂人也。」總末免營心于事也。君曰：「然則若何？」曰：「君求其道而已矣。」道則與太虛同體，王業且不足言，况騁怒乎？○「道」字爲末三節逗一消息。惠子聞之，而見去聲。戴晉人。戴晉人曰：「有所謂蝸者，君知之乎？」曰：「然。」下乃晉人語。「有國於蝸之左角者曰觸氏，有國於蝸之右角者曰蠻氏，時相與爭地而戰，伏尸數萬，逐北旬有五日而後反。」君曰：「噫，其虛言與？」曰：「臣請爲君實之。君以意在察也。一云存也，猶云存想。四方上下有窮乎？」曰：「無窮。」曰：「知遊心於無窮，而反在通達之國，若存若亡乎？」君曰：「然。」曰：「通達之中有魏，於魏中有梁，魏都。於梁中有王。王與蠻氏有辯乎？」曰：「無辯。」客出而君惝然若有亡也。客出，惠子見。君曰：「客，大人也，聖人不足以當之。」惠子曰：「夫吹管也，猶有嗃音鶴，吹聲。也；吹劍首者，吷音血，細聲。而已矣。管孔稍大，吹之猶有嗃然一聲。劍首之環孔甚小，吹之吷然氣過，無甚聲可聞也。堯舜，人之所譽也；道堯舜於戴晉人之前，譬猶一吷也。」其細曾不足聞。○此段於言論中見聖人。

○篇中「道」字，已伏末三段之根，蓋惟聖人乃能體道也。

孔子之楚，舍於蟻丘山名。之漿。賣漿之家。其鄰有夫妻臣妾登極者，屋極也。蓋乘屋者。子路曰：「是稯稯音總。何爲者邪？」仲尼曰：「是聖人僕徒也。也。是自埋於民，自藏於畔。田間。其聲銷，逃名。其志無窮，志大。其口雖言，其心未嘗言，忘言。方且與世違，而心不屑與之俱。遠俗。是陸沉者也，不消避人避世，而已成隱遯，如無水而自沉也。是其市南宜僚邪？」子路請往召之。孔子曰：「已矣，彼知丘之著於己也，著，明也。知丘之適楚也，以丘爲必使楚王之召己也，彼且以丘爲佞人也。夫若然者，其於佞人也，羞聞其言，而況親見其身乎？而何以爲存？」言必避去。子路往視之，其室虛矣。此段於隱處中見聖人。

長梧封人問當做「謂」。子牢曰：「君爲政焉勿鹵莽，治民焉勿滅裂。昔予爲禾，耕而鹵莽之，則其實亦鹵莽而報予；芸而滅裂之，其實亦滅裂而報予。予來年變齊，變而整齊。深其耕而熟耰之，其禾繁以滋，予終年厭飧。」莊子聞之曰：「今人之治其形，理其心，多有似封人之所謂，遁其天，離其性，滅其情，亡其神，以衆爲。故皆溺於衆之所爲也。鹵莽其性者，欲惡之孽，爲性以欲惡之孽爲性。林西仲謂認賊作子是也。萑葦蒹葭，喻心之荒穢也。始萌以扶吾形，尋擢吾性；林曰：言其性地荒蕪，衆欲叢生。始扶吾形，以遂吾耳目口鼻之養；隨即擢拔吾靜虛之本性，以底于病也。「始」字與「尋」字相應。並潰漏發，不擇所出，漂同瘭。疽疥癰，内熱溲膏是也。」此言治身之失其道者，與保己之聖人相反。

柏矩學於老聃，曰：「請之天下遊。」老聃曰：「已矣，天下猶是也。」又請之，老聃曰：「汝將何始？」曰：「始於齊。」至齊，見辜人罪人。焉，推而强之，强令起也。解朝服而幕之，號天而哭之，曰：「子乎，子乎。天下有大菑，子獨先離之。離同罹。曰莫爲盜，莫爲殺人。又言莫不是爲盜乎？莫不是殺人乎？詢其罪所由坐也。榮辱立，然後覩所病；榮辱，即刑賞。刑賞所以治民，實則病民。貨財聚，然後覩所爭。今立人之所病，立榮辱而民病，是立人之所病也。聚人之所爭，窮困人之身，使無休時，欲無至此，得乎？古之君人者，以得爲在民，以失爲在己；以正爲在民，以枉爲在己。百姓有過，在予一人。故一形有失其形者，退而自責。今則不然，匿爲物而愚不識，大爲難而罪不敢，重爲任而罰不勝，遠其途而誅不至。民知力竭，則以僞繼之，日出多僞，即上「匿爲物」四句。士民安取不僞？夫力不足則僞，知不足則欺，財不足則盜。盜竊之行，於誰責而可乎？」此段言治民之失其道者，與聖人之愛民相反。

蘧伯玉行年六十而六十化，未嘗不始於是之，而卒詘之以非也。未知今之所謂是之非五十九非也？此見道之無窮，而知有所不知也。萬物有乎生而莫見其根，有乎出而莫見其門。人皆尊其知之所知，而莫知恃其知之所不知而後知，可不謂大疑惑也。乎？已乎，已乎，且無所逃。此則所謂然乎，然與？世人之營營求知者，將欲盡知其所不知，以逃免乎不知之名。不知道無窮盡，故言爾且暫止，而不必求免此不知之名，斷斷逃不去的。然則己之所謂然，其果然與？〇《莊子故》曰：「不見其根，不見其門，非知識所能窮盡。知者少而不知者多，能知者固理之所存，不知者更理之所蘊。必能渾融夫知不知，而使是非皆化，乃爲真知。不然，則可謂大惑也。

若曰：『止於是矣，斯理已盡知矣，不能逃於我之燭照矣。』則今之所是者，其果是邪？『乎』疑作『其』。」○按，此二説各有優劣，爲並存之。○此段言道無窮盡也。

仲尼問於太史大弢、伯常騫、狶韋曰：「夫衛靈公飲酒湛樂，不聽國家之政，田獵畢弋，不應諸侯之際。交際。其所以爲靈公者何邪？」《謚法》：「亂而不損曰靈。」是惡中有美。靈公之謚，似猶未足當其惡也。大弢曰：「是因是也。」言因其荒亂而謚之。此單就「亂」字一邊説。伯常騫曰：「夫靈公有妻三人，同濫浴器。而浴。史鰌奉御而進所，搏幣而扶翼。奉公御用之物，進于公所。公使人代持所奉幣，且使人扶翼之。敬其賢也。其慢淫恣。若彼之甚也，見賢人若此其肅也，是其所以爲靈公也。」此兼亂而不損言之。狶韋曰：「夫靈公也，死，卜葬於故墓不吉，卜葬於沙丘而吉。掘之數仞，得石槨焉，洗而視之，有銘焉，曰：『不馮同憑。其子，靈公奪而里之。』言舊藏之家，子孫不足憑恃，故靈公得奪此冢也。「里」與「子」叶，古稱窀穸，爲蒿里。俗本作「埋」字，不是。夫靈公之爲靈也久矣，之二人何足以知之？」即石槨之銘觀之，則知公謚已前定矣。○此段言道有一定也。

少知問於太公調曰：「何謂丘里之言？」時有所謂「丘里之言」者，故問之。《周禮》：「四井爲邑，四邑爲丘，五家爲鄰，五鄰爲里。」太公調曰：「丘里者，合十姓百名而爲風俗也，合異以爲同，合十百爲丘里。散同以爲異。散丘里爲十百。○天下之理皆如是也。今指馬之百體而不得馬，而馬係同繫。於前者，立其百體而謂之馬也。散指馬之百體，不得便爲馬也。而馬現在當前者，合此百體而立之，則爲馬矣。可見合異爲同，方能見道也。是故丘山積卑而爲高，江河合水而爲大，大人合併而爲公。是以自外入者，有主而不執；惟其合併爲公，是以事物之理，自外入者，以公爲主，而不偏執。由中出者，有正而不距。吾心之理由中達外，有正理而人不違距也。○林西仲曰：「自外入者，聽言者也。聽人之言，吾心雖有所主，而不可執一己之見。由中出者，立言者也。立言垂訓，吾心雖有取正，而不可距逆他人之意。」此說亦好，但説「正」字欠妥。蓋既取正于人，何至距人？四時殊氣，天不賜，故歲成；不賜，不私，皆公也。如人必有私于其人，然後獨賜于其人也。五官殊職，君不私，故國治；文武殊材，原本漏「殊材」二字，依宣本補之。大人不私，故德備；萬物殊理，道不私，故無名。道渾同，不得而名。○以上三句，況此一句。無名故無爲，無爲而無不爲。以上言合併爲公之妙。時有終始，世有變化，禍福淳淳，至有所拂者而有所宜；極拂意中，却有相宜之處，所謂互爲倚伏也。自殉殊面，向也。有所正者有所差。自殉己情，與人異向，則有所合者，必有所差。以上六句見終始變化無窮，不可偏執，所以當合併爲公也。比於大澤，百材皆度；百材不同，而同歸于度。觀乎大山，木石同壇。木石不同，而同生于壇。○皆言合異爲同也。此之謂丘里之言。」

少知曰：「然則謂之道，足乎？」太公調曰：「不然。今計物之數，不止於萬，而期曰萬物者，以數之多者號而讀之也。是故天地者，形之大者也；陰陽者，氣之大者也；道者爲之公。道爲天地陰陽所公共，是道之大更爲無偶也。因其大以號而讀之，則可也，物不止萬，約略號之曰萬物耳。若道之大，更無從指稱，亦借一「道」字約略號之耳。已有之矣，乃將得比哉？已有丘里之言，便難比於道矣。蓋道本無名，何可言哉？則若以斯辯，譬猶狗馬，其不及遠矣。」若以丘里爲道，則是狗之名狗，馬之名馬，同於一物，不及道遠矣。少知曰：「四方之内，六合之裏，萬物之所生惡起？」疑道無名象，則萬物以何爲本也？太公調曰：「陰陽相照，相蓋相治；四時相代，相生相殺。欲惡去就，於是橋起；勁疾貌。雌雄片仝牉。合，於是庸常也。有。安危相易，禍福相生，緩急相摩，聚散以猶相。成。此名實之可紀，精精微。之可志也。隨序四時之序。之相理，橋運之相使，五行之運。○橋，所以續道者。五行之運相續，故曰橋運。窮則反，終則始，此物之所有。言之所盡，知之所至，極物而已。以上云云，不過極盡物態而已。覩道之人，不隨其所廢，隨，猶「追究」也。不原其所起，知其無端，任其自然也。此議之所止。」烏可安言道之起於何處哉？○上段言道之周偏，此言道之終始。

少知曰：「季真人名。之莫爲，莫之爲。言無有主也。接子人名。之或使，或使之。言有爲主也。二家之議，孰正於其情，誰正得其實？孰偏於其理？」誰偏執于理。太公調曰：「雞鳴狗吠，是人之所知。雖有大知，不能以言讀猶解説也。其所自化，若究其一鳴一吠之故，雖大知，不能以言語解其自然之妙。又不能以意其所將爲。又不能意度其所將爲之機。斯而析之，精至於無倫，大至於不可圍。或之使，莫之爲，未免於物形迹也。而終以爲過。終是立言之過。或使則實，莫爲則虚。二者皆過也。○此一小段。有名有實，是物之居；無名無實，在物之虚。可意可言，言而愈疏。承上言有名象者，物之所寓耳。其無名象者，即在物外空虚之處，此豈可意可言者乎？言而愈疎矣。未生不可忌，禁也。未生者，不能禁其不生。已死不可阻。已死者，不能阻令不死。死生非遠也，理不可覩。生死切身之事，非遠於人，而理已難知，况其他乎？此就生死一事言之。或之使，莫之爲，疑之所假。二説假人以疑惑之端耳。○此一小段。吾觀之本，其往無窮；吾求之末，其來無止。欲究其始，而往者已無窮，不知何始也。欲究其終，而來者方無止息，不知何終也。無窮無止，言之無也，與物同理；泯於無言，斯合於物理。或使莫爲，言之本也，與物終始。二説則言之所從生，是未免於有物也。○此一小段又從上生死説下。道不可有，有不可無。道不可滯于有，既有則不能無矣。道之爲名，所假而行。名之曰道，乃借之爲稱謂耳。或使莫爲，在物一曲，夫胡爲於大方？此一小段亦承上説下。言而足，則終日言而盡道；言而不足，則終日言而盡物。道物二者。之極，言默不足以載；非言非默，議其有極。」盡道盡物，俱不在言默之間。離乎言默以求道，乃至論也。○此段言道至公，而不可以迹象求也。

此篇首節，言聖人胸次之間適也。二節，言聖人師天而行也。「冉相氏」節，承師天而申明之。「魏瑩」節，言聖人心同太虚，一切彼我爭競之私，無一不化也。「孔子之楚」節，言聖人無迹無聲也。其説保己愛人，不過卽此而見聖人之全體，不可硬執以爲前半主意也。「舊國」節，承上「人之安之亦性」來，意不重。「長梧」節，則治己之失者。「柏矩」節，則治人之失者。末三節，則言道也：「伯玉」節，言道無窮盡；「靈公」節，言道有一定；末節言道之大同，而不可以言思擬議求也。或乃欲劃作兩截，不知聖人便是盡道者。但前半絶不提及，只於華子口中輕逗一句，真有蛛絲馬迹之妙。〇又按，末三節是言道矣，然「伯玉」二節仍未道破，末節且言道之爲名，不過强名之耳，其實無可名也。真乃超妙絶倫。〇末既謂道是强名，前半自不宜明鬧「道」字矣。

外物

外物不可必，此句不獨本節之冒，兼爲通篇提綱。**故龍逢誅，比干戮，箕子狂，**善不可爲。**惡來死，桀、紂亡。**惡不可爲。○善惡均被禍，不可必者一也。**人主莫不欲其臣之忠，而忠未必信，故伍員流於江，萇宏死於蜀，藏其血，三年而化爲碧。**主欲臣忠，而忠遭主戮，不可必者二也。○多二句，文法參差不板。**人親莫不欲其子之孝，而孝未必愛，故孝己憂而曾參悲。**親欲子孝，而孝被親疑，不可必者三也。○以上皆不可必者。必之而不能，必則憂，憂則内熱火焚。故下以空中之火能焚燒言之。**木與木相摩則然，**木生火，而火卽然木。**金與火相守則流。**金守火，而金卽銷鎔。**陰陽錯行，則天地大絯，**音該，結絯不通。**於是乎有雷有霆，水中有火，乃焚大槐。**結絯不通，故空中擊爲雷雨，而生火以傷物。○三者皆言火之猛烈。**有甚憂兩陷而無所逃，**兩陷者，利害之閒，兩難放下也。**螴蜳**音陳敦，氣不安定貌。**不得成，**不成情緒也。**心若縣於天地之間，**所謂「心搖搖如懸旌」也。**慰暋**音昏。**沉屯，**皆心内煩鬱貌。**利害相摩，生火甚多，**兩端交戰，心内火熾。○「有」字至此，遙接上三「不可必」來，言欲必之而不可必，因以生火也。**衆人焚和，**身中清和之氣，爲火所焚。**月固不勝火，**月喻清明本性。**於是乎有僓**同頹。**然**

而道盡。清和之氣爲火所傷，於是天理盡而生機息矣。○「曾參悲」之下，便應接「甚憂兩陷」云云，而突接「木與木」三十八字，大意言：人於不可必者而欲必之，必之而不能必則憂，憂則心熱火焚，故懸空以「火之能焚燒」言之，下乃接入正意。

莊周家貧，故往貸粟於監河侯。監河侯曰：「諾。我將得邑金，將貸子三百金，可乎？」莊周忿然作色曰：如此粗暴，豈是莊子氣象？「周昨來，有中道而呼者。周顧視車轍中，有鮒魚焉。周問之曰：『鮒魚來，子何爲者邪？』對曰：『我，東海之波臣也。君豈有斗升之水而活我哉？』周曰：『諾。我且南遊吴越之王，激西江之水而迎子，可乎？』鮒魚忿然作色曰：『吾失我常與，常相與，謂水也。我無所處。吾得斗升之水然活耳，言如此便活耳。君乃言此，曾不如早索我於枯魚之肆。』」徒然往。○此段言求外者，如欲得西江之水以活鮒魚，不可必也。但文義淺薄，且自言外物不可必而往貸粟，亦言行不相顧矣。

任公子爲大鉤巨緇，大黑綸也。五十犗音介，犍牛。以爲餌，蹲乎會稽，投竿東海，旦旦而釣，期年不得魚。已而大魚食之，牽巨鉤，錎同陷。没而下，騖揚而奮鬐，白波若山，海水震蕩，聲侔鬼神，憚赫千里。任公子得若魚，離而腊之，剖之以爲乾脯。自淛河以東，蒼梧以北，莫不厭若魚者。已而後世輇同詮，品評也。才諷説之徒，皆驚而相告也。夫揭竿累，小綸。趨灌瀆，小水。守鯢鮒，小魚。其於得大魚難矣。飾小説以干縣令，舊作「懸令」，則於「干」字欠解。其意不過謂莊子時無縣令之名耳。不知「夷於九縣」、「取陳縣」之

「縣」字，已見《左傳》。而西門豹爲鄴令，荀況爲蘭陵令，未嘗不稱令也。蘇代曰：「請以千戶封縣令。」齊威王朝諸縣令長，皆班班可考者。大意謂不能有大智大謀，以聳動人主卿相，但飾小說耳，干縣令耳。其於大達亦遠矣。是以未嘗聞任氏之風俗，「俗」字疑衍。其不可與經於世亦遠矣。一作「於經世」。○此段言求外者，不過飾小說以干縣令，於大道遠矣。然頗覺平淺，似非莊子手筆。

儒以《詩》、《禮》發冢，大儒臚傳曰：上傳語告下曰臚。「東方作矣，事之何若？」小儒曰：「未解裙襦，口中有珠。」二句答「何若」一問已畢。「《詩》固有之曰：『青青之麥，生於陵陂。生不布施，死何含珠爲？』笑其貪吝也。接其鬢，壓音葉。其顪，音喙，頤下毛也。儒以金椎控打也。其頤，徐別其頰，無傷口中珠。」「接其」四句，皆儒發冢也，却以「儒以」二字押在中間，變化之極。○答「何若」之問甫畢，下文一面詠詩，一面發冢，寫來好看。○「《詩》有之」四句，《詩》也；「徐別其頰」二句，《禮》也。○此段言求外物者，皆飾僞以盜名，如儒以《詩》、《禮》發冢是也。

老萊子之弟子出薪，出而採薪。遇仲尼，反以告，曰：「有人於彼，修上而促下，上身長，下身短。末僂而後耳，背微僂而對面不見耳。視若營四海，蒿目而憂當世之患也。○藹然相遇，既昧生平，又不可以皮相，只用此五字，空中寫影，自然函蓋一切。下一段議論俱從此出。不知其誰氏之子？」老萊子曰：「是丘也。召而來。」仲尼至。曰：「丘，去汝躬矜矜持之行。

與汝容知，智慧之容。斯爲君子矣。」仲尼揖而退，蹵然改容而問曰：「業可得進乎？」老萊子曰：「夫不忍一世之傷，而驁萬世之患。驁，馬驕不馴貌。舊註：「不云『驁然不顧，貽萬世之患』，但云『驁萬世之患』，此古文省字法也。言其但欲救世而不知，貽禍萬世也。」○林西仲曰：「不忍一世之傷，而驁然懷萬世之患，猶俗云『人無百年身，長懷千歲憂』也。」似明淨可從。抑轉詰之。固窶邪？亡「無」仝。其略弗及邪？將爲貧而爲此欲求售邪？無亦其智不及計邪？惠以歡爲驁，終身之醜，中民庸人。之行易進焉耳。惠施以博人歡，而驁然驕矜，乃行之醜者，惟庸人或爲此耳。相引以名，相結以隱，二句屬下不屬上，將「與其」句安在此二句上便明。○譽堯爲聖人，而欲以己之憂世自附於古人，是相引以名也；因以博人之歡，是相結以隱也。與其譽堯而非桀，不如兩忘而閉其所譽。堯憂世，桀反是，故一譽之，一非之。反反覆。無非傷也，動妄動。無非邪也。二句泛論以起下。聖人躊躇以興事，以每成功。聖人不得已而應，是躊躇興事也。如此則無反覆妄動之患，故每有成功。奈何哉，其載焉終矜爾？」載，事也。言奈何終身事此矜持也。句法拗勁。○此借夫子以言殉外之患，蓋汲汲爲人，亦殉外也。

宋元君夜半而夢人被髮闚阿門，曰：「予自宰路淵名。之淵，予爲清江使河伯之所，爲清江之神，使於河伯之所也。漁者余且人名。得予。」元君覺，使人占之，曰：「此神龜也。」君曰：「漁者有余且乎？」左右曰：「有。」君曰：「令余且會朝。」明日，余且朝。

君曰：「漁何得？」對曰：「且之網得白龜焉，其圓五尺。」君曰：「獻若之龜。」龜至，君再欲殺之，再欲活之，心疑，卜之，曰：「殺龜以卜，吉。」乃刳龜，七十二鑽而無遺筴。每占必鑽龜，凡占七十二次皆驗也。仲尼曰：「神龜能見夢於元君，而不能避余且之網；知能七十二鑽而無遺筴，不能避刳腸之患。如是，則知有所困，神有所不及也。雖有至知，萬人謀之。恐明有不到也。魚不畏網，而畏鵜鶘。暗於大而明於小。去小知而大知明，去善不自善。而自善矣。嬰兒生，無石師而能言，與能言者處也。」卽上「與萬人謀」意。○顧寧人謂「石」當作「所」。晉魏人草書，「石」、「所」相似，故誤。○舊註：同碩。○此段言求外物者不過自恃其智，不知智不足恃，卽神龜且不能免患矣，故當與萬人謀之，如嬰兒與能言者處也。

惠子謂莊子曰：「子言無用。」莊子曰：「知無用，而始可與言用矣。夫地非不廣且大也，人之所用容足耳，然則廁側同。足而墊之致黃泉，人尚有用乎？」曰：「無用。」莊子曰：「然則無用之爲用也亦明矣。」此承上言不用其知則似無用，不知無用之爲用大也。

莊子曰：「人有能遊，且得不遊乎？人而不能遊，且得遊乎？能遊，卽下「心有天遊」之意，「不能遊者」反是。蓋天下可遊不可遊者在境，而能遊不能遊在心。試觀險阻艱難，苦境也，而至人處之泰然；良辰美景、賞心樂事，快境也，而愁人遇之戚然，此能遊不能遊之說也。能遊則自適矣，不能遊則不能自適矣。夫流遁之志，與世波靡者。決絶之行，果於棄世者。噫，其非至知厚德之任事也。與？覆墜而不反，決絶者。火馳而不顧，流遁者。雖相與爲君臣，句。時也，君臣猶貴賤。時貴決絕者，則流遁者賤；時貴流遁者，則決絕者賤也。易世而無以相賤。當時雖貴，過時則否。故曰：至人不留行焉。留行者，滯於境也。繳「且得不遊」句。夫尊古而卑今，學者之流也。且以狶韋氏之流，觀今之世，夫孰能不波？惟至人乃能遊於世而不僻，順人而不失己。彼教不學，承意不彼。」承上言惟至人乃能遊於世而不爲僻行，順乎人而不失故我，彼教固不殉而學之，亦承其意而不別之爲彼。夫遊於世，順於人，則非決絕不僻；不失己，則亦未嘗波靡。不學，固未嘗波靡；不彼，亦未嘗決絕也。○此言不殉外物者，非必絕人逃世，但入而不緇，逍遙自適耳。○此節爲決絕者發，蓋此輩謂斯世不可與同群，故絕人逃世以爲高。不知心有天遊，安往而不自得？決絕者與流遁，無以相勝也。後乃言至人不用避世，而自不同流合汙。「尊古」五句，言學者雖尊古卑今，而終不及至人，所以引起下文耳。

目徹通也。爲明，耳徹爲聰，鼻徹爲顫，同羶，知其羶也。口徹爲甘，知其甘也。心徹爲知，知徹爲德。凡道不欲壅，壅與徹反。壅則哽，哽塞。哽而不止則跈，音輦，相踐踏也，卽下「勃谿」意。跈則衆害生。物之有知者恃息，其不殷，《字典》：「於靳切，音僫，當也，中也。當、中皆去聲。」非天之罪。天之穿之，日夜無降，伏也。竅以通息，天之爲人穿竅，無伏息之時。人則顧塞其竇。乃人反以嗜慾塞其竇。胞有重閬，空曠也。胞膜中有重重空曠之處。心有天遊。再進而心必有閒處以適天機，此見天穿之妙也。室無空虛，則婦姑勃谿；忽插一喻。○勃谿，逼塞相乘也。室無餘地，則尊卑逼塞相乘踐也。心無天遊，則六鑿相攘。六鑿，六根之鑿性者。無閒適處，則六根用事而攘性。大林丘山之善於人也，亦神者不勝。心有天遊，則方寸之內逍遙無際，何假清曠之處而後適哉？今見丘林之空曠而喜者，由平日胸次逼窄，神明不勝故也。○此申上節「能遊」、「不能遊」意。

德溢乎名，德之外溢，由於名心之勝。名溢乎暴，名之過情，由於自行表暴。謀稽乎誸，急也。急而後考謀。知出乎爭，爭而後騁知。柴生乎守，梗塞生於執一。官事果乎衆宜。衆各有所宜，所謂「築室道旁，三年不成」也。春雨日時，草木怒生，銚鎒於是乎始修，草木之到倒同。植者過半而不知其然。春雨至而草木生，乃銚鎒興而翻犂之，於是草木之根向上，而枝葉反在下，故曰「倒植」。○此言有所作爲，則害自然之性。以申明「六鑿相攘」之義。

靜默一作「然」，誤。可以補病，靜默則神氣來復，故可以補病。眥音恣，目際。搣音血，滅也。可以休老，眥搣蓋養生之術。按，《真誥》云：「時以手按目四眥，令見光分明，是撿眼之道。久爲之，見百靈老形之兆。」又「披搣皺紋，可以沐浴老容。」出《筆乘》。寧可以止遽。寧定則可以止迫遽。雖然，若是，勞者之務也，非佚者之所未嘗過而問焉。聖人之所以駴同駭。改百姓之視聽也。天下，神人未嘗過而問焉；賢人所以駴世，聖人未嘗過而問焉；君子所以駴國，賢人未嘗過而問焉；小人所以合時，君子未嘗過而問焉。此言既失而後圖，不足貴也。

演門有親死者，以善毀居喪毀瘠。爵爲官師，旌其孝行。其黨人毀而死者半。襲官師之迹而加甚之。**堯與許由天下，許由逃之；湯與務光，務光怒之；紀他聞之，帥弟子而踆於窾水，諸侯弔之。**弔其苦也。**三年，申徒狄因以踣河。**自投仆於河。〇怒甚於逃；踆同蹲。於窾水，又甚矣；踣於河，益加甚焉。此皆襲迹而甚者也。**筌者**魚笱。**所以在**存也。**魚，**意存於得魚。**得魚而忘筌；蹄者**蹄，當作「罤」，兔網也。**所以在兔，得兔而忘蹄；**踰迹不足貴。以況下句。**言者所以在意，得意而忘言。吾安得夫忘言之人而與之言哉？**此段總結通篇，意謂外物不可必，詳哉其言之矣。但聽者當得其意，而不可泥其迹。否則如許由諸人襲迹而甚，雖言之亦無益矣。

寓言

寓言十九，重言十七，借耆賢之言以爲重。**巵言日出，**巵，圓器。圓轉之言，日出不窮。巵言兼上兩項在内。**和以天倪。**不以己與也。**寓言十九，藉外論之。**託一事以論此事。**親父不爲其子媒，**薦引。**親父譽之，不若非其父者也。**藉外輪之，則人易信。**非吾罪也，人之罪也。**不是我有虚詞粉飾，但人心多疑而不信耳。**與己同則應，不與己同則反；同於己爲是之，異於己爲非之。**四句申明人之罪，所以須寓言也。**重言十七，所以已止也。**引重一人，以止辨者之爭也。**是爲耆艾。**其人蓋前輩也。**年先矣，而無經緯本末以期年耆者，是非先也。**耆艾者，年高而有道者也。若年固先於人，而胸無抱負，是以期頤之年稱爲耆者，未足爲先也。**人而無以先人，無人道也；**不能盡人之道。**人而無人道，是之謂陳人。**陳人，猶老朽之人也，此等人何足引重？明己所稱，皆耆賢也。**巵言日出，和以天倪，因以曼衍，**隨事物而曼衍言之。**所以窮年。**以遺歲月。**不言則齊，**事理是非，本自畫一。自群言淆亂，乃致紛紜耳。今若悉渾於無言，則此理依然歸於一也。**齊與言不齊，言與齊不齊也。故曰無言。**每句上「齊」字，就物理之本齊者言。兩「不齊」，猶言不合也。言物理之本齊者，與吾言不合，吾言與物理之本齊者不合，故不若無言。言無言，然非緘默也，但言如無言耳。終身言，未嘗言；故終身言，而如未嘗言。終身不言，未嘗不言。其理已顯。有自也而可，吾之言而有所可，皆有所自，吾特因之耳。下文倣此。有自也而不可；有自也而然，有自也而不然。惡乎然？然於然。惡乎不然？不然於不然。惡乎可？可於可。惡乎不可？不可於不可。物固有所然，物固有所可，無物不然，無物不可。我言之有自如此，乃順物理以爲言，不以己與之，故言如無言也。非巵言日出，和以天倪，孰得其久？「久」字正解窮年。萬物皆種也，以不同形相禪，胎卵濕化，物數有萬，皆是種子各以其類禪於無窮。言不同形者，就一物言之，則是同形相禪；合萬物言之，則各不同形者，各以其類相禪也。始卒若環，循環。莫得其倫，無端。是謂天均。天理均徧，無所不在。天均者，天倪也。數句又解天倪。〇天倪卽是天均。和以天倪，可見止是隨天理普遍所在，因物肖物耳。〇寓言、重言、巵言，固是立言之法，然骨子全在「和以天倪」一句。若不是因天理普遍以爲言，則都成游戲耳。〇此莊子自言其著書之法。

莊子謂惠子曰：「孔子行年六十而六十化，始時所是，卒而非之。未知今之所謂是之非五十九非也？」惠子曰：「孔子勤志服知也。」疑孔子勤勞心志，從事於多知，未得爲化也。莊子曰：「孔子謝之矣，而其未之嘗言也。言孔子已謝去勤勞之迹而進於化，但謙遜不言耳。孔子云：『夫受才卽降才之才，美才也。乎大本，生初。復靈以生。又能不損其靈慧以生。鳴而當律，聲爲律。言而當法，言有物。〇才美如此。利義陳乎前，而好惡是非直但也。服人之口而已矣。使人乃以心服，而不敢蘁音悟，迕也。立，定天下之定。』惟不恃其才，使人心服，不敢與我相迕而立，而能定天下之定。已乎，已乎，吾且不得及彼乎？」如此之人，吾且不得如彼乎？此孔子謙詞，正「未之嘗言」之意。○或以此二句作莊子深服孔子語，似未妥。○使人深心服，乃能定天下之定，此正莊子針砭惠子語。

曾子再仕而心再化，一樂一悲，是再變也。曰：「吾及親仕，三釜祿少。而心樂；後仕，三千鍾祿多。不洎，不及奉親。吾心悲。」弟子問於仲尼曰：「若參者，可謂無所縣其罪乎？」不以祿少而改其樂，不以祿多而釋其悲，則其心全不係戀在祿上矣。不以祿之多少爲哀樂，可謂無係累之罪。曰：「既已縣矣。已係累於祿養。夫無所縣者，可以有哀乎？縣解者，哀樂不能入。彼視三釜三千鍾，如鸛雀蚊虻相過乎前也。」

顏成子遊謂東郭子綦曰：「自吾聞子之言，一年而野，朴野不知有禮法也。二年而從，順理而行，不知有修持也。三年而通，無畛域。四年而物，見道之真，如物之卓立於前也。五年而來，名理來皈。六年而鬼入，神來舍也。七年而天成，合自然也。八年而不知死、不知生，只重此句，下文詳言之。九年而大妙。」化不可知也，此卽不知死、不知生之化境也。無兩層。生有爲，死也。勸公，《莊子故》曰：「勸，當作『歡』。『公』字疑衍。言不知生死，則聽之而已。故生則有爲，未嘗謝絕人事；死則歡然受之，未嘗有所憂戚也。」○按，此二句必有錯誤。諸解皆欠妥，惟此尚屬明順，姑從之。以其死也，有自也；而生陽也，無自也。而「果然乎」？人皆以死爲有自而往，而不知始生之初，强陽之氣原無自而來。生既無自而來，則死亦未必有自而往，而「果然乎」詰問之詞，意以爲未必然也。**惡乎其所適，惡乎其所不適？**往也。○二句足上，正言其死無自往也。**天有歷數，地有人據，吾惡乎求之？**天雖有歷數，而何始何終，不可知也；地雖有人據，而東西南北何所止極，不可知也。而况於生死之渺茫無稽者哉？**莫知其所終，若之何其無命也？**若非命定，何以忽然而死？**莫知其所始，若之何其有命也？**然曰有命，則生我之初，便有命之生者，乃莫知其所始，又似無命。**有以相應也，若之何其無鬼也？**福善禍淫，似有鬼主之。○也，一作「邪」。下同。**無以相應也，若之何其有鬼也？**然善者未必福，淫者未必禍，又似無鬼主之。○鬼神、福善、禍淫，此處只就死生之事言之。

衆罔兩影外微陰。**問於景**同影。**曰：「若向也俯而今也仰，向也括**括髮。**而今也被髮，向也坐而今也起，向也行而今也止，何也？」景曰：「叟叟也，**影外微陰，每有數層，故疊稱之。**奚稍問也？**稍，當作「梢」，從木，樹杪也。言所問者，非其本也。**予有而不知其所以。**雖有俯仰云云，而非我所得主，故不自知其然。**予，蜩甲也，蛇蜕也，**隨附乎形，有如二物。蛇，一作「蟬」。**似之而非也。**疾轉。○蜩甲、蛇蜕，雖附於形，尚有其質。影則可見而不可執，故似之而實非也。**火與日，吾屯也；**得火、日之光，則影屯聚而顯。**陰與夜，吾代也。**陰、夜無光，則影滅，如代之休息然。○二句繪影有形。**彼，**指形。**吾所以待邪？而况乎以**猶又。**有待者乎？**謂形之運動待造化也。言影待形，則行止俯仰已不能主，况形之運動又不能自主而待造化，則我愈不能自主矣。加一倍寫來，妙，妙。**彼**形。**來則我與之來，彼往則我與之往，彼强陽則我與之强陽。强陽者又何以有問乎？」**强陽，謂不意其往來而忽焉往來，是無有中之有，不可爲定數，故無可置問也。此正與俯仰行止倏忽無定之問相應。○應前「不必問」意收。

陽子居南之沛，將見老子。**老聃西遊於秦，邀於郊，至於梁而遇老子。老子中道仰天而歎曰：「始以汝爲可教，今不可也。」陽子居不答。至舍，進盥漱巾櫛，脱屨户外，膝行而前，曰：「向者弟子欲請夫子，夫子行不閒，是以不敢。今閒矣，請問其故。」老子曰：「而睢睢**仰目。**盱盱，**張目。皆傲視貌。**而誰與居？**傲則人遠之。**大白若辱，**常若有汙。**盛德若不足。」**自謙晦也。**陽子居蹵然變容曰：「敬聞命矣。」其往也，舍者迎將，**送也。**其家公執席，妻執巾櫛，舍者避席，煬者避竈。其反也，舍者與之爭席矣。**

首節自發立言之例，其餘各節與《列禦寇〔一〕》篇皆隨手記録之文，與他篇首尾貫串者不同。東坡以此篇接《列禦寇》爲一篇，固是。但文義既不聯屬，合可也，分之亦可。東坡又曰：「凡分章名篇，皆出於世俗，非莊子本意。」但他篇篇有篇意，不可不分。惟此兩篇，乃零星記録耳。

〔一〕「寇」字原闕。

讓王

堯以天下讓許由，許由不受。又讓於子州支父，子州之父曰：「以我爲天子，猶之可也。雖然，我適有幽憂之病，方且治之，未暇治天下也。」夫天下至重也，而不以害其生，又況他物乎？唯無以天下爲者，可以託天下也。上文並無此意，此句突然添出。

舜讓天下於子州支伯，子州支伯曰：「予適有幽憂之病，方且治之，未暇治天下也。」故天下大器也，而不以易生，此有道者之所以異乎俗者也。二節有何分別？何煩重述？

舜以天下讓善卷，善卷曰：「予以立於宇宙之中，冬日衣皮毛，夏日衣葛絺。春耕種，形足以勞動；秋收斂，身足以休食。日出而作，日入而息，逍遥於天地之間，而心意自得。吾何以天下爲哉？悲夫，子之不知予也。」遂不受。於是去而入深山，莫知其處。

舜以天下讓其友石户之農，石户之農曰：「捲捲乎，用力貌。后之爲人，葆力猶勤力。之士也。」以舜之德爲未至也。於是夫負妻戴，攜子以入於海，終身不反也。

太王亶父居邠，狄人攻之，事之以皮幣而不受，事之以犬馬而不受，事之以珠玉而不受，「不受」字大，不如《孟子》「不得免」之切當。狄人之所求者土地也。太王亶父曰：

「與人之兄居而殺其弟，與人之父居而殺其子，吾不忍也。子皆勉居矣。爲吾臣，與爲狄人臣奚以異？且吾聞之，不以所用養土地。害所養。」人民。因杖策而去之。民相連而從之，遂成國於岐山之下。夫太王亶父可謂能尊生矣。能尊生者，雖富貴不以養傷身，雖貧賤不以利累形。上敘太王之事，並無尊生及傷身害形意。今世之人，居高官尊爵者，皆重失之，見利輕忘其身，豈不惑哉？

越人三世弒其君，王子搜患之，逃乎丹穴。《爾雅》曰：「南戴日爲丹穴」。而越國無君，求王子搜不得，從之丹穴。王子搜不肯出，越人熏之以艾。乘以王輿，王子搜援綏登車，仰天而呼曰：「君乎，君乎，獨不可以舍我乎？」王子搜非惡爲君也，惡爲君之患也。若王子搜者，可謂不以國傷生矣，此固越人之所欲得爲君也。

韓魏相與爭侵地。子華子見昭僖侯，韓君。昭僖侯有憂色。子華子曰：「今使天下下字疑衍。書銘猶契約。於君之前，書之言曰：『左手攫拏取。之則右手廢，右手攫之則左手廢。斷也。然而攫之者必有天下。』君能攫之乎？」昭僖侯曰：「寡人不攫也。」子華子曰：「甚善。自是觀之，兩臂重於天下也，身亦重於兩臂。韓之輕於天下亦遠矣，今之所爭者，其輕於韓又遠。君固愁身傷生以憂戚不得也。」唯恐失地。〇作不了語，妙。昭僖侯曰：「善哉，教寡人者衆矣，未嘗得聞此言也。」子華子可謂知輕重矣。此條可。

魯君聞顏闔得道之人也，使人以幣先焉。顏闔守陋閭，苴麻之有子者。布之衣，而自飯牛。魯君之使者至，顏闔自對之。使者曰：「此顏闔之家與？」顏闔對曰：「此闔之家也。」使者致幣，顏闔曰：「恐聽者謬而遺使者罪，不若審之。」使者還，反審之，復來求之，則不得已。已避去。故若顏闔者，真惡富貴也。故曰：道之真以治身，其緒餘以爲國家，其土苴以治天下。由此觀之，帝王之功，聖人之餘事也，非所以完身養生也。今世俗之君子，多危身棄生以殉物，豈不悲哉？凡聖人之動作也，必察其所以之與其所以爲。今且有人於此，以隋侯之珠所以如此。彈千仞之雀，所爲如此。世必笑之。是何也？則其所用者重而所要者輕也。夫生者豈特隋侯珠也。之重哉？

子列子窮，容貌有饑色。客有言之於鄭子陽鄭相。者，曰：「列禦寇，蓋有道之士也，居君之國而窮，君無乃爲不好士乎？」鄭子陽卽令官遺之粟。子列子見使者，再拜而辭。使者去，子列子入，其妻望之而拊心曰：「妾聞爲有道者之妻子，皆得佚樂，今有饑色。君過而遺先生食，先生不受，豈不命邪？」子列子笑，謂之曰：「君非自知我也。以人之言而遺我粟，至其罪我也，又且以人之言。此吾所以不受也。」其卒，民果作難而殺子陽。

楚昭王失國，屠羊説屠羊者，名説。走句。而從於昭王。昭王反國，將賞從者，及屠羊說。屠羊說曰：「大王失國，說失屠羊；大王反國，說亦反屠羊。臣之爵禄已復矣，又何賞之言？」王曰：「强之。」令使者强之也。屠羊說曰：「大王失國，非臣之罪，故不敢伏其誅；大王反國，非臣之功，故不敢當其賞。」王曰：「見之。」屠羊說曰：「楚國之法，必有重賞大功而後得見。今臣之知不足以存國，而勇不足以死寇。吴軍入郢，說畏難而避寇，非故隨大王也。今大王欲廢法毁約而見說，此非臣之所以聞於天下也。」王謂司馬子綦曰：「屠羊說居處卑賤，而陳義甚高。子其爲我延之以三旌之位。」《莊子故》引《廣雅》謂「天子旌高九仞，諸侯七仞，大夫五仞，士三仞。三旌，三仞之旌也」。宣解作「三公」，謂車服各有旌别，故曰三旌。又引司馬作「三珪」。俱存俟訂。屠羊說曰：「夫三旌之位，吾知其貴於屠羊之肆也；萬鍾之禄，吾知其富於屠羊之利也。然豈可以貪爵禄而使吾君有妄施之名乎？說不敢當，願復反吾屠羊之肆。」遂不受也。

原憲居魯，環堵之室，茨以生草，蓬户不完，桑以爲樞，而甕牖二室，褐以爲塞，句疑有誤字。上漏下溼，匡坐而弦。子貢乘大馬，中紺而表素，軒車不容巷，往見原憲。原憲華冠華山之冠。縰履，縰，本韜髮作髻者，以黑繒爲之，今曰縰履，蓋黑履也。古人重朱履，以黑履爲賤也。杖藜而應門。子貢曰：「嘻，先生何病？」原憲應之曰：「憲聞之，無財謂之貧，學而不能行謂之病。今憲，貧也，非病也。」子貢逡巡而有愧色。原憲笑曰：「夫希世而行，比周而友，學以爲人，教以爲己，仁義之慝，輿馬之飾，憲不忍爲也。」

曾子居衛，缊袍無表，顔色腫噲，虛浮也。手足胼胝。皮堅也。三日不舉火，十年不製衣，正冠而纓絶，捉衿而肘見，納屨而踵決。曳縰即縰履。而歌《商頌》，聲滿天地，若出金石。天子不得臣，諸侯不得友。故養志者忘形，養形者忘利，致道者忘心矣。

孔子謂顔回曰：「回，來。家貧居卑，胡不仕乎？」顔回對曰：「不願仕。回有郭外之田五十畝，足以給飦粥；郭内之田十畝，足以爲絲麻；鼓琴足以自娱，所學夫子之道者足以自樂也。回不願仕。」孔子愀然變容，曰：「善哉，回之意。丘聞之：『知足者，不以利自累也；審自得者，失之外物。而不懼；行修於内者，無位而不怍。』丘誦之久矣，今於回而後見之，是邱之得得人。也。」

中山公子牟謂瞻子曰：「身在江海之上，心居乎魏闕之下，奈何？」如之何其能忘情？瞻子曰：「重生。猶尊生。重生則利輕。」中山公子牟曰：「雖知之，未能自勝也。」瞻子曰：「不能自勝則從，神無惡乎？不能自勝而强不從者，此之謂重傷。重傷之人，無壽類矣。」言既不能自勝，不如且順之而勿强抑，强抑則内傷其神，神惡之矣。盍從夫神所無惡者乎？不勝一傷也，强抑再傷也，故曰重傷。魏牟，萬乘之公子也，其隱巖穴也，難爲於布衣之士。雖未至乎道，可謂有其意矣。

孔子窮於陳蔡之間，七日不火食，藜羹不糝，桑感切，米屑也。不糝，無米屑也。顏色甚憊，而弦歌於室。顏回擇菜，子路、子貢相與言曰：「夫子再逐於魯，削迹於衛，伐檀於宋，窮於商周，圍於陳蔡。殺夫子者無罪，藉凌轢。夫子者無禁。弦歌鼓琴，未嘗絕音，君子之無恥也若此乎？」何故以爲無恥？背謬極矣。顏回無以應，入告孔子。孔子推琴喟然而歎曰：「由與賜，細人也。召而來，吾語之。」子路、子貢入。子路曰：「如此者，可謂窮矣。」孔子曰：「是何言也？君子通於道之謂通，窮於道之謂窮。今丘抱仁義之道，以遭亂世之患，其何窮之爲？故內省而不窮於道，臨難而不失其德。天寒既至，霜雪既降，吾是以知松栢之茂也。陳蔡之隘，音厄。於丘其幸乎？」孔子削然孤高貌。反琴復鼓琴也。而弦歌，子路扢音訖。然奮舞貌。執干而舞。子貢曰：「吾不知天之高也，地之下也。」古之得道者，窮亦樂，通亦樂，所樂非窮通也。道德於此，有道德於此。則窮通爲寒暑風雨之序矣。故許由娛於潁陽，而共伯得自得。乎共首。司馬彪曰：「共伯名和，周厲王之難，諸侯皆請以爲天子。在位十四年，大旱屋焚，卜於太陽，兆曰：『厲王爲祟。』召公乃立宣王，共伯復歸於宗，逍遙得意於共山之首。」

舜以天下讓其友北人無擇，北人無擇曰：「異哉，后之爲人也。居於畎畝之中，而遊堯之門。不若是而已，又欲以其辱行漫污也。我。吾羞見之。」因自投清泠之淵。前子州支伯等不欲以天下而傷生，今乃讓天下，自沉淵而死，大是怪事。

湯將伐桀，因卞隨而謀，卞隨曰：「非吾事也。」湯曰：「孰可？」曰：「吾不知也。」湯又因瞀光而謀，瞀光曰：「非吾事也。」湯曰：「孰可？」曰：「吾不知也。」湯曰：「伊尹何如？」曰：「强力忍垢，吾不知其他也。」湯遂與伊尹謀伐桀，尅之。以讓卞隨，卞隨辭曰：「后之伐桀也謀乎我，必以我爲賊也；勝桀而讓我，必以我爲貪也。吾生乎亂世，而無道之人再來漫我以其辱行，吾不忍數聞也。」乃自投椆水而死。湯又讓瞀光曰：「知者謀之，武者遂之，仁者居之，古之道也。吾子胡不立乎？」瞀光辭曰：「廢上，非義也；殺民，非仁也；人犯其難，我享其利，非廉也。吾聞之曰：『非其義者，不受其禄；無道之世，不踐其土。』况尊我乎？吾不忍久見也。」乃負石而自沉於廬水。

昔周之興，有士二人處於孤竹，曰伯夷、叔齊。二人相謂曰：「吾聞西方有人，似有道者，試往觀焉。」至於岐陽，武王聞之，使叔旦往見之，與之盟曰：「加富二等，就官一列。」血牲而埋之。二人相視而笑曰：「嘻，異哉。此非吾所謂道也。昔者神農之有天下也，時祀盡敬而不祈喜；其於人也，忠信盡治而無求焉。樂與政爲政，樂與治爲治，不以人之壞自成也，不以人之卑自高也，不以遭時自利也。今周見殷之亂而遽爲政，修善政。上謀而下行貨，以爵禄誘天下。阻兵而保威，割牲而盟以爲信，揚行以説衆，殺伐以要利，是推亂以易暴也。吾聞古之士，遭治世不避其任，遇亂世不爲苟存。今天下闇，周德衰，其並音傍，近也。乎周以塗污也。吾身也，不如避之以潔吾行。」二子北至於首陽之山，遂餓而死焉。若伯夷、叔齊者，其於富貴也，苟可得已，則必不賴。高節戾厉也。行，獨樂其志，不事於世，此二士之節也。

以《讓王》四篇爲僞作，有目者識之。吾不服東坡之高見，而歎太史公之無識。

盜跖

孔子與柳下季爲友，柳下季之弟名曰盜跖。盜跖從卒九千人，橫行天下，侵暴諸侯，穴室樞户，一作「摳户」。摳，探也。言穴人之室，探人之户，以竊取財物。驅人牛馬，取人婦女，貪得忘親，不顧父母兄弟，不祭先祖。所過之邑，大國守城，小國入保，萬民苦〔一〕之。孔子謂柳下季曰：「夫爲人父者，必能詔其子；爲人兄者，必能教其弟。若父不能詔其子，兄不能教其弟，則無貴父子兄弟之親矣。今先生世之才士也，弟爲盜跖，爲天下害，而弗能教也，丘竊爲先生羞之。丘請爲先生往説之。」柳下季曰：「先生言爲人父者必能詔其子，爲人兄者必能教其弟。若子不聽父之詔，弟不受兄之教，雖今先生之辯，將奈之何哉？且跖之爲人也，心如涌泉，意如飄風，强足以拒敵，辯足以飾非，順其心則喜，逆其心則怒，易辱人以言。先生必無往。」孔子不聽，顔回爲御，子貢爲右，往見盜跖。盜跖乃方休卒徒太山之陽，膾人肝而餔之。孔子下車而前，見謁者曰：「魯人孔丘，聞將軍

〔一〕苦，原作「若」，據嘉靖十二年世德堂刻《六子全書·南華真經》本改。

高義，敬再拜謁者。」謁者入通。盜跖聞之，大怒，目如明星，髮上指冠，曰：「此夫魯國之巧僞人孔丘非邪？爲我告之：『爾作言造語，妄稱文武，冠枝木之冠，帶死牛之脅，多辭謬説，不耕而食，不織而衣，摇脣鼓舌，擅生是非，以迷天下之主，使天下學士不反其本，妄作孝弟，而儌倖於封侯富貴者也。子之罪大極重，疾走歸。不然，我將以子肝益晝餔之膳。』」孔子復通曰：「丘得幸於季，願望履幕下。」謁者復通。盜跖曰：「使來前。」孔子趨而進，避席反走，再拜盜跖。盜跖大怒，兩展其足，案劍瞋目，聲如乳虎，曰：「丘來前。若所言順吾意則生，逆吾心則死。」孔子曰：「丘聞之，凡天下有三德：生而長大，美好無雙，少長貴賤，見而皆説之，此上德也；知維天地，能辯諸物，此中德也；勇悍果敢，聚衆率兵，此下德也。凡人有此一德者，足以南面稱孤矣。今將軍兼此三者，身長八尺二寸，面目有光，脣如激丹，齒如齊貝，音中黄鐘，而名曰盜跖，丘竊爲將軍恥不取焉。將軍有意聽臣，臣請南使吴越，北使齊魯，東使宋衛，西使晉楚，使爲將軍造大城數百里，立數十萬户之邑，尊將軍爲諸侯，與天下更始，罷兵休卒，收養昆弟，共祭先祖。此聖人才士之行，而天下之願也。」盜跖大怒曰：「丘來前。夫可規以利而可諫以言者，皆愚陋恒民之謂耳。今長大美好，人見而説之者，此吾父母之遺德也。丘雖不吾譽，吾獨不自知邪？且吾聞之，好面譽人者，亦好背而毁之。今告我以大城衆民，是欲規我以利，而恆民畜我也，安可長久也？城之大者，莫大乎天下矣。堯舜有天下，子孫無置錐之地；湯武立爲天子，而後世絶滅。非以其利大故邪？且吾聞之，古者禽獸多而人民少，於是民皆巢居以避之，晝拾橡栗，暮棲木上，故命之曰有巢氏之民。古者民不知衣服，夏多積薪，冬則煬之，故命之曰知生之民。神農之世，臥則居居，起則于于，民知其母，不知其父，與麋鹿共處，耕而食，織而衣，無有相害之心，此至德之隆也。然而黃帝不能致德，與蚩尤戰於涿鹿之野，流血百里。堯舜作，立群臣，湯放其主，武王殺紂。自是之後，以强淩弱，以衆暴寡。湯武以來，皆亂人之徒也。今子修文武之道，掌天下之辯，以教後世，縫衣淺帶，矯言僞行，以迷惑天下之主，而欲求富貴焉。盜莫大於子，天下何故不謂子爲盜丘，而乃謂我爲盜跖？子以甘辭説子路而使從之，使子路去其危冠，解其長劍，而受教於子，天下皆曰孔丘能止暴禁非。其卒之之字衍。也，子路欲殺衛君，而事不成，身菹於衛東門之上，是子教之不至也。子自謂才士聖人邪？則再逐於魯，削跡於衛，窮於齊，圍於陳蔡，不容身於天下。子教子路菹此患，上無以爲身，下無以爲人。子之道豈足貴邪？世之所高，莫若黃帝。黃帝尚不能全德，而戰涿鹿之野，流血百里。堯不慈，舜不孝，禹偏枯，湯放其主，武王伐紂，文王拘羑里。此六子者，世之所高也，孰同熟。論之，皆以利惑其真而强反其情性，其行乃甚可羞也。世之所謂賢士，伯夷叔齊，辭孤竹之君，而餓死於首陽之山，骨肉不葬。鮑焦飾行非世，抱木而死。申徒狄諫而不聽，負石自投於河，爲魚鱉所食。介子推至忠也，自割其股以食文公，文公後背之，子推怒而去，抱木而燔死。尾生與女子期於梁下，女子不來，水至不去，抱梁柱而死。此四者，一作「此六子者」。無異於磔犬流豕、操瓢而乞者，皆離名輕死，不念本養壽命者也。世所謂忠臣者，莫若王子比干、伍子胥。子胥沉江，比干剖心，此二子者，世謂忠臣也，然卒爲天下笑。自上觀之，至於子胥比干，皆不足貴也。丘之所以説我者，若告我以鬼事，則我不能知也；若告我以人事者，不過此矣，皆吾所聞知也。今吾告子以人之情：目欲視色，耳欲聽聲，口欲察味，志氣欲盈。人上壽百歲，中壽八十，下壽六十，除病瘦死喪憂患，其中開口而笑者，一月之中不過四五日而已矣。天與地無窮，人死者有時，操有時之具而托於無窮之間，忽然無異騏驥之馳過隙也。不能説其志意，養其壽命者，皆非通道者也。丘之所言，皆吾之所棄也。亟去走歸，無復言之。子之道，狂狂汲汲，詐巧虛僞事也，非可以全真也，奚足論哉？」孔子再拜趨走，出門上車，執轡三失，目芒然無見，色若死灰，據軾低頭，不能出氣。歸到魯東門外，適遇柳下季。柳下季曰：「今者闕然數日不見，車馬有行色，得微無也。往見跖邪？」孔子仰天而歎曰：「然。」柳下季曰：「跖得無逆汝意若前乎？」孔子曰：「然。丘所謂無病而自灸也。疾走料虎頭，編虎須，幾不免虎口哉。」偽作四篇，固無可取，而此篇更醜拙不堪，不及稗史之下者。以此擬莊，可謂全無心肝。

子張問於滿苟得曰：「盍不爲行？修行也。無行則不信，不信則不任，人不倚仗。不任則不利。故觀之名，計之利，而義真是也。若棄名利，反之於心，則夫士之爲行，不可一日不爲乎？」滿苟得曰：「無恥者富，多信者顯。夫名利之大者，幾在無恥而信。故觀之名，計之利，而信真是也。若棄名利，反之於心，則夫士之爲行，抱其天乎？」止守其天而淡泊自甘也。子張曰：「昔者桀紂貴爲天子，富有天下，今謂臧聚臧獲相聚之衆也。曰『汝行如桀紂』，則有怍色，有不服之心者，小人所賤也。仲尼、墨翟，窮爲匹夫，今謂宰相曰『子行如仲尼、墨翟』，則變容易色，稱不足者，猶云不敢當。士誠貴也。故勢爲天子，未必貴也；窮爲匹夫，未必賤也。貴賤之分，在行之美惡。」滿苟得曰：「小盜者拘，大盜者爲諸侯，諸侯之門，義士存焉。昔者桓公小白殺兄入收也。嫂，而管仲爲臣；田成子常殺君竊國，而孔子受幣。二事皆証「義士存」也。或欲依《史記》作「仁義存」，雖佳而非本文意矣。論則賤之，行則下之，則是言行之情，悖戰於胸中也，不亦拂乎？故《書》曰：『孰惡孰美，成者爲首，不成者爲尾。』」苟得言。徇利未必無名。子張曰：「子不爲行，卽將疏戚無倫，貴賤無義，長幼無序。五紀六位，將何以爲別乎？」子張言：行不修則無倫無義。滿苟得曰：「堯殺長子，舜流母弟，疏戚有倫乎？湯放桀，武王殺紂，貴賤有義乎？王季爲適，周公殺兄，長幼有序乎？儒者僞辭，墨翟兼愛，五紀六位，將有別乎？且子正爲名，我正爲利。名利之實，不順於理，不監於道。苟得言。修行者何嘗有倫有義？故子爲名，不必順理合道；我爲利，亦何必順理合道也？吾日與子訟於無約，以下無約言。曰：『小人殉財，君子殉名。其所以變其情、易其性，則異矣；乃至於棄其所爲，所當爲。而殉其所不爲，不當爲。則一也。』故曰：無爲小人，反殉而天；無爲君子，殉天之理。不爲小人，不爲君子，惟從天理而已。若枉若直，相而天極；不論枉直，惟順夫天理之極至。面觀四方，與時消息。若是若非，執而圓機；獨成而意，與道徘徊。無轉回邪意。而行，無成有心意。而義，將失而所爲。無赴而富，無殉而成，將棄而天。比干剖心，子胥抉眼，忠之禍也；直躬證父，尾生溺死，信之患也；鮑子立乾，《韓詩外傳》曰：「鮑焦，周時隱者。飾行非世，廉潔而守，荷擔採樵，拾橡充食，不臣天子，不友諸侯。子貢謂之曰：『吾聞非其政者不履其地，汙其君者不受其利。今履其地，受其利，可乎？』鮑焦曰：『吾聞賢人易愧而輕死。』遂抱木立枯焉。」勝子勝作申，申生也。不自理，廉之害也；孔子不見母，當作「父」，不知父墓也。見《檀弓》。匡子不見父，當作「母」，不知更葬其母也。見《戰國策》。義之失也。此上世之所傳，下世之所語，以爲士者正其言，必其行，卽必信必果意。故服其殃、離罹。其患也。」子張堂堂務外，故借其名。滿苟得，託名，言苟得而滿其欲也。無約，託名，無拘約而聽於自然之道也。無約言殉利固非，殉名亦非，止當順乎天道之自然也。

無足問於知和曰：「人卒未有不興名就利者。彼富則人歸之，歸則下之，下則貴之。夫見下貴者，見人之下我、貴我者，富人也。所以長生安體樂意之道也。今子獨無意焉，知不足邪？意知而力不能行邪？故推正不忘邪？」有意推崇正道，而心仍不忘富貴邪？知和曰：「今夫此人，指富者。以爲與己同時而生，同鄉而處者，指貴我、下我之人。以我爲夫絶俗過世之士焉，是專無主正，當作「非」。所以覽古今之時，是非之分也，與俗化世，去至重，棄至尊，以爲其所爲也。富者以「此等下我貴我之人，皆以我爲絶俗過世之士」，於是專擅自大，而實則心無主宰，不識古今之時、是非之分；徒知今世之以富爲是，同乎俗，化乎世，純是一片勢利俗情，不知有性分之至重至尊者存，而但爲世俗之所爲。此其所以論長生安體樂意之道，不亦遠乎？慘怛之疾，恬愉之安，不監於體；怵惕之恐，忻懽之喜，不監於心。監，觀也。不以吾身吾心監觀之也。知爲爲，而不知所以爲。是以貴爲天子，富有天下，而不免於患也。」無足曰：「夫富之於人，無所不利，窮美究勢，窮極其美，究極其勢。至人之所不得逮，聖人之所不能及，俠當作「挾」。人之勇力而以爲威强，秉人之知謀以爲明察，因人之德以爲賢良，非享國而嚴若君父。且夫聲色滋味權勢之於人，心不待學而樂之，體不待象而安之。夫欲惡避就，固不待師，此人之性也。天下雖非我，孰能辭之？」知和曰：

「知者之爲，故動以百姓，五字衍。不違其度，是以足而不爭，無以爲，以，用也。足則餘無可用。故不求。此求之在外者。不足，故求之，若在内而有不足，則求之。爭四處，不特求，且四處而爭之。而不自以爲貪；此求在内者也。有餘故辭之，棄天下而不自以爲廉。廉貪之實，非以迫外也，非迫於公論之是非也。反監之度。乃内反而監以本然之度耳。勢爲天子，而不以貴驕人；富有天下，而不以財戲人。計其患，慮其反，悖出也。以爲害於性，故辭而不受也，非以要名譽也。堯舜爲帝而雍，時雍。非仁天下也，不以美害生也；善卷、許由得帝而不受，非虚辭讓也，不以事害己也。此皆就其利，辭其害，而天下稱賢焉，則可以有之，彼非以興名譽也。」無足曰：「必持其名，苦體絶甘，約養以持生，則亦久病長阨而不死者也。」知和曰：「平爲福，有餘爲害者，物莫不然，而財其甚者也。今富人耳營鐘鼓管籥之聲，口嗛於芻豢醪醴之味，以感其意，遺忘其業，可謂亂矣；侅逆於憑氣，楊慎曰：「飲食之咽爲侅。」○按，此則是言其飲食之咽爲憑氣所溺也。一本「逆」作「溺」。○憑，恃也。呂吉甫曰：「憑恃多資，氣驕滿也。」若負重行而上登高。也，可謂苦矣；貪財而取慰，貪權而取竭，靜居則溺，汩没。體澤則馮，音憤，滿脹也。可謂疾矣；爲欲富就利，故滿若堵蓄積之象。耳耳，語助辭。而不知避，且馮而不舍，恃以自雄。可謂辱矣；財積而無用，服膺而不舍，滿心戚醮，同焦。求益而不止，可謂憂矣；内則疑刦請之賊，刦請之賊，以威力刦制之而請貸，不異於强取也。與寇盜不同。外則畏寇盜之害，内周樓疏，周備其樓櫓。疏，牕也。外不敢獨行，可謂畏矣。此六者，天下之至害也，皆遺忘而不知察。及其患至，求盡性竭性，生也。生竭，謂死也。財單，以反一日之無故而不可得也。故觀之名則不見，求之利則不得，繚意絶體而爭此，不亦惑乎？」

説劍

昔趙文王喜劍，劍士夾門而客三千餘人，日夜相擊於前，死傷者歲百餘人，好之不厭。如是三年，國衰，諸侯謀之。太子悝患之，募左右曰：「孰能説悦。王之意止劍士者，賜之千金。」左右曰：「莊子當能。」太子乃使人以千金奉莊子。莊子弗受，與使者俱往見太子曰：「太子何以教周，賜周千金？」太子曰：「聞夫子明聖，謹奉千金以幣從者。夫子弗受，悝尚何敢言？」莊子曰：「聞太子所欲用周者，欲絶王之喜好也。使臣上説稅。大王而逆王意，下不當太子，則身刑而死，周尚安所事金乎？使臣上説悦。大王，下當太子，趙國何求而不得也？」太子曰：「然。吾王所見，惟劍士也。」莊子曰：「諾。周善爲劍。」太子曰：「然吾王所見劍士，皆蓬頭突鬢不裹頭，鬢髪皆突然上指。垂冠，曼胡之纓，粗纓無文理也。短後之衣，瞋目而語難，王乃説之。今夫子必儒服而見王，事必大逆。」莊子曰：「請治劍服。」治劍服三日，乃見太子。太子乃與見王，王脱白刃待之。莊子入殿門不趨，見王不拜。王曰：「子欲何以教寡人，使太子先？」曰：「臣聞大王喜劍，故以劍見王。」王曰：「子之劍何能禁制？」曰：「臣之劍十步一人，千里不留行。」

王大說，曰：「天下無敵矣。」莊子曰：「夫爲劍者，示之以虛，能而示之以不能也。開之以利，後之以發，先之以至。願得試之。」王曰：「夫子休，就舍待命，令設戲請夫子。」王乃校劍士七日，死傷者六十餘人，得五六人，使奉劍於殿下，乃召莊子。曰：「今日試使士敦音堆，治也。劍。」莊子曰：「望之久矣。」王曰：「夫子所御杖，長短何如？」曰：「臣之所奉皆可。然臣有三劍，惟王所用，請先言而後試。」王曰：「願聞三劍。」曰：「有天子劍，有諸侯劍，有庶人劍。」王曰：「天子之劍何如？」曰：「天子之劍，以燕谿石城爲鋒，尖。齊岱爲鍔，刃。晉魏爲脊，周宋爲鐔，音尋，劍鼻入把處。韓魏爲鋏，把。包以四夷，裹以四時，繞以渤海，帶以常山；九句言其體之大。制以五行，論以刑德，開以陰陽，持以春夏，行以秋冬。五句言其製之精。此劍，直之無前，舉之無上，案之無下，運之無旁，上決浮雲，下絕地紀。六句言其用之神。此劍一用，匡諸侯，天下服矣。三句言其效之隆。此天子之劍也。」文王芒然自失，曰：「諸侯之劍何如？」曰：「諸侯之劍，以知勇士爲鋒，以清廉士爲鍔，以賢良士爲脊，以忠聖士爲鐔，以豪傑士爲鋏。此劍，直之亦無前，舉之亦無上，案之亦無下，運之亦無旁；上法圓天以順三光，下法方地以順四時，中和民意以安四鄉。此劍一用，如雷霆之震也，四封之內，無不賓服而聽從君命者矣。此諸侯之劍也。」王曰：「庶人之劍何如？」曰：「庶人之劍，蓬頭突鬢垂冠，曼胡之纓，短後之衣，瞋目而語難。相擊於前，上斬頸領，下決肺肝。此庶人之劍，無異於鬭雞，一旦命已絶矣，無所用於國事。今大王有天子之位，而好庶人之劍，臣竊爲大王薄之。」王乃牽而上殿，宰人上食，王三環之。自巡視也。莊子曰：「大王安坐定氣，劍事已畢奏矣。」於是文王不出宫三月，劍士皆服斃其處也。言其忿不見禮，皆自殺也。

漁父

孔子遊乎緇帷林名。之林，休坐乎杏壇之上。按，《莊子》一書，寓言十九，則「緇帷」、「杏壇」原是無何有之鄉，況杏壇在緇帷之林，而世認真以爲孔子函丈之地，亦可怪已。弟子讀書，孔子絃歌鼓琴。奏曲未半，有漁父者，下船而來，鬚眉交白，披發揄袂，行原以上，距陸而止，左手據膝，右手持頤以聽。曲終，而招子貢、子路二人俱對。客漁父。指孔子曰：「彼何爲者也？」子路對曰：「魯之君子也。」客問其族。子路對曰：「族孔氏。」客曰：「孔氏者何治也？」子路未應，子貢對曰：「孔氏者，性服忠信，身行仁義，飾禮樂，選人倫。上以忠於世主，下以化於齊民，將以利天下。此孔氏之所治也。」又問曰：「有土之君與？」子貢曰：「非也。」「侯王之佐與？」子貢曰：「非也。」客乃笑而還，行言且行且言。曰：「仁則仁矣，恐不免其身，苦心勞形以危其真。嗚呼，遠哉。其分離也。於道也。」子貢還，報孔子。孔子推琴而起，曰：「其聖人與？」乃下求之，至於澤畔，方將杖拏而引其船，杖，篙櫂之類。杖拏，倒字法，言以手拏其杖而刺船也。下「拏音」，則刺船之音也。顧見孔子，還鄉而立。孔子反走，却行也。再拜而進。客曰：「子將何求？」孔子曰：

「曩者先生有緒言發端之言。而去，丘不肖，未知所謂，竊待一作「侍」。於下風，幸聞咳唾之音，以卒相丘也。」客曰：「噫，甚矣，子之好學也。」孔子再拜而起，曰：「丘少而修學，以至於今，六十九歲矣，無所得聞至教，敢不虛心？」客曰：「同類相從，同聲相應，固天地之理也。吾請釋吾之所有，而經子之所以。子之所以者，人事也。天子諸侯大夫庶人，此四者自正，治之美也，四者離位相侵。而亂莫大焉。官治其職，人憂其事，乃無所陵。故田荒室露，衣食不足，徵賦不屬，妻妾不和，長少無序，庶人之憂也；能不勝任，官事不治，行不清白，群下荒怠，功美不有，爵禄不持，大夫之憂也；廷無忠臣，國家昏亂，工技不巧，貢職不美，春秋後倫，朝覲失序。不順天子，諸侯之憂也；陰陽不和，寒暑不時，以傷庶物，諸侯暴亂，擅相攘伐，以殘民人，禮樂不節，財用窮匱，人倫不飭，百姓淫亂，天子有司之憂也。今子既上無君侯有司之勢，而下無大臣職事之官，而擅飾照上文，疑當作「飭」，筆誤耳。禮樂，選人倫，以化齊民，不泰多事乎？且人有八疵，事有四患，不可不察也。非其事而事之，謂之總；猶俗言包攬。莫之顧而進言。之，謂之佞；希意道同導。言，謂之諂；不擇是非而言，謂之諛；好言人之惡，謂之讒；析交離親，謂之賊；稱譽詐僞譽不當。以敗惡人，毀不當。謂之慝；不擇善否，兩容頰適，善否皆容之，而以顏色娛人。頰，一作「顏」。偷拔其所欲，潛窺人心中之所欲，而引拔之使長。謂之險。此八疵者，外以亂人，内以傷身，君子不友，明君不臣。所謂四患者：好經經理。大事，變更易常，以挂功名，謂之叨；專知擅事，侵人自用，謂之貪；見過不更，聞諫愈甚，謂之很；人同於己則可，不同於己，雖善不善，謂之矜。此四患也。能去八疵，無行四患，而始可教已。孔子愀然而歎，再拜而起，曰：「丘再逐於魯，削迹於衛，伐樹於宋，圍於陳蔡。丘不知所失，而離同罹。此四謗者何也？」客悽然變容曰：「甚矣，子之難悟也。人有畏影惡迹而去之走者，舉足愈數而跡愈多，走愈疾而影不離身，自以爲尚遲，疾走不休，絶力而死。不知處陰以休影，處靜以息跡，愚亦甚矣。子審仁義之間，察同異之際，觀動靜之變，適受與之度，理好惡之情，和喜怒之節，而幾於不免矣。謹修而身，慎守其真，還以物與人，因物付物。則無所累矣。今不修之身而求之人，不亦外乎？」孔子愀然曰：「請問何謂真？」客曰：「真者，精誠之至也。不精不誠，不能動人。故强哭者，雖悲不哀；强怒者，雖嚴不威；强親者，相笑不和。真悲無聲而哀，真怒未發而威，真親未笑而和。真在内者，神動於外，是所以貴真也。其用於人理也，事親則慈孝，事君則忠貞，飲酒則歡樂，處喪則悲哀。忠貞以功爲主，飲酒以樂爲主，處喪以哀爲主，事親以適爲主，功成之美，無一其迹矣。事親以適，不論所以矣；飲酒以樂，不選其具矣；處喪以哀，無問其禮矣。禮者，世俗之所爲也；真者，所以受於天也，自然不可易也。故聖人法天貴真，不拘於俗。愚者反此。不能法天而恤於人，以不合於人爲憂。不知貴真，禄禄同碌。而受變於俗，故不足。惜哉，子之早湛同沉。於人僞而晚聞大道也。」孔子又再拜而起曰：「今者丘得遇也，若天幸然。先生不羞而比之服役，僕役。而身教之。敢問舍所在，請因受業而卒學大道。」客曰：「吾聞之，可與往者與之，至於妙道；不可與往者，不知其道，慎勿與之，身乃無咎。子勉之。吾去子矣，吾去子矣。」乃刺船而去，延緣葦間。顔淵還車，子路授綏，孔子不顧，待水波定，不聞拏音而後敢乘。子路旁車而問曰：「由得爲役久矣，未嘗見夫子遇人如此其威〔一〕敬畏。也。萬乘之主，千乘之君，見夫子未嘗不分庭伉禮，夫子猶有倨傲之容。今漁父杖拏逆立，而夫子曲要同腰。磬折，再拜而應，得無太甚乎？門人皆怪夫子矣，漁父何以得此乎？」孔子伏軾而歎，曰：「甚矣，由之難化也。湛浸潤。於禮義者有間矣，言已久。而樸鄙之心至今未去。進，吾語汝。夫遇長不敬，失禮也；見賢不尊，不仁也。彼非至仁，不能下人。下人不精，不以精誠。不得其真，故長傷身。惜哉，不仁之於人也，禍莫大焉，而由獨擅之。且道者，萬物之所由也。庶物失之者死，得之者生；爲事逆之則敗，順之則成。故道之所在，聖人尊之。今漁父之於道，可謂有矣，吾敢不敬乎？」

〔一〕威，原作「戚」，據嘉靖十二年世德堂刻《六子全書·南華真經》本改。

列禦寇

列禦寇之齊，中道而反，遇伯昏瞀人，曰：「何方猶何故。而反？」曰：「吾驚焉。」曰：「惡乎驚？」曰：「吾嘗食於十𩟄，同漿。而五𩟄先饋。」言吾往食於賣漿者凡十家，而五家皆不待沽而先以漿饋，蓋敬之也。伯昏瞀人曰：「若是，則汝何爲驚已？」曰：「夫内誠不解，形諜成光，内之誠心，積而不解，外面之形即偵探而洩之，以成光儀於外。諜者，偵彼事而洩之於此者也。奇句。以外鎮服。人心，使人輕易也。乎貴老，使人輕易貴者老者，而獨敬己之有德也。而𩐋其所患。𩐋音躋，釀也。蓋𩐋乃菹菜肉之通稱，蘊菜成菹，有釀意。言炫燿如此，乃釀禍之本也。夫𩟄人特爲食羹之貨，多餘之贏，《列子》「多」上有「無」字，宜從之。其爲利也薄，其爲權也輕，而猶若是，而況於萬乘之主乎？身勞於國而知盡於事，二句言萬乘之主。彼將任我以事，而效我以功，彼將厭勞而盡委其責於我，所謂「𩐋其所患」也。吾是以驚。」伯昏瞀人曰：「善哉，觀乎。汝處已，人將保汝矣。」「善哉」句，贊其反觀内省。然處己僅如此而不復求進，則人將附汝而不能却也。無幾何而往，則户外之屨滿矣。「保汝」之言果驗。伯昏瞀人北面而立，敦豎也。杖蹙之乎頤，豎杖抵頤。立有間，不言而出。賓者同擯。以告列子，列子提屨，跣而走，暨乎門，曰：「先生既來，曾不發藥乎？」曰：「已矣，吾固告汝曰『人將保汝』，果保汝矣。非汝能使人保汝，而汝不能使人無保汝也，而焉用之焉用人之保汝爲哉？感豫出異也？必且有感，搖而本性，又無謂也。言感人歡心，是自爲表異，已不可矣。況欲感人，且必有感動於己，而搖其本性，更屬無謂。與汝遊者，又莫汝告叶谷。也，彼所小言，盡人毒也。莫覺莫悟，何相孰同熟。也？孰，如《史·張騫傳》「使者率多进孰于天子」之「孰」，註：「美言如成熟也。」」○此等人莫有覺悟爾者，何故與之習熟也？巧者勞而知者憂，無能者無所求，飽食而遨遊，汎若不系之舟，虛而遨遊者也。」此則與列子以藥也，歸結在一「虛」字。○用韻語趣甚。

鄭人緩人名。也，呻吟誦讀吟哦。裘氏之地。祇三年而緩爲儒，成爲儒者。河潤九里，澤及三族，喻學成而足以及人也。使其弟墨。使其弟學墨之道。儒墨相與辨，其父助翟。弟習墨翟之教，故曰助翟，非其弟名翟也。十年而緩自殺。其父夢之曰：「使而子爲墨者，予也。闔胡皆何也，二字疑有一衍。或曰，夢中重疊之語，亦佳。嘗視其良？既爲秋柏之實矣。」言弟本來未有好處，因我使之墨，今已成材矣。蓋自贊其功，與下「不報其人」二句正相反。夫造物者之報人也，不報其人而報其人之天，彼故使彼。以下莊子之言。報者，學而卽成，若天報之也。言造物者之報人，不是其人爲此事，便報以成功，乃其人本性如是，故學而卽成耳。「彼故使彼」句，申明上意。彼有如是之天，乃使之成彼之業。然則緩弟之學墨而成墨，乃天性自宜墨耳，非緩之人力所能爲也。**夫人**指緩。**以己爲有以異於人，以賤其親，**緩以己能成就其弟，而輕賤其父。**齊人**齊民也，莫誤作齊國之人。**之井飲者相捽也。**譬如齊人穿井得泉，據爲己功，而與他人之汲井者相爭捽，而不知泉之出於天也。**故曰：今之世皆緩也。**皆貪天功以爲己有。**自是，**二字總承上文，言由是言之也。**有德者以**「已」通。**不知也，而況有道者乎？**此二句應在「彼故使彼」之下、「夫人」之上，蓋由其「不報其人而報其人之天」言之，則凡稍有一得者，已不能測其能然之故，況有道者乎？言皆出於天之自然也。**古者謂之遁天之刑。**此句應接「皆緩也」句下。以不可知者爲己功，是遁天而自賊也。**聖人安其所安，**以下泛説。○其所安，自然之性也。凡事皆順其自然。**不安其所不安；**人爲。**衆人安其所不安，不安其所安。**

莊子曰：「知道易，勿言難。知而不言，所以之天也；與天爲徒。**知而言之，所以之人也。**與人爲徒。**古之人，天而不人。」**

朱泙漫人名。**學屠龍於支離益，**人名。**單**同殫。**千金之家，三年技成而無所用其巧。**此言君子不貴絶藝，而貴中庸之道。

聖人以必不必，故無兵；以理之可必者，而猶居以不必之心，則爭無由起。兵者，所以爭也。**衆人以不必必之，故多兵。**以理之未必然者，而以偏見必之，則乖爭起矣。**順於兵，故行有求。**

徇於兵爭，故動則求濟所欲。兵，恃之則亡。然兵不可恃也。

小夫之知，不離苞苴竿牘，裹曰苞，藉曰苴。《詩》箋：「以果實相遺者，必苞苴之。」竿牘者，以竹簡爲書，相問餽也。○喻所見粗淺。敝精神乎蹇淺，此以水喻。水之淺者，舟楫澀滯也。而欲兼濟通也。因以水喻，故用「濟」字。道物，太一形虛。小夫之知如此，乃欲兼通乎道之伭、物之故，以達於太一之虛也。若是者，迷惑於宇宙，形累不知太初。如是，則迷惑於宇宙之間，何能兼濟道物？爲形所累，不知太初之本無，何能達於太一形虛邪？太一，即太初也。彼至人者，歸精神與敝精神相反。乎無始，無始，即未始有始，比之太一太初，猶有進也。而甘冥猶酣睡也。乎無何有之鄉。無始是也。水流乎無形，發泄乎太清。至其遊於世也，如水之流於無形，如氣之發於太虛。悲哉乎，汝爲句。○所爲。指苞苴竿牘也。知在毫芒而不知大寧。

宋人有曹商者，爲宋王使秦。其往也，得車數乘；王秦王。說之，益車百乘。反於宋，見莊子，曰：「夫處窮閭阨巷，困窘織屨，槁項黃馘面也。者，商之所短也；一悟萬乘之主，而從車百乘者，商之所長也。」莊子曰：「秦王有病召醫，破癰潰痤者得車一乘，舐痔者得車五乘，所治愈下，得車愈多。子豈治其痔邪？何得車之多也？子行矣。」僞筆無疑。

魯哀公問於顏闔曰：「吾以仲尼爲貞同楨。幹，國其有瘳乎？」曰：「殆哉，圾同岌，危也。乎。仲尼方將飾羽而畫，羽有自然之文彩，飾而畫之則務人巧。從事華辭，以支枝葉之詞。爲旨，忍性矯性。以視示同。民而不知不信，不自知其無實。受乎心，宰乎神，夫何足以上民？言其學執着於胸中，而不能與人相忘，豈足以居民之上？彼仲尼。宜汝與？與汝相宜乎？予頤與？予之養民與？誤而可矣。出於誤則可，若認真，恐非宜矣。今使民離實學僞，非所以視同示。民也，爲後世慮，不若休之。勿用也。恐其江河日下，愈趨愈遠矣。難治也。」施於人而不忘，非天布也。普被萬物而無心者，天之布濩也。施於人而不忘，則不同矣。商賈不齒，雖以事齒之，神者弗齒。施而不忘，是商賈之行也。古者商賈不與士齒，雖偶以事故相齒，而人之神終不樂。言不欲與之齒也。爲外刑者，金與木也；爲內刑者，動與過也。宵小。人之離外刑者，離同罹。金木訊之；離內刑者，陰陽食之。夫免乎外內之刑者，唯真人能之。

孔子曰：「凡人心險於山川，難於知天。天猶有春秋冬夏旦暮之期，人者厚貌深情。故有貌愿而益，貌謹愿而志在利益。有長若不肖，貌若有所長，中實不肖。有順同慎。懁而當作「而懁」。達，仝撻。貌似謹慎，而實輕懁佻達。有堅而縵，貌堅剛而內緩慢。有緩而釬。音汗，急也。貌寬緩而內急。故其就義若渴者，其去義若熱。故君子遠使之而觀其忠，遠則易欺。近使之而觀其敬，近則易狎。煩使之而觀其能，煩則難理。卒然問焉而觀其知，卒則難辨。急與之期而觀其信，急則難踐。委之以財而觀其仁，財易起貪。告之以危而觀其節，危易改節。醉之以酒而觀其則，醉易亂度。雜之以處而觀其色。雜處易淫。九徵至，不肖人得矣。」

正考父一命而傴，背曲。再命而僂，腰曲。三命而俯，身伏向地。循牆而走，孰敢不軌？取爲軌則。如而夫彼人。者，一命而呂鉅，呂、旅、朐同。昔太嶽爲禹心呂之臣。《説文》：「呂，脊骨也。」於六書爲象形。蓋呂有强健之義。鉅，大也。呂鉅也者，强大之謂也。再命而於車上儛，輕狂得意也。三命而名諸父，呼伯叔之名，驕極也。孰協唐許？唐之許由也，天下猶讓不受，豈一命、再命、三命之榮貴而驕縱哉？○俱用韻語，妙。賊莫大乎德有心而心有睫，德而有心已非自然，心中又鑿多竅，如有睫然，賊何如之？及其有睫也而内視，内視而敗矣。既有睫，則方寸之内伺察有多端，紛紜害道矣。凶德有五，耳目口鼻心。中德心也。爲首。何謂中德？中德也者，有以自好也，而吡音彼，訾也。其所不爲者也。心有偏好，則訾夫他人之不同爲者。窮有八極，甚也。達有三必，一定也。形有六府。猶藏也。美髯長大壯麗勇敢，八者俱過人也，因以是窮。自恃故也。緣循、不能自行意。偃佒、不能自立意。困畏，不敢自矜意。不若人，總言上三者，與上「過人」對，或單頂「困畏」。三者俱通達。不自足故也。知慧外通，外通者，馳心於外，反傷其内也。勇動多怨，仁義多責。三者，府之不好者。達生之性者傀，傀偉。達於知者肖；踐行惟肖，達知，則知人知天，而與天相肖。達大命者隨，順天。達小命者遭。

安遇。〇遭，猶有委於命之意，隨則無容心矣。然兩句只算一件，不用分優劣。〇三者，府之好者。

人有見宋王者，錫車十乘，以其十乘驕穉莊子。驕而穉視莊子也。莊子曰：「河上有家貧恃緯織也。蕭荻蒿。而食者，其子没於淵，得千金之珠。其父謂其子曰：『取石來鍛捶也。之。夫千金之珠，必在九重之淵而驪龍頷下。子能得珠者，必遭其睡也。使驪龍而寤，子尚奚微之有哉？』言殘食無遺也。今宋國之深，「深」字從九重之淵來，然用於宋國無謂。非直九重之淵也；宋王之猛，非直驪龍也。子能得車者，必遭其睡也。使宋王而寤，子爲韲粉碎也。矣。」平淺，非莊筆。

或聘於莊子。莊子應其使曰：「子見夫犧牛乎？衣以文繡，食以芻菽，及其牽而入於太廟，雖欲爲孤犢，其可得乎？」亦是僞筆。

莊子將死，弟子欲厚葬之。莊子曰：「吾以天地爲棺槨，以日月爲連璧，星辰爲珠璣，萬物爲齎送。吾葬具豈不備邪？何以加此？」弟子曰：「吾恐烏鳶之食夫子也。」莊子曰：「在上爲烏鳶食，在下爲螻蟻食，奪彼與此，何其偏也？」此節不至醜拙，然亦平平耳。

以不平平，其平也不平；以不平之心平物，則其平也强使之耳，終不平也。以不徵應也。徵，其徵也不徵。以無可使人應我之具，而强之應我，則其應也非其誠心，終不應也。明者指任智之人。**唯爲之使，**唯用智術以使人之應我，而未必能也。**神者徵之。**唯以精神相感召，乃能無所往而不應。**夫明之不勝神也久矣，而愚者**任智者，乃愚者也。**恃其所見**用其智以使人。**入於人，**溺於人事，神則任天矣。**其功外也，**用力逐外也，神則以心相感矣。**不亦悲夫？**

天下

天下之治方術者多矣，皆以其有所學。**爲不可加矣。**先從方術領起，次另提道術。**古之所謂道術者，果惡乎在？**問。**曰：「無乎不在。」**答。○伏下五段。**曰：「神何由降？**即「降衷」之降。**明何由出？」**言道雖無所不在，然必有其本，故問内聖外王之存諸中之神，發於外之明，其本安在也？**「聖有所生，王有所成，皆原於一。」**又答。○神存於中，明發於外。内聖外王，皆兼神明。宣以「聖即神，明即王」，似誤。「一」者，道之根也。○「一」字，爲後「裂」字伏脈。**不離於宗，**即「大宗師」之宗。**謂之天人；**第一等人。**不離於精，謂之神人；**第二等人。**不離於真，謂之至人。**第三等人。○「精」就天命上説，「真」就人之所得於天者説，故不同。**以天爲宗，以德爲本，以道爲門，兆**見端也。**於變化，謂之聖人。**第四等人。○按，四等總一樣人耳，因名而異其義，不可因此分優劣也。**以仁爲恩，以義爲理，以禮爲行，以樂爲和，薰然慈仁，**薰然，溫和貌。崔云：「以慈仁爲馨聞也。」**謂之君子。**第五等人。○以上照下「内聖」。**以法爲分，**以法度定名分。**以名爲表，**以名號爲表率。**以參爲驗，**參，即「參伍以變」之參。以參伍爲考驗也。**以稽爲決，**稽即「稽疑」之稽。稽之而後決事也。**其數一二三四是也。百官**

以此相齒，以此爲序也，此是治朝廷之上者。是第六等人。以事耕作。爲常，以衣食爲主，蕃息畜藏，老弱孤寡爲意，皆有以養，民之理也。民所以就理也。此是治草野之民者，是第七等人。○此三等亦不分優劣。○以上照下「外王」。古之人其備乎。備則本數末度無一不備，不如後人各得其一也。配神明，醇天地，醇，卽不鑿破混沌意。育萬物，和天下，澤及百姓，明於本數，係於末度，本舉而末從也。六通四闢，小大精粗，其運無乎不在。所謂備者如此。其明而在數度者，舊法世傳之史尚多有之。古人之神明不傳，而其可見者，有三項傳於後。○此世史是一項，史家所由傳者。其在於《詩》、《書》、《禮》、《樂》者，鄒魯之士、縉紳先生多能明之。《詩》以道志，《書》以道事，《禮》以道行，《樂》以道和，《易》以道陰陽，《春秋》以道名分。此六經又是一項，士子所由傳者。○三段俱用「有之」、「明之」、「道之」之字句法，段落分明清楚。惟此段獨多「道志」六句，特將六經詳疏，固是文法錯綜，亦所以尊經也。其數散於天下而設於中國者，百家之學時或稱而道之。此散數又是一項，百家所由傳者。天下大亂，賢聖不明，道德不一。天下多得一察焉以自好。一察，一竅之明也。譬如耳目鼻口，皆有所明，不能相通。猶百家衆技也，皆有所長，時有所用。雖然，不該不偏，一曲之士也。判天地之美，析萬物之理，判、析，皆破裂而得其偏之意。察古人之全，察，察小知而窺古人之全。寡能備於天地之美，稱神明之容。是故內聖外王之道，闇而不明，鬱而不發，天下之人各爲其所欲焉以自爲方。方術。悲夫，百家往而不反，必不合矣。後世之學者，不幸不見天地之純，古人之大體。道術將爲天下裂。

不侈不示奢侈也。於後世，不靡不事靡費。於萬物，不暉不務光華。於數度，以繩墨自矯，厲也。而備世之急，應人之窮。○上三句言儉，四五句言勤，此儉約勤勞之教也。古之道術有在於是者。墨翟、禽滑釐聞其風而説之，爲之大過，已之大循，太任己見。作爲《非樂》，命之曰《節用》，《非樂》、《節用》，墨子書中篇名。生不歌，死無服。墨子泛愛兼利而非鬭，以爭鬭爲非。其道不怒；又好學而博，不異，博取不爲立異之名也。承上「泛愛」二句來。不與先王同，毁古之禮樂。二句承「作爲《非樂》」四句來。黄帝有《咸池》，堯有《大章》，舜有《大韶》，禹有《大夏》，湯有《大濩》，文王有《辟雍》之樂，武王、周公作《武》。古之喪禮，貴賤有儀，上下有等。天子棺椁七重，諸侯五重，大夫三重，士再重。今墨子獨生不歌，死不服，桐棺三寸而無椁，以爲法式。以此教人，恐不愛人；以此自行，固不愛己。未敗墨子道，言雖於人己皆不能愛，而墨子終不肯自廢其道，上文所謂「已之大循」，下文所謂「墨子能獨任」是也。雖然，歌而非歌，哭而非哭，樂而非樂，是果類乎？人情，歌則極其舒暢，哭則極其哀痛，樂則極其愉快。墨子終身焦勞，並無舒暢愉快之情，視至親如路人，無哀痛迫切之情。故雖偶然而歌，未極其舒暢也；偶爾而哭，未極其哀痛也；偶爾而樂，未極其愉快也。故歌不似歌，哭不似哭，樂不似樂。果類乎？言其不似人情也。其生也勤，其死也薄，其道大觳；音覺，粗也。《史記·始皇本紀》：「雖監門之養，不觳於此矣。」使人憂，使人悲，其行難爲也。恐其不可以爲聖人之道，反天下之心，天下不堪。墨子雖獨能任，奈天下何？離於天下，不近人情。其去王也遠矣。墨子自比於禹，故謂其非王道。墨子稱道曰：「昔禹之湮塞也。洪水，決江河而通四夷九州也，名山三百，支川三千，小者無數。禹親自操櫜盛土之器。耜掘土之器。而九同糾。雜天下之川。糾雜使之縱橫相入也。一本「雜」作「滌」，《禹貢》「九川滌源」，當從之。腓無胈，股上小毛。脛無毛，沐甚風，櫛疾雨，置萬國。禹大聖也，而形勞天下也如此。」使後世之墨者，多以裘褐爲衣，以跂木屐。蹻音脚，草屐。爲服，二句儉。日夜不休，以自苦爲極，二句勤。曰：「不能如此，非禹之道也，不足为墨。」相里里名。勤人名。之弟子，五侯弟子名。之徒，南方之墨者苦獲、已齒、鄧陵子皆人名。之屬，俱誦《墨經》，而倍譎不同，倍加詭譎，立説不同。相謂別墨；自謂墨之别派。以堅白同異之辯相訾，以觭同奇，音箕。偶不仵音悟，同也。之辭相應；訾毁異己者，應和同己者。以巨子爲聖人，巨子，墨之高弟。皆願爲之尸，欲尸祝之。冀得爲其後世，思繼其統。至今不決。絶也。其教至今不絶。○以上其徒之流派如此。墨翟、禽滑釐之意則是，其行則非也。將使後世之墨者，必以自苦以腓無胈、脛無毛，相進而已矣。持此而行之也。亂之上也，治之下也。言亂天下之罪多，治天下之功少。雖然，墨子真天下之好也，將求之不得也，人皆好之求之，惟恐不得。愚意卽作「美好」解亦通。雖枯槁不舍也，枯槁其身，不肯舍去。才士也夫。「才士」二字，寓貶於褒。

不累於俗，不以世俗爲累。不飾於物，不以外物自飾。不苟於人，不忮於衆，願天下之安寧以活民命，人我之養，畢足而止，以此白心，不累不飾，故以情欲寡淺爲内；不苟不忮，故以禁攻寢兵爲外。白心，言勞於救世，薄於自奉，以白其心之無他。古之道術有在於是者。宋鈃、音堅。尹文聞其風而悦之，作爲華山之冠以自表，華山上下均平，作冠象之。接萬物以別宥爲始；分別而宥之，不欲令其相犯也。語心之容，命之曰心之行，猶用。以胹煮熟。合驩，以調海内，請欲置之以爲主。其言心之容也，名之曰心之爲用，所以胹合驩、調海内，請推之以爲主而用之也。請欲，猶「意欲」也。不必泥。見侮不辱，見人侮己而不以爲辱。救民之鬭，禁攻寢兵，救世之戰。以此周行天下，上説下教，雖天下不取，强聒而不舍者也，故曰上下見厭而强見也。雖然，其爲人太多，其自爲太少，曰：「請欲欲則請之，請則心之所欲也，故連用之。上文義同，然不若上以「請」字爲衍，此以「欲」字爲衍，更覺明淨。固置五升之飯足矣。」先生恐不得飽，弟子雖饑，不忘天下。日夜不休，曰：「我必得活哉。」言我豈必餓死耶？圖傲乎救世之士哉。圖欲傲彼救世之士之自利者。曰：「君子不爲苛察，不以身假物。」不以己身之故，借助物力。以爲無益於天下者，明之不如已也。苛〔二〕察無益，不如止也。以禁攻寢兵爲外，外以此救世。以情欲寡淺爲内，内以此克己。○自「接萬物」至「强見也」，言其爲人之事；「請置五升之飯」至「不如已也」，言其自爲之事；「雖然」二句乃中紐，足上以落下；「禁攻」二句則雙收也。其大小精粗，其行適至是而止。看來二人甚淺，亦不甚行於世。莊子大半抑之，轉放處亦止淡然。

公而不黨，易坦易。而無私，決然無主，決然，如水之決，聽其自流，而無有主持也。趣物而不兩，隨事而趨，不生兩意。不顧於慮，不謀於知，於物無擇，與之俱往，古之道術有在於是者。彭蒙、田駢、慎到聞其風而悦之，齊萬物以爲首，以齊萬物爲第一事。曰：慎到之言。「天能覆之而不能載之，地能載之而不能覆之，大道能包之而不能辨之。」不能生其分別，如下二句是。知萬物皆有所可，有所不可。故曰：「選則不徧，有所選擇，則不能徧。教則不至，有所教誨，亦不能家喻户曉，但當任其自然而已。道則無遺者矣。」兼包也。○此所謂「齊」也。是故慎到棄知去己，而緣不得已。緣，因也。因其事物之自然，不得已而爲之，非任知循己也。冷汰於物，冷者清其熱，汰者去其累，皆脱洒之意。以爲道理，以此爲道理所在。曰：「知不知，將薄知而後鄰傷之者也。」若分別孰爲知，孰爲不知，將迫於求知而卒近於自傷也。薄，迫

〔二〕苛，原作「荷」，據文意改。

也。鄰，近也。謑音奚。髁音科。無任，謑髁，不正貌。圓轉不任職事也。而笑天下之尚賢也；縱脱無行，而非天下之大聖。椎拍輐斷，椎以自柔，拍以應節，輐去圭角，斷去牽滯，皆所以與物宛轉也。與物宛轉，舍是與非，苟可以免。不執是非，庶無累也。不師知慮，不知前後，魏然而已矣。不倚知識也。魏，當作「塊」，與下無知之物及「夫塊」二字相應。推而後行，曳而後往，若飄風之還，飄風迴還無力。若羽之旋，羽之旋於空中。盤轉不定。若磨石之隧，磨之隧道，圓轉而出。全而無非，動靜無過，未嘗有罪。是何故？問何以能無非無過無罪也。夫無知之物，無建己之患，無用知之累，動靜不離於理，是以終身無譽。惟無譽，則亦無非無過無罪矣。故曰：「至於若無知之物而後已，此正是塊然處。無用聖賢，夫塊不失道。」此莊子語，略作揚筆。言塊然無知，亦未爲失。豪傑相與笑之曰：「慎到之道，非生人之行，而至死人之理，適得怪焉。」借豪傑之笑抑之，作斷語。○以上説慎到詳。田駢亦然，田駢只二字，卽卻到彭蒙。學於彭蒙，得不教焉。不言之教。以教則不至也。彭蒙之師曰：亦不説彭蒙，只述其師説。觀其師説，可以知彭蒙矣。「古之道人，至於莫之是、莫之非而已矣。其風窢然，惡可而言？」窢音或。郭註：「逆風聲。」言是非之言過耳，如風之逆而有聲，何可執着爲言？常反人，不見觀，反，復也，歸也。人不見觀，則幽寂之區也。無是無非，無有言説，則寂然人不見觀矣。反於此，蓋歸於幽寂也。而不免於魭卽輐。斷。不免有心輐斷，未合自然也。其所謂道非道，而所言之韙不免於非。以上言彭蒙，只述其師言，然亦略。彭蒙、田駢、慎到不知道。重斷。雖然，槩乎皆嘗有聞者也。放鬆用輕筆。

以本爲精，以物爲粗，以有積爲不足，澹然獨與神明居，古之道術有在於是者。關尹、名喜。老聃聞其風而説之，建之以常無有，「有」字疑衍。主之以太一，以濡如兖反。弱謙下爲表，以空虛不毁萬物爲實。實理。關尹曰：「在己無居，己無私主。形物自著。自然著於形物。形，外也。物，事也。其動若水，其靜若鏡，其應若響。芴乎若亡，寂乎若清。同焉者和，同物則和。得焉者失。自得則失。未嘗先人，而嘗隨人。」老聃曰：「知其雄，守其雌，凡物之雄者强，雌者弱。知其雄，强也；守其雌，示之以弱也。爲天下谿；谿、谷，俱卑窪之地。守雌、守辱，卑以自牧也。知其白，守其辱，白，清白也。知其白，潔也；守其辱，示之以不潔也。爲天下谷。」人皆取先，己獨取後，曰受天下之垢；人皆取實，己獨取虛，無藏也故有餘，巋然而有餘；其行身也，徐而不費，徐，安徐也。不先則徐，徐則少事。無爲也而笑巧；人皆求福，己獨曲全，曰苟免於咎。以深爲根，以約爲紀。曰堅則毁矣，鋭則挫矣。常寬容於物，不削侵削。於人，可謂至極。關尹、老聃乎，古之博大真人哉。説到老子，獨無貶詞，莊子意之所宗者也。○博大真人，絶好品目。

寂寞無形，變化無常，死與？生與？天地並同體。與？神明往同運。與？芒乎何之？忽乎何適？萬物畢羅，無不包也。莫足以歸，又不知所歸宿。○此逍遙神化之教也。古之道術有在於是者。莊周聞其風而説之，以謬悠之説，荒唐之言，無端崖之辭，時恣縱而不儻，不以觭同奇。見之也。以不可窮詰之語，時恣縱而不本於正，又不自見其奇異也。以天下爲沉濁，不可與莊語，以巵言爲曼衍，以重言爲真，以寓言爲廣。獨與天地精神往來，而不敖倪傲睨同。不驕傲而睥睨之，視同一體也。於萬物，不譴是非，以與世俗處。其書雖瓌瑋而連犿無傷也，犿音翻，宛轉貌。其辭雖參差而諔詭可觀。諔音祝，亦詭也。彼其充實不可以已，道理充實於中，故發爲文辭，有不能自止之勢。上與造物者遊，而下與外死生、無終始者爲友。其於本也，宏大而闢，深閎而肆；其於宗也，可謂稠當作「調」。適而上遂達也。矣。雖然，其應於化造也。而解於物也，解脱物累。其理不竭，用無窮。其來不蜕，來無端。○蜕，如蛇蜕之蜕。蛇蜕自蛇身蜕來，此則來無端倪，非有形質蜕來也。芒乎昧乎，不可知。未之盡者。人未有能盡其妙者。○上既言其本，言其宗，雖然一轉，言其應用又如此，蓋言其體用兼妙也。○宣茂公曰：「太史公謂莊子之學本於老子，今看莊子與老子各别一派，又且以己據諸家之巔，似更進於老子也。細玩此段雖然一轉，似謂他體用兼妙，便是勝於老子處也。言外覺老子用處，尚有不足，蓋其自占地步如此。」

惠施多方，其書五車，其道舛駁，其言也不中。歷物之意，言不中理，但逐一歷物，忖度其意耳。曰：「至大無外，謂之大一；至小無內，謂之小一。道原於一，一卽道也。大一小一，猶云道之至大至小也。無厚，不可積也，其大千里。無厚，故不可積，然却大至千里，化之微而博也。天與地卑，地下有天，是迭爲卑。山與澤平。山上有澤，是勢相平。日方中方睨，昃也，昃則可睨。昃由中來，是方中方昃也。物方生方死。死由生兆，是方生方死也。大同而與小同異，此之謂小同異；既已大同，而仍有小同，是同異雜也，但小有同異而已。萬物畢同畢異，此之謂大同異。畢同則是大同，畢異則是大異矣，故曰大同異。南方無窮而有窮，謂之南，則此外已無餘地，故曰有窮。今日適越而昔來。今日啟行，昨日先定行意。連環可解也。我知天下之中央，燕之北、越之南是也。人皆以燕南越北爲中央，然無人知天之盡處，烏知不在於燕之北越之南耶？汎愛萬物，天地一體也。」以上皆惠施與人辨之話端。惠施以此爲大，觀於天下而曉辨者，天下之辨者相與樂之。卵有毛；卵無毛，則鳥何自有毛？雞三足；有足足者。郢有天下；古今帝王有天下者也，然豈能盡覆冒之下而悉有之？則郢亦可云有天下也。犬可以爲羊；犬羊之名，皆人所命，若先名犬爲羊，則爲羊矣。馬有卵；無卵，馬何自生？丁子有尾；據筆畫，不有尾乎？火不熱；人皆火食，是不熱。山出口；空谷傳聲。輪不蹍地；頃刻轉出，何嘗蹍地？目不見；見者非目。指不至，至則不須指。至不絕；以爲既至，不知此外無窮。龜長於蛇；命長。矩不方，規不可以爲圓；天下自有方圓，非以規矩也。雖有規矩，仍須匠人琢削。鑿不圍枘；枘自入之耳，鑿未嘗圍之。飛鳥之景同影。未嘗動也；鳥動耳，非影動。鏃矢之疾，而有不行、不止之時；行時不止，止時不行。狗非犬；黄馬驪牛三；二色與體爲三。白狗黑；黑白人所命耳，烏知白之不當名爲黑乎？孤駒未嘗有母；謂之孤，則無母矣。一尺之棰，日取其半，萬世不竭。不盡取，何竭之有？竭者，盡而有餘也。日取其半，則其半尚存，故云萬世不竭。〇以上乃天下之辨者之話柄也。辯者以此與惠施相應，終身無窮。桓團、公孫龍辯者之徒，飾猶蔽。人之心，易猶亂。人之意，能勝人之口，不能服人之心，辯者之囿也。迷於其中，而不能出。惠施日以其知與人疑當作「口」，否則與下句重。之辯，特與天下之辯者爲怪，此其柢也。惠施無他長，根柢不過如此。然惠施之口談，自以爲最賢，曰天地其壯乎。謂天地得我言而增壯乎。宣解謂不强於己也。施存雄而無術。存雄，即「衆雌無雄」意；或作「但存雄心而無學術」，亦好。南方有倚人偏倚之人。焉，曰黄繚，問天地所以不墜不陷，風雨雷霆之故。惠施不辭而應，不慮而對，偏爲萬物說，說而不休，多而無已，猶以爲寡，益之以怪。以反人爲實，而欲以勝人爲名，是以與衆不適也。宜也。弱於德，强於物，其途隩矣。迂曲非大道也。由天地之道觀惠施之能，其猶一蚊一虻之勞者也。其於物也何庸？用也。夫充一尚可，曰愈貴道，則幾矣。充其偏長尚可，若曰「我道愈足貴也」，則殆矣。幾，殆也。惠施不能以此自寧，寧靜。散於萬物而不厭，卒以善辨爲名。惜乎。惠施之才，駘蕩放縱之意。**而不得，**於道無所得。**逐萬物而不反，是猶窮響以聲，形與影競走也。悲夫。**惠施欲以辨勝人，卒不能勝。是欲響之止而以聲窮之，則有聲而響愈甚；欲形之走疾於影，不知形疾而影亦疾，斷不能勝也。

宣茂公曰：「前五段，皆言『古之道術有在於是者』，至此段不用此句，故知莊子並不以惠施列於諸家也。惠施但恃口談，何足名家？莊子自敘後，附此一段者，當時好與莊子辨〔一〕者，惠施也。篇末及之，一爲致惜，一爲致悲，乃特爲自己襯尾耳。」

莊子未定稿卷四終

〔一〕辨，同治五年皖城藩署刻宣穎《南華經解》本作「辯」。

圖書在版編目（CIP）數據

南華通　莊子未定稿 /（清）孫嘉淦，（清）何如瀗撰；伍成泉點校．-- 福州：福建人民出版社，2022.12

（莊子集成 / 劉固盛主編）

ISBN 978-7-211-09065-5

Ⅰ．①南…　Ⅱ．①孫…　②何…　③伍…　Ⅲ．①道家　②《莊子》-注釋　Ⅳ．①B223.52

中國國家版本館 CIP 數據核字 (2023) 第 010934 號

南華通　莊子未定稿

作　　者：［清］孫嘉淦　撰　伍成泉　點校
　　　　　［清］何如瀗　撰　伍成泉　點校
責任編輯：趙遠方
美術編輯：白　玫
責任校對：林喬楠
出版發行：福建人民出版社
電　　話：0591-87533169（發行部）
地　　址：福建省福州市東水路 76 號
經　　銷：福建新華發行（集團）有限責任公司
印刷裝訂：上海盛通時代印刷有限公司
地　　址：上海市金山區廣業路 568 號
電　　話：021-37910000
開　　本：890 毫米 ×1240 毫米　1/32
印　　張：14.375
字　　數：272 千字
版　　次：2022 年 12 月第 1 版第 1 次印刷
書　　號：ISBN 978-7-211-09065-5
定　　價：100.00 元